Jörg Witte

Programmieren in C#

Jörg Witte

Programmieren in C#

Von den ersten Gehversuchen bis zu den Sieben-Meilen-Stiefeln

B. G. Teubner Stuttgart · Leipzig · Wiesbaden

Bibliografische Information der Deutschen Bibliothek
Die Deutsche Bibliothek verzeichnet diese Publikation in der Deutschen Nationalbibliographie; detaillierte bibliografische Daten sind im Internet über <http://dnb.ddb.de> abrufbar.

Dr. rer. nat. habil. Jörg Witte
Geboren 1957 in Frankfurt am Main. Studium der Mathematik und Physik an der FU-Berlin, 1988 Diplom in Mathematik, 1991 Promotion und 1997 Habilitation. 1988 – 1993 wissenschaftlicher Mitarbeiter der FU-Berlin, 1988 - 1992 Vorlesungen vor Informatikstudenten an der Technischen Fachhochschule Berlin, ab 1993 Vorlesungen an der FU-Berlin, 1998 Forschungs- und Lehraufenthalt an der Middle East Technical University, Ankara, ab 2000 Dozent für Programmiersprachen in der beruflichen Fortbildung.

1. Auflage Juli 2004

Umschlaggestaltung: Ulrike Weigel, www.CorporateDesignGroup.de

Gedruckt auf säurefreiem und chlorfrei gebleichtem Papier.

ISBN-13:978-3-519-00471-4   e-ISBN-13:978-3-322-80073-2
DOI: 10.1007/978-3-322-80073-2

Vorwort

Dieses Buch ist aus einer Vorlesung entstanden, die ich im Sommersemester 2003 an der FU-Berlin gehalten habe. Es flossen auch Erfahrungen ein, die ich als Dozent in der beruflichen Weiterbildung sammeln konnte. Die Studenten und Lehrgangsteilnehmer besaßen keine Vorkenntnisse in der Programmiersprache C# und nur zum Teil Kenntnisse in einer anderen Programmiersprache. Auch an den Leser werden keine Voraussetzungen gestellt. Lediglich die Fähigkeit zum logischen und abstrakten Denken sollte er mitbringen. Mit einer Portion gesunden Menschenverstand sowie Interesse kann der Leser sehr tief in die Materie eindringen. Dieses Buch unterscheidet sich daher von vielen anderen Büchern über Programmiersprachen. Nicht selten wird der unbedarfte Leser mit einem über tausendseitigen Werk erschlagen, das eher für Experten geschrieben ist. Aber wie wird man ein Fachmann für eine Programmiersprache?

Programmieren ist auch eine Fertigkeit, die nicht nur theoretisch gelernt werden kann. Ein Musikinstrument zu spielen, lernt man auch nicht ausschließlich in der Notenschule, sondern durch regelmäßiges Üben. Dem Schüler muss aber auch gezeigt werden, wie er das machen soll. Eine Fähigkeit muss vorgeführt werden, so dass sie nachgeahmt werden kann.

Daher wird hier der Sachverhalt an vielen Beispielen verdeutlicht. Durch ergänzende Übungen erhält der Leser die Möglichkeit, das Erlernte auszuprobieren. Es wäre aber zu kurz gegriffen, das Erlernen einer Programmiersprache ausschließlich als den Erwerb eines handwerklichen Geschicks anzusehen. Schließlich ist eine Programmiersprache eine Sprache, mit der Informationen ausgedrückt werden können. Es können sehr komplexe Datenstrukturen und Operationen auf ihnen dargestellt werden. Ein fundiertes theoretisches Rüstzeug ist unerlässlich. Im Gegensatz zu einigen Büchern für Einsteiger werden hier keine Kochrezepte vorgestellt, die es nur mechanisch, ohne Sinn und Verstand anzuwenden gilt.

Eine Sprache - insbesondere eine Programmiersprache - besteht neben ihren Wörtern aus einer Vielzahl von Regeln, wie die Wörter zu verwenden sind. Eine Programmiersprache besitzt sowohl vorgegebene Wörter als auch die Möglichkeit, Bezeichner selbst zu definieren. Es ist sogar möglich, eigene Verwendungsregeln zu definieren. All dieses sollte aber durchdacht geschehen. Daher wird auch ein grundlegendes Verständnis vermittelt. Zusammenhänge und Anwendungsmöglichkeiten der sprachlichen Ausdrucksmittel werden dargestellt.

Der Leser sollte durch die Lektüre in die Lage versetzt werden, die sprachlichen Mittel und Programmiertechniken selbst zu beurteilen und einzuordnen. Auch Bezüge zu den außersprachlichen Anforderungen an ein Programm herzustellen, gehört zu den Kompetenzen, die der Leser sich aneignen kann.

Berlin, März 2004   Jörg Witte

Inhaltsverzeichnis

1 Einführung in die objektorientierte Programmierung

Ein Computerprogramm wird häufig als eine Menge von Anweisungen beschrieben. Obwohl diese Charakterisierung sicher nicht hinreichend ist – ein Kochbuch könnte man ebenso beschreiben -, vermittelt sie doch ein anfängliches Verständnis. Durch die Anweisungen sollen Daten verarbeitet werden. Ein Informatikstudent besucht daher im Grundstudium stets die Vorlesung „Datenstrukturen und Algorithmen". Unter einem Algorithmus versteht man die schrittweise und präzise Anleitung zur Lösung eines Problems. Bekannt sind beispielsweise diverse Sortieralgorithmen. Sie können etwa dazu verwendet werden, die Einträge einer Adressendatei in alphabetischer Reihenfolge der Namen zu sortieren.

Durch Software sollen gewisse Aufgaben, etwa betriebswirtschaftliche oder naturwissenschaftliche, technische Aufgaben, gelöst werden. Ein nicht unerheblicher Anteil der Softwareentwicklung besteht daher in der möglichst exakten Beschreibung der Aufgaben, die eine Software bewältigen soll. Dazu bedient man sich einer Sprache. I. A. verwendet man dabei – eventuell auch nur im ersten Anlauf – die Umgangssprache. Diese ist nicht immer sehr eindeutig. Die Bedeutung sprachlicher Äußerungen hängt oft von dem Zusammenhang ab. Zu ihm zählen auch außersprachliche Umstände sowie das Vorverständnis der an einem Gespräch beteiligten Personen. Hier liegen nicht zu unterschätzende Fehlerquellen der Softwareentwicklung. Zu den Aufgaben müssen Lösungsstrategien entwickelt werden, die dann letztlich in einer Programmiersprache formuliert werden. Hier liegen weitere Fehlerquellen.

Durch eine Programmiersprache soll eine Maschine gesteuert werden, die nur die Symbole 0 und 1 „versteht". In den Anfängen der Programmierung wurden Programme in der Tat mit nur diesen beiden Symbolen geschrieben. Man bediente sich dabei bestenfalls einiger Abkürzungen, die jeweils für eine Sequenz von Nullen und Einsen steht. Sprachen, die aus solchen Abkürzungen bestehen, nennt man Assembler. Assemblercode ist nicht nur sehr schwer nachzuvollziehen, sondern komplexe und umfangreiche Software ist mit ihm kaum zu erstellen. Es wurden daher die Hochsprachen entwickelt, die erst in Maschinencode übersetzt werden müssen. Programme, die dieses leisten, nennt man Compiler.

Die objektorientierten Programmiersprachen kommen menschlichem konzeptionellen Denken am Nächsten. Die Lösung einer Aufgabe durch ein Computerprogramm ist aus dieser Sicht weniger fehleranfällig. Der Übergang von der umgangssprachlichen Beschreibung einer Aufgabe zu der Darstellung ihrer Bearbeitung in einer Programmiersprache ist nicht nur einfacher und eleganter, sondern es können auch zunehmend komplexere Aufgaben gemeistert werden.

Das menschliche Denken bedient sich Begriffe, zwischen denen in der Sprache Beziehungen ausgedrückt werden. Dabei werden – mehr oder weniger scharf – Objekte des Denkens oder

der Anschauung erfasst, die in einer gewissen Beziehung zueinander stehen. Diese Objekte werden aber auch durch Eigenschaften charakterisiert und voneinander abgegrenzt. Weiterhin können sie sich zueinander verhalten. Mehrere Objekte können miteinander kombiniert werden, wodurch ein neues Objekt erzeugt werden kann. Die objektorientierte Programmierung bedient sich genau dieser Merkmale.

Um Objekte durch ihre möglichen Eigenschaften und Verhalten zu charakterisieren, werden in den objektorientierten Programmiersprachen „Baupläne" beschrieben, die *Klassen* genannt werden. Auf ihrer Grundlage können beliebige Objekte erzeugt werden. So gibt es beispielsweise in Windows einen Bauplan, welcher das Aussehen eines Fensters und sein Verhalten beschreibt. Theoretisch können beliebig viele Instanzen eines solchen Fenstertyps angelegt werden.

Ein sehr wichtiger Aspekt der objektorientierten Programmierung ist die Abstraktion. Dabei wird von unwesentlichen Aspekten abgesehen. Dadurch kann eine große Vielzahl möglicher Objekte beschrieben werden. Diese lassen sich häufig weiter klassifizieren. Es ist möglich, aus einer vorhandenen Klasse Unterklassen zu bilden. Dieses geschieht durch Hinzufügen konkretisierender Aspekte. In der objektorientierten Programmierung wird dieser Vorgang Vererbung genannt. Man sagt auch: Eine Unterklasse wird von einer Basisklasse abgeleitet.

Betrachten wir beispielsweise die Klasse der Wirbeltiere. Diese unterteilt sich in die Klasse der Fische, Amphibien, Reptilien, Vögel und Säugetiere. Diese Unterklassen lassen sich noch weiter unterteilen. Es ist üblich, Vererbungen von Klassen durch ein Diagramm darzustellen.

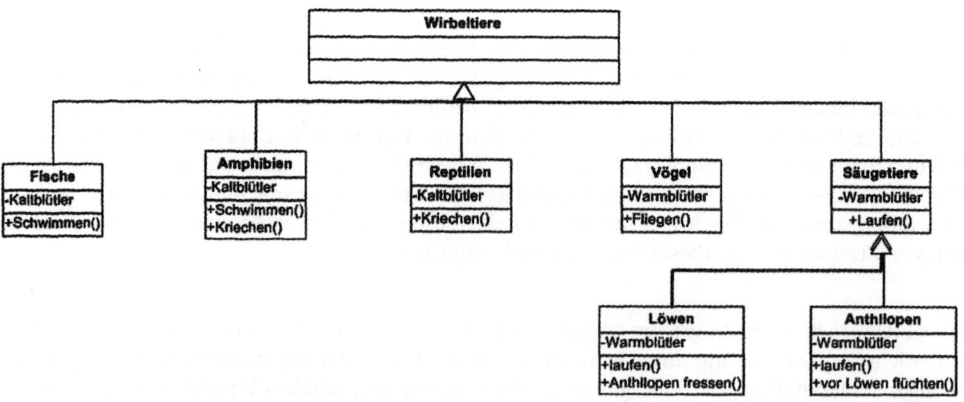

Abbildung 1.1: Dieses Diagramm ist ein so genanntes UML-Diagramm (UML = Unified Modeling Language). Klassen werden durch Rechtecke dargestellt. In dem obersten Kästchen wird der Klassenname eingetragen, im zweiten die Eigenschaften und im dritten die Methoden, die das Verhalten beschreiben. Die Pfeile geben die Vererbung wieder. Die Pfeilspitze zeigt auf die allgemeinere Klasse.

Durch die Vererbungshierarchie ist eine „ist ein"-Beziehung gegeben. So ist jeder Löwe ein Säugetier, und jedes Säugetier ist ein Wirbeltier. Diese Beziehung spielt in der objektorientierten Programmierung eine sehr wichtige Rolle. Ein Objekt einer abgeleiteten Klasse kann immer als ein Objekt der Basisklasse behandelt werden. In diesem Fall stehen für dieses Objekt allerdings nur die Eigenschaften und Methoden der Basisklasse zur Verfügung.

Davon streng zu unterscheiden ist die „hat ein"-Beziehung. Objekte können Teilobjekte besitzen. So ist eine Klasse „Firma" und eine Klasse „Mitarbeiter" vorstellbar. Ein konkretes Objekt der Klasse „Firma" kann dann mehrere konkrete „Mitarbeiter" besitzen und ihre Eigenschaften und Methoden verwenden.

Die Details der Implementierung einer Klasse, d. i. der Programmcode, der in einer Programmiersprache geschrieben ist, bleibt dem Anwender i. A. verborgen. Er kann lediglich über Schnittstellen die Funktionalität verwenden. So gibt es z.B. in den meisten objektorientierten Programmiersprachen eine Klasse, die Methoden zur Auswertung mathematischer Funktionen bereitstellt. Betrachten wir etwa den Sinus. Der Anwender muss dieser Methode nur einen Wert übergeben, beispielsweise einen Winkel, und erhält dann einen Rückgabewert. Wie er berechnet wurde und wie das Berechnungsverfahren programmiert wurde, bleibt dem Anwender verborgen. Er kann es auch nicht verändern. Es stehen viele bereits gut erprobte Klassen zur Verfügung, die ein Softwareentwickler für sein eigenes Programm verwenden kann.

Durch die objektorientierte Programmierung sind Programme modular aufgebaut. Sehr komplexe Software besteht aus einfacheren Bausteinen. Diese können in den unterschiedlichsten Programmen eingesetzt werden. Da sie häufig gut getestet sind, funktionieren sie sehr zuverlässig. Durch die Objektorientierung kann die Entwicklung von Software relativ übersichtlich und ökonomisch strukturiert werden.

Ein anderer wesentlicher Aspekt der Kapselung von Daten ist die *Datenkonsistenz*. Die Daten existieren i. A. nicht völlig unabhängig voneinander, sondern stehen in oft sehr komplexen Beziehungen zueinander. An die Daten werden Bedingungen gestellt. Durch die Kapselung wird erreicht, dass die Daten nicht willkürlich und unabhängig voneinander geändert werden können. Stattdessen gibt es öffentlich zugängliche Methoden, Daten kontrolliert zu manipulieren. Diese können Wertebereichsüberprüfungen vornehmen. So hat beispielsweise jeder Kalendermonat eine bestimmte Anzahl von Tagen. Ein Datum, wie etwa der 35. Mai, ist sinnlos. Konsistentprüfungen können aber sehr viel komplexer sein. Noch relativ einfach nachzuvollziehen ist es, dass eine Abbuchung von einem Konto nur dann konsistent durchgeführt werden kann, wenn der entsprechende Betrag auf einem anderen Konto gutgeschrieben wird. Denken Sie jedoch einmal an ein Versandhaus. Dieses verwaltet umfangreiche Daten über Lagerhaltung, Lieferanten, Kunden, Waren, Finanzen etc. Zwischen ihnen besteht oft ein sehr schwer zu durchschauendes Beziehungsgeflecht.

Übung:
1. Die Mitarbeiter einer Firma besitzen verschiedene Eigenschaften, wie Personalien, Kontonummer, Position in der Firma etc. Weiterhin berechnet sich das Gehalt unterschiedlich, so gibt es Angestellte, Manager mit einem Jahresgehalt, freie Mitarbeiter, Verkäufer, die Provision erhalten etc. Erstellen Sie eine Klassenhierarchie der Mitarbeiter.

2   Warum eine neue Programmiersprache?

Da es bereits eine Unzahl von Programmiersprachen gibt, stellt sich die Frage, warum der babylonischen Sprachverwirrung überhaupt eine neue Sprache wie C# hinzugefügt wurde. Paradoxerweise dienen Neuentwicklungen aber häufig auch der Entwirrung der babylonischen Konfusion.

Die Entwicklung der Programmiersprachen ist durch zwei gegenläufige Tendenzen charakterisiert. Zum einen ist eine zunehmende Spezialisierung festzustellen. Es wurden und werden Sprachen entwickelt, mit denen nur ganz besondere Aufgaben bewältigt werden können. Diese sind einfach zu erlernen, zu handhaben. Der Besonderheit der Aufgabenstellungen sind sie gut angepasst. So gibt es Firmen, die ihre eigene Haussprache oder ein so genanntes Autorensystem verwenden. Software kann mit ihnen ohne allzu großen Zeit- und Arbeitsaufwand erstellt werden. Der Vorteil wird aber dadurch erkauft, dass ihr Einsatzgebiet sehr beschränkt ist.

Andererseits gibt es die Tendenz der Generalisierung. Es soll eine möglichst große Klasse an Problemen gelöst werden und das Einsatzgebiet möglichst allgemein sein. Das betrifft nicht nur die prinzipiellen Möglichkeiten einer Sprache, sondern auch deren sprachlichen Merkmale. Diese sind daher durch einen gewissen Abstraktionsgrad gekennzeichnet. In diesem Zusammenhang sei an die objektorientierte Programmierung erinnert.

Neue Sprachen werden entwickelt, um neue Aufgaben zu bewältigen, die Nachteile anderer zu beseitigen oder vorteilhafte neue Sprachmerkmale bereitzustellen. Dabei ist auch eine Konvergenz der Programmiersprachen zu sehen. Vorteilhafte Sprachmerkmale anderer Sprachen werden häufig übernommen. So unterstützen heute nahezu alle modernen Sprachen die objektorientierte Programmierung. Daher wird durch eine neue Programmiersprache nicht notwendigerweise auf den babylonischen Sprachturm noch ein Stockwerk draufgesetzt.

Die Sprache C# gehört zur C-Sprachfamilie. Die Syntax ist der Sprache C++ entlehnt. Sie besitzt aber auch Merkmale der Sprache JAVA, die ebenfalls Anleihen aus C++ genommen hat. Es wurden ebenso Merkmale von Delphi übernommen.

Die Sprache C# wurde mit einigen neuen Merkmalen angereichert. Diese zu erläutern, ist hier noch nicht angebracht, da Sie sie erst im Laufe der Lektüre kennen lernen werden. Der Leser wird auf das Kapitel „Vergleich mit den Sprachen C++ und Java" am Schluss des Buches verwiesen.

Es wurden auch einige Stolpersteine der Sprache C++ eliminiert und durch elegantere Möglichkeiten ersetzt. Auch ist das Anwendungsgebiet sehr weit gestreut. Es reicht von Konsoleanwendungen über Windowsprogramme bis hin zu Internetanwendungen. Obwohl sie stark an das Windowsbetriebssystem gekoppelt zu sein scheint, ist sie – zumindest theoretisch – plattformunabhängig.

3   Ein erstes Beispielprogramm

Seitdem 1977 das Buch „The C Programming Language" von Kernighan und Ritchie erschienen ist, ist es in nahezu jeder Einführung einer Programmiersprache üblich, ein einfaches Programm vorzustellen, dass auf dem Bildschirm den Text „Hello World" ausgibt. Auch wir wollen uns an die bewährte Tradition halten. Dadurch wird ein erster Eindruck der Programmiersprache C# gewonnen. Die nachfolgende Theorie bleibt nicht grau, sondern erhellt die C#-Programmierung. Der Quellcode für diese C#-Anwendung ist im folgenden Beispiel dargestellt:

Beispiel 3.1 (Ausgabe von „Hello World")

```
using System;
namespace Hello
{
   class Hello
   {
      static void Main()
      {
         Console.WriteLine("Hello World");
      }
   }
}
```

Die fetten Wörter sind so genannte Schlüsselwörter[1]. Das sind Wörter der Sprache C#, die eine vorgegebene Bedeutung besitzen. Daneben ist es möglich, frei gewählte Namen zu vergeben, wie in unserem Beispiel der Klassenname `Hello`. Die Klasse repräsentiert hier die Anwendung. Es ist nicht auszuschließen, dass Namen mehrmals vergeben werden. Dadurch

---

[1] In den Beispielen werden vollständige Programme vorgestellt. Die Schlüsselwörter sind stets fett dargestellt. Umfangreichere Programme erscheinen dadurch strukturierter und sind leichter lesbar. Aus diesem Grund können in den meisten Entwicklungsumgebungen Schlüsselwörter hervorgehoben werden. Im Allgemeinen geschieht das durch die Schriftfarbe. Die Darstellung der Schlüsselwörter kann in einer Option festgelegt werden. Kurze Programmfragmente außerhalb der Beispiele sind auch ohne Hervorhebung der Schlüsselwörter leicht lesbar, so dass sie an diesen Stellen nicht fett dargestellt werden. Der thematische Schwerpunkt liegt dort auch nicht bei den Schlüsselwörtern.

kann es zu Namenskollisionen kommen. Um diese zu verhindern, gibt es in C# das Konzept der Namensräume (engl.: namespace). Innerhalb von Namensräumen müssen Bezeichnungen eindeutig gewählt sein. Die NET-Laufzeitumgebung stellt beispielsweise den Namensraum `System` zur Verfügung. In ihr ist die Klasse `Console` definiert. Durch das Schlüsselwort `using` wird die Verwendung dieses Namensraumes gekennzeichnet. Diese Anweisung ist, wie alle anderen Anweisungen in C# auch, durch ein Semikolon abzuschließen.

Durch das Schlüsselwort `namespace` kann ein eigener Namensraum definiert werden, den wir in unserem Beispiel `Hello` nennen. Der Namensraum wird durch geschweifte Klammern eingegrenzt. In unserem Beispiel wäre ein eigener Namensraum nicht unbedingt notwendig – der Compiler würde einen Standardnamensraum erzeugen – dennoch ist er hier wegen der Vollständigkeit erwähnt.

Eine Klasse wird mit dem Schlüsselwort `class` definiert. Die Definition einer Klasse muss in geschweiften Klammern eingeschlossen werden. Diese Klasse enthält nur eine einzige Methode mit dem Namen `Main`. Diese Methode dient als Einstiegspunkt der Anwendung. Wenn ein C#-Programm ausgeführt wird, wird als erstes eine Methode mit dem Namen `Main` aufgerufen. Jede Klasse, die ein ausführbares Programm repräsentiert, muss daher eine Methode mit dem Namen `Main` enthalten. Die zwei vorangestellten Schlüsselwörter bedeuten der Reihe nach: `static` bezeichnet eine Methode, die bereits aus der Klasse heraus aufrufbar ist, andernfalls müsste erst ein Objekt dieser Klasse erzeugt werden, `void` bedeutet, dass diese Methode keinen Rückgabewert besitzt, wie das z. B. bei Berechnungen geschehen kann. Die Implementierung von Methoden muss in geschweiften Klammern umschlossen werden.

Die wichtigste Anweisung in dem Pogramm ist:

```
Console.WriteLine("Hello World");
```

Diese gibt den Text "Hello World" in einer Zeile auf dem Bildschirm aus. Anschließend erfolgt ein Zeilenumbruch. Dazu muss der Text in Form einer Zeichenkette übergeben werden. Eine Zeichenkette wird in C# auch String genannt. Sie besteht aus einer Folge von Zeichen, wie sie z. B. mit der Tastatur eingegeben werden können. Im Code kann eine String durch eine Folge von Zeichen dargestellt werden, die in Anführungszeichen eingeschlossen sind.

Aus der obigen Anweisung kann man ein wichtiges Sprachmerkmal von C# erkennen. Es werden mehrere Bezeichner durch einen Punkt voneinander getrennt. Dadurch kann auf Bestandteile eines Namensraumes, einer Klasse oder eines Objektes zugegriffen werden. In unserem Fall ist `Console` eine Klasse, die automatisch von der C#-Plattform bereitgestellt wird. Diese Klasse besitzt die statische Methode `WriteLine`, welcher ein String übergeben wird. Statische Methoden werden mit dem Schlüsselwort `static` deklariert. Würde die `using`-Direktive fehlen, könnte man statt dessen auch die folgende Anweisung schreiben:

```
System.Console.WriteLine("Hello World");
```

Bei der Schreibweise von Bezeichnern ist strengstens auf die Groß- und Kleinschreibung zu achten.

> Sämtliche Wörter der Sprache C# unterscheiden sich in der Groß- und Kleinschreibung.

Der Quellcode ist nun in einer Datei mit der Endung cs abzuspeichern, etwa „Hello.cs".

Wenn keine Entwicklungsumgebung zur Verfügung steht, muss die c#-Datei mit dem Konsolebefehl `csc Hello.cs` kompiliert werden[1]. Der Compiler erzeugt dann eine Datei mit dem Namen „Hello.exe". Es gibt verschiedene Compileroptionen, so kann etwa der Zieldatei auch ein anderer Namen zugewiesen werden. Die kompilierte Datei kann nun von der NET-Laufzeitumgebung ausgeführt werden. Dazu kann der Konsolebefehl `Hello` verwendet werden.

Wird das Programm aus einer Entwicklungsumgebung ausgeführt, schließt sich das Konsolefenster eventuell sofort nach Beendigung des Programms. Dieses lässt sich verhindern, indem das Programm auf eine Benutzereingabe wartet. Die Methode

```
Console.ReadLine();
```

liest eine Zeile, die der Benutzer auf der Konsole eingegeben und mit der Enter-Taste abgeschickt hat. Wenn diese Methode aufgerufen wird, wartet das Programm so lange, bis der Benutzer Enter-Taste gedrückt hat.

Mit der Methode `WriteLine` können Sie also Texte auf dem Bildschirm ausgeben. Ein Text besteht aus einer Folge von Zeichen. Dieser Datentyp heißt String und ist – wen wundert es – eine Klasse. Strings können durch das + Zeichen miteinander verknüpft werden:

$$Ergebnisstring = String1 + String2.$$

So liefert z. B. `WriteLine ("Hello" +" World")` das gleiche Ergebnis. In diesem Zusammenhang ist diese Verknüpfung nicht sehr sinnvoll. Jedoch können dadurch auch andere Datentypen an ein String angehängt werden. Diese werden dann in ein String umgewandelt. Z. B. wird die Zahl 11 in die Zeichenkette "11" umgewandelt. Will man nur die Zahl 11 ausgeben, dann kann sie auch als solche übergeben werden:

---

[1] Der Kommandozeilencompiler ist Bestandteil des NET-Framework (siehe Kapitel 5) und befindet sich in dem Verzeichnis `C:\WINDOWS\Microsoft.NET\Framework\vX.X.XXXX`. Hier steht `WINDOWS` für das Systemverzeichnis und `X.X.XXXX` für die Versionsnummer. Sollte das NET-Framework auf ihrem Rechner noch nicht installiert sein, dann können Sie es sich kostenlos aus dem Internet downloaden.

```
Console.WriteLine (11);
```

Es gibt mehrere „Varianten" dieser Methode, so dass ihr sämtliche Datentypen (siehe z. B. nächsten Abschnitt) als Argument übergeben werden können. Diese werden dann zu einem String umgewandelt und als solcher ausgegeben.

Auf diese Art können Ergebnisse arithmetischer Operationen auf dem Bildschirm ausgegeben werden:

```
Console.WriteLine ("Ergebnis: " + (1 + 1));
```

Zuerst wird die Addition in der Klammer ausgeführt, welche die Zahl zwei liefert. Anschließend wird sie der Zeichenkette "Ergebnis: " angehängt.

Um Interaktionen mit dem Benutzer zu realisieren, ist auch eine Methode notwendig, die den Text einliest, welchen der Benutzer vorher auf der Tastatur eingegeben hat. Eine solche Methode haben wir bereits kennen gelernt, nämlich `Console.ReadLine()`. Sie liest eine Zeile aus der Konsole ein. Wie soll sie nun weiterverarbeitet werden? Diese Methode gibt die Zeile als String zurück, welcher im Arbeitsspeicher abgelegt werden kann. Zu diesem Zweck muss entsprechender Speicherplatz reserviert werden. Durch die Deklaration einer Variablen kann auf diesen Speicherplatz zugegriffen werden. Die Anweisung

```
string zeile;
```

deklariert eine solche Variable vom Typ String. Hier ist `zeile` ein beliebiger Name, der natürlich innerhalb des Namensraumes eindeutig sein muss. Mit dieser Variablen kann auf Speicherplatz zugegriffen werden, in dem Zeichenketten abgelegt sind. Durch die Zuweisung

```
zeile = Console.ReadLine();
```

steht die von einem Benutzer eingegebene Zeichenkette der weiteren Verarbeitung zur Verfügung. Sie kann z. B. erneut auf der Konsole ausgegeben werden:

```
Console.WriteLine(zeile);
```

Beispiel 3.2 (Ein einfaches Additionsprogramm)

Hier wird der Benutzer aufgefordert, zwei Summanden einzugeben. Ihre Summe wird auf dem Bildschirm ausgegeben. Das Programm enthält auch Kommentare, die nicht kompiliert werden.

```csharp
using System;
namespace Addition
{
/// <summary>
/// Diese Anwendung fordert den Benutzer auf, zwei ganze
///Zahlen einzugeben.
/// Anschließend wird deren Summe ausgegeben.
/// </summary>

class Addition
{
    static void Main()
    {
 // Es werden drei Variablen vom Typ einer ganzen Zahl
 //deklariert

    int a, b , c;
    String s;
    Console.WriteLine("Geben Sie den ersten Summanden ein!");
    s = Console.ReadLine();

    /*Die Methode Parse des Typs Int32 wandelt eine
      Zeichenkette, die nur aus Ziffern und eventuell aus
      einem führenden Vorzeichen besteht, in eine ganze Zahl
      um.
    */

    a = Int32.Parse(s);

    Console.WriteLine("Geben Sie den zweiten Summanden ein!");
    s = Console.ReadLine();
    b= Int32.Parse(s);

    c = a + b;
```

```
/*Die Symbole {0}, {1} und {2}, die als Platzhalter die-
nen, An ihrer Stelle werden die Werte der drei Variablen
a, b ,c eingesetzt. Zuvor wird ihr Wert in einer Zeichen-
kette konvertiert. Alternativ hätte man auch

Console.WriteLine("Die Summe" + a + "+" + b ergibt "+ c");

Schreiben können.*/


Console.WriteLine("Die Summe {0} + {1} ergibt {2}",a, b,
c);

Console.ReadLine();
   }
 }
}
```

Hier fallen die erläuternden Textstellen auf. Es sind Kommentare. Sie werden vom Compiler
überlesen und nicht übersetzt. Sie dienen der Erläuterung des Quellcodes, damit er für andere
und Sie selbst beim späteren Lesen verständlicher ist. Man sollte mit Kommentaren nicht
sparen, auch im Hinblick darauf, dass Programme sehr oft später von anderen Programmie-
rern gewartet oder erweitert werden. Hier sehen Sie drei Arten von Kommentaren: einzeilige
Kommentare, die mit ‚//' beginnen, und mehrzeilige Kommentare, die mit ‚/*' und ‚*/' eingeschlossen werden. Jeder Zeile eines Kommentars kann auch ‚///' vorangestellt werden. Aus
diesen Kommentaren kann eine XML-Datei erzeugt werden. Sie können daher auch XML-
tags enthalten. Diese XML Dateien dienen der Dokumentation von Klassen. Die dafür verwendeten Kommentare müssen vor der zu kommentierenden Klasse oder Methode stehen.
Mit der Compileroption `/doc:<Dateiname>` kann eine XML-Datei erzeugt werden.
Solche XML-Dateien liegen auch der Onlinedokumentation von Microsoft zugrunde.

Es steht Ihnen nun genug Material zum Experimentieren zu Verfügung. Dieses möchte ich
ihnen dringend ans Herz legen. Eine Programmiersprache lernt man schließlich auch durch
‚learning by doing'.

Übung:
1. Durch die Compileroption `/out` kann der kompilierten exe-Datei ein beliebiger
   Name gegeben werden. Kompilieren Sie den „Hello World" – Quellcode in eine Datei, der Sie einen Namen Ihrer Wahl vergeben.
2. Schreiben Sie ein Programm, das den Benutzer auffordert, einen Text in die Konsole
   zu schreiben, und ihn anschließend dort wieder ausgibt.

4 Darstellung von Daten

4.1 Grundlagen

Ein Computerprogramm verarbeitet Informationen. Zu diesem Zweck müssen sie irgendwie dargestellt und gespeichert werden. Dazu wird ein „Alphabet" verwendet, das aus zwei Zeichen besteht, die wir 0 und 1 nennen wollen. Dieses Alphabet eignet sich nicht nur bestens zur elektronischen Verarbeitung, sondern es kann auch jede Information, die in einem „menschlichen" Alphabet ausgedrückt ist, in eine Folge von Nullen und Einsen übersetzt werden. Eine Binärzahl wird ebenfalls durch eine solche Folge ausgedrückt. Informationsverarbeitung geschieht mittels der Verarbeitung von Binärzahlen. Es können beispielsweise arithmetische Operationen angewendet werden. Das Wort Rechner (engl.: computer) ist wörtlich zu nehmen.

Die Informationseinheit, die zwei Zustände annehmen kann, heißt ein Bit. Diese werden zu einem Byte zusammengefasst. Ein Byte besteht aus $2^3 = 8$ Bit. Ein Byte ist die kleinste Informationseinheit, die ein Computerprogramm verarbeiten kann. Ein Programm kann nur auf Bytes, aber nicht auf einzelne Bits zugreifen. Das kleinste „Wort" des „Computeralphabets" besitzt daher 8 Zeichen, bestehend aus 0 und 1. Jedes „Wort" belegt ein oder mehrere Bytes. Es besitzt eine Anzahl an „Buchstaben", die ein Vielfaches von 8 ist.

In einem Byte können die Zahlen von 0 bis 255 codiert werden. Ebenso ist aber auch der Ascii-Zeichensatz, der das lateinische Alphabet enthält, in einem Byte darstellbar. Beide Datentypen werden aber unterschiedlich verarbeitet. Arithmetische Operationen sind auf Zahlen sinnvoll, aber nicht für Buchstaben des lateinischen Alphabets. Letztere könnte man in Groß- oder Kleinbuchstaben umwandeln. Um die Art der Verarbeitung von Daten zu kennzeichnen, werden sie in *Typen* unterteilt. Ein Typ gibt auch an, wie viele Bytes benötigt werden. So verwendet man heute häufig statt des Ascii-Zeichensatzes den Uncodezeichensatz. Ein Unicodezeichen belegt zwei Bytes. Es können also $2^{16} = 65536$ Zeichen dargestellt werden. Damit sind die Zeichen nahezu aller Alphabete der Welt darstellbar.

Durch die Angabe eines Typs in einem Programm wird noch kein Speicherplatz reserviert. Es muss zusätzlich eine Variable deklariert werden. Ihr wird ein beliebiger Name zugewiesen. Durch ihn kann dann auf einen gewissen Speicherbereich zugegriffen werden. Sein Inhalt kann gelesen, überschrieben oder an eine andere Stelle kopiert werden.

4.2 Hexadezimalsystem

Es gibt $2^8 = 256$ verschiedene Zustände eines Bytes. Ein Zustand ist durch eine 8-stellige Binärzahl eindeutig bestimmt. Der Binärcode kommt aber dem menschlichen Verständnis nicht sehr entgegen. Eine ebenfalls nicht sehr praktikable Lösung wäre, Daten im 256er System darzustellen. Jede Stelle einer Zahl in dieser Darstellung entspräche dann einem Zustand des entsprechenden Bytes. Dafür würden aber 256 verschiedene Zeichen benötigt. Woher nehmen? Daher einigte man sich auf einen Kompromiss und teilte ein Byte in zwei Gruppen a je 4 Bit ein. Eine einfache Rechnung zeigt: $2^4 = 16$. Das Hexadezimalsystem fand Eingang in die Informatik. Der Zustand eines Bytes lässt sich durch eine zweistellige Hexadezimalzahl eindeutig darstellen. Man rechnet leicht: $16^2 = 256$. Die Ziffern des Hexadezimalsystems bestehen aus den Ziffern 0...9 des Dezimalsystems und den Buchstaben A...F oder a...f. So ist z. B. 3A5F im Dezimalsystem ausgedrückt:

$$3*16^3 + 10*16^2 + 5*16 + 15 = 3*4096 + 10*256 + 5*16 + 15 = 14943$$

4.3   Wert- und Verweistypen

In C# gibt es zwei verschiedene Arten von Typen, nämlich Wert- und Verweistypen. Ihre Daten werden an verschiedenen Stellen des Speichers abgelegt. Die Daten der Werttypen werden auf dem *Stack* (engl.: Stapel) abgelegt. Beim Aufruf einer Methode werden sie dort nacheinander abgelegt, so wie auf einen Stapel. Der zuletzt abgelegte Wert wird dann zuerst wieder zur Weiterverarbeitung durch den Prozessor abgerufen. Das kann man sich so wie bei einem Kellner vorstellen, der Teller aufstapelt, und dann die zuletzt aufgestapelten Teller zuerst wieder abnimmt. Diese Speicherverwaltung ist sehr effektiv, jedoch auch etwas starr. Der benötigte Speicherplatz muss von vornherein feststehen. Es kann zur Laufzeit nicht dynamisch Speicherplatz reserviert werden. Wenn Sie beispielsweise einen Text schreiben, steht i. A. nicht vorher fest, wie lang er sein wird. Ein anderer Speicherbereich, der *Heap* (engl.: Haufen) ermöglicht eine dynamische Speicherzuweisung. Diesen Vorteil erkauft man sich dadurch, dass auf den Heap nicht direkt zugegriffen werden kann. Eine Variable steht immer für einen Speicherbereich auf dem Stack. Daher wird für eine Variable von einen Verweistyp auf dem Stack deren Speicheradresse auf dem Heap abgelegt. Es wird auf das eigentliche Objekt verwiesen. Dieser Sachverhalt ist in der Abbildung 4.1 dargestellt.

Eine Variable eines Werttyps beinhaltet den Wert, während eine Variable eines Verweistypen ein Verweis auf das Objekt speichert.

Wird der Inhalt einer Variablen von einem Werttyp einer anderen Variablen zugewiesen, dann wird ihr Wert kopiert. Bei einer Zuweisung von Variablen eines Verweistyps wird dagegen nur der Verweis übertragen. So können zwei Variablen eines Verweistyps auf dasselbe Objekt zeigen. Werden Eigenschaften des Objekts durch die Verarbeitung der einen Variablen verändert, sind diese Veränderungen auch durch die andere Variable sichtbar.

Eine oder mehrere Variablen eines Verweistyps können auf ein und dasselbe Objekt zeigen. Es ist jedoch möglich, dass eine Variable auf kein Objekt verweist. In diesem Fall ist die Variable mit dem Standardwert `null` belegt.

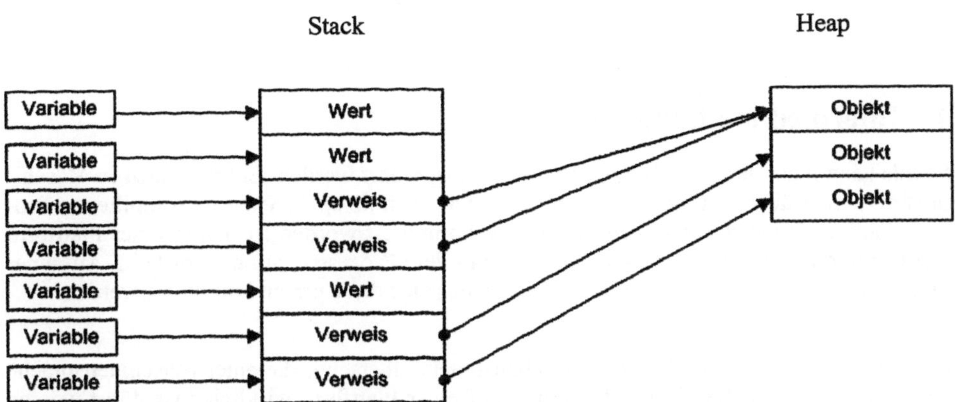

Abbildung 4.1 Wert- und Verweistypen sowie die Speicherbereiche Stack und Heap

Werttypen sind zumeist einfache Typen, die nicht viel Speicher benötigen. Objekte, die sehr umfangreich und komplex sind, werden dagegen auf dem Heap abgelegt. Während ihrer Verarbeitung durch eine Methode werden dann nur Speicheradressen, die selbst sehr viel weniger Speicher benötigen, auf den Stack abgelegt oder von dort abgeholt.

5   Das NET-Framework

5.1   Intermediate Language

C#-Code kann nicht direkt von einem Prozessor ausgeführt werden. Er muss dazu in Maschineninstruktionen übersetzt werden. Man sagt dazu auch *kompilieren*. Ein kompiliertes Programm läuft dann auf der Plattform, für die es kompiliert worden ist. Unter einer Plattform versteht man ein Betriebsystem in Verbindung mit dem Prozessor, auf dem es läuft. Auf einer anderen Plattform läuft das Programm nicht. Es muss für diese erneut kompiliert werden.

Ein C#-Programm wird nun in eine Zwischensprache übersetzt, die einer Maschinensprache schon sehr ähnlich ist. Damit das Programm auf einer Plattform wirklich ausgeführt werden kann, ist ein zusätzlicher Schritt notwendig. Ein zusätzliches Programm, das zur Laufzeit ausgeführt wird, übersetzt den Zwischencode in Maschinensprache. Dieses zusätzliche Programm heißt daher auch *Laufzeitumgebung*. Der zweite Übersetzungsschritt ist nicht so aufwendig wie eine direkte Übersetzung. Der Vorteil besteht – zumindest theoretisch – in der Plattformunabhängigkeit. Die zusätzliche Übersetzung wirkt sich zwar negativ auf das Laufzeitverhalten – man sagt auch auf die *Performance* – aus, durch moderne Technologien fällt dieser Nachteil aber nicht allzu sehr ins Gewicht.

Diese Zwischensprache heißt *Intermediate Language (IL)*. Ein sehr wichtiger Bestandteil des NET-Framework ist die *Common Language Runtimee (CLR)*. Sie kompiliert u. A: den IL-Code in Maschinencode. Compiler, die das leisten, heißen *Just In Time Compiler (JIT)*. Es werden nur diejenigen Methoden übersetzt, die gerade benötigt werden. Methoden, die niemals verwendet werden, bleiben unkompiliert. Dieser übersetzte Code heißt auch *native Code*. Einmal kompilierte Methoden können bei erneuter Verwendung direkt im native Code ausgeführt werden. So wird ein Programm tendenziell performanter, je öfter es ausgeführt worden ist.

Um ein C#-Programm auf einer Plattform auszuführen, muss für diese ein NET-Framework existieren. Dieses gibt es – außer natürlich für Windows - bereits für Kleingeräte sowie für Linux und Unix. Es sei hier aber nicht verschwiegen, dass die Portierung des NET-Framework auf andere Plattformen als Windows nicht ganz unproblematisch ist. Davon ist in erster Linie die Windowsprogrammierung betroffen.

Nicht nur C# kann in IL übersetzt werden, sondern auch mehrere andere Sprachen. Zu ihnen gehören beispielsweise C++ und Visual Basic. Mittlerweile gibt es über 20 NET-Sprachen. Dadurch können Module, die in verschiedenen Sprachen geschrieben worden sind, zusammengeführt oder in einer anderen NET-Sprache weiterverarbeitet werden. Entscheidend trägt das einheitliche Typensystem zur Mehrsprachigkeit bei. Es gibt vordefinierte Typen des NET-Framework. Da die vordefinierten Typen von C# genau die des Net-Framework sind, ist C# am besten dazu geeignet, NET-Programme zu schreiben.

Ein NET-Programm kann genauso aufgerufen werden, wie jedes andere ausführbare Programm auch. Es wird dann automatisch die Laufzeitumgebung gestartet.

5.2 Die Standardklassenbibliothek

Das NET-Framework stellt noch eine umfangreiche Klassenbibliothek zur Verfügung, die von allen NET-Sprachen verwendet werden können. Sie heißen auf englisch *Framework Class Library (FCL)*. Diese Klassen liegen in dem Namensraum System oder in seinen Unternamensräumen. Damit stehen für häufig wiederkehrende Aufgaben viele Klassen zur Verfügung. Aber damit nicht genug! Sie stellen auch eine Schnittstelle zu dem Betriebsystem dar.

Das Betriebsystem reserviert einem Programm einen gewissen Bereich des Arbeitsspeichers und stellt ihm Prozessorzeit zur Verfügung. Der Bereich des Arbeitsspeichers und die Prozessorzeit bilden einen *Prozess*. Ein Programm, das ausschließlich in einem Prozess läuft, verhält sich sehr autistisch. Es kann mit seiner Umgebung nicht kommunizieren. Weder können Daten zur Verarbeitung an das Programm geschickt werden, noch kann es sie ausgeben. Es sind keine Benutzereingaben möglich. Auch erhält der Benutzer keine Ergebnisse von dem Programm.

Um mit der Umgebung zu kommunizieren, muss das Betriebsystem bemüht werden. Nur dieses kann eine Verbindung zu peripheren Geräten, wie Tastatur, Maus, Bildschirm, Festplatte, Drucker oder einer Netzwerkverbindung herstellen. Die dafür notwendigen Schnittstellen liegen in der Standardbibliothek als Klassen vor. Als Beispiel ist Ihnen die Klasse Console bereits bekannt. Mit ihr kann durch die Eingabeaufforderung mit dem Benutzer kommuniziert werden. Ein weiters Beispiel sind die Fensterklassen für die Windowsprogrammierung. Da diese sehr stark an das Windowsbetriebsystem angelehnt sind, ist eine Portierung dieser Klasse auf andere Plattformen problembehaftet. Hier liegt der eigentliche Grund für die Schwierigkeiten bei der Portierung des NET-Framework auf Linux oder Unix.

Diese Klassen legen eine Abstraktionsschicht zwischen dem Betriebsystem und dem Programm. Sie müssen sich nicht um die – nicht immer ganz einfachen – Interna von Systemaufrufen kümmern. Auch kann dadurch eine gewisse Einheitlichkeit im Umgang mit den Schnittstellen hergestellt werden. So gibt es etwa die Methoden WriteLine und ReadLine nicht nur in der Klasse Console. Diese Abstraktion ist eine notwendige Voraussetzung für die Portierung der Klassenbibliotheken auf andere Plattformen.

6 Vordefinierte Datentypen

6.1 Grundlagen

Die vordefinierten Datentypen entstammen alle der NET-Laufzeitumgebung. Sie stehen daher auch den anderen NET-Sprachen zur Verfügung. Module, die in verschiedenen NET-Sprachen geschrieben sind, können so problemlos zusammenarbeiten. Auch dieses ist ein großer Vorteil der NET-Laufzeitumgebung. Jeder Programmierer, der Module, die in unterschiedlichen nicht NET-Sprachen geschrieben sind, zusammenführen wollte, kann sicherlich ein Klagelied anstimmen. Anwendungen, die aus mehreren Komponenten bestehen, die teilweise auch auf unterschiedlichen Rechnern installiert sind, spielen eine zunehmend bedeutendere Rolle. Weiterhin haben Programmierer gewisse Vorlieben. So kann in einem umfangreichen NET-Projekt jeder Programmierer mit der Sprache seiner Wahl programmieren. Es ist sogar möglich, eine Klasse abzuleiten, die in einer anderen NET-Sprache definiert worden ist.

Obwohl C# eine streng objektorientierte Sprache ist, gibt es Daten, die keine Objekte sind. Diese besitzen einen Werttyp. Sie sind damit keine Objekte. Jedoch werden sie stets als Bestandteile von Objekten oder Klassen verwendet. Im Gegensatz zu einigen anderen Programmiersprachen wie z. B. C++ gibt es keine globalen Daten. Das sind Daten, die außerhalb von Objekten „leben" und dem gesamten Programm zur Verfügung stehen. In C# gibt es jedoch einen Ersatz dafür. Wir haben bereits gesehen, wie mit dem Schlüsselwort `static` eine Methode deklariert werden kann, die man benutzen kann, ohne ein Objekt der Klasse zu instanzieren. Sie existieren damit unabhängig von konkreten Objekten. Diese Methoden stehen damit global dem Programm zur Verfügung, ohne eine Instanz der Klasse, also ein Objekt, anzulegen. Etwas Analoges ist für Werttypen möglich.

Ein besonderes Merkmal der Sprache C# ist es, dass Werttypen auch in Objekte von gewissen Klassen konvertiert werden können. Damit stehen für einfache Datentypen auch die Methoden dieser Klassen zur Verfügung. Weiterhin besitzt C# dadurch ein einheitliches Typensystem, deren Vorteile wir später noch zu schätzen lernen werden.

15 Typen sind vordefiniert. Davon sind die ersten 13 Werttypen:

C#-Typ	NET-Typ	Bechreibung
bool	System.Boolean	Logischer Type, der die Werte true oder false speichern kann. Der Standardwert ist false.
byte	System.Byte	Vorzeichenloser 8-Bit Ganzzahltyp, der Werte zwischen 0 und 255 speichern kann. Der Standardwert ist 0.
sbyte	System.Sbyte	Vorzeichenbehafteter 8-Bit Ganzzahltyp, der Werte zwischen −128 und 127 speichern kann. Der Standardwert ist 0.
short	System.Int16	Vorzeichenbehafteter 16-Bit Ganzzahltyp, der Werte zwischen − 32768 und 32767 speichern kann. Der Standardwert ist 0.
int	Sytem.Int32	Vorzeichenbehafteter 32-Bit Ganzzahltyp, der Werte zwischen − 2 147 483 648 und 2 147 483 647 speichern kann. Der Standardwert ist 0.
long	Sytem.Int64	Vorzeichenbehafteter 64-Bit Ganzzahltyp. Der Standardwert ist 0.
ushort	System.UInt16	Vorzeichenloser 32-Bit Ganzzahltyp. Der Standardwert ist 0.
uint	Sytem.UInt32	Vorzeichenloser 32-Bit Ganzzahltyp. Der Standardwert ist 0.
ulong	Sytem.Uint64	Vorzeichenloser 64-Bit Ganzzahltyp. Der Standardwert ist 0.
float	System.Single	32-Bit Gleitkommatyp mit einfacher Genauigkeit. Der Standardwert ist 0.0f.
double	System.Double	64-Bit Gleitkommatyp mit doppelter Genauigkeit. Der Standardwert ist 0.0.
char	System.Char	Vorzeichenloses 16-Bit Unicodezeichen. Der Standardwert ist \0.
decimal	System.Decimal	Dezimaltyp, der nicht gerundet wird. Er eignet sich für Finanzrechnungen. Der Standardwert ist 0.0M.
string	System.String	Eine Folge von Unicodezeichen.
object	System.Object	Die oberste Klasse in der Vererbungshierarchie aller Klassen

Von jedem der in der NET-Laufzeitumgebung vordefinierten Typen gibt es eine Abkürzung in C#. Beide Namen können gleichwertig verwendet werden. Es ist jedoch nahe liegend, die kürzeren C#-Bezeichnungen zu verwenden. Diese sind auch in Analogie zu anderen Programmiersprachen, wie C++ oder Java gewählt.

Konstante Werte dieser Datentypen, das sind Werte, die während des Programmablaufs nicht mehr verändert werden, können durch Literale (literal = engl. wörtlich) im Quellcode ausgedrückt werden. Wir haben bereits Literale für den Datentyp String, der allerdings kein Werttyp ist, kennen gelernt, nämlich z. B. "Hello World".

Von diesen Datentypen können Variablen definiert werden. Für alle definierten Variablen wird vor ihrer Verwendung Speicherplatz reserviert. Zum Beispiel wird für eine Variable vom Typ `int` 4 Byte reserviert. Variablen dienen dazu, Daten im Arbeitsspeicher abzulegen und gegebenenfalls auf sie zuzugreifen, um sie zu lesen oder zu überschreiben. Dafür ist ein Bezeichner notwendig. Dieser ist ein frei gewählter Name. Es gibt lediglich einige wenige Einschränkungen. So dürfen Bezeichner nicht mit Schlüsselwörtern übereinstimmen. Sie können beliebig lange Folgen aus Zeichen sein, die aus Unicode-Buchstaben, auch Ziffern und den Zeichen ‚$' und ‚_' bestehen. Da der Unicode Zeichensatz später behandelt werden wird, beschränken wir uns an dieser Stelle auf die Buchstaben des lateinischen Alphabets. Höchstwahrscheinlich werden Sie auch kaum chinesische Schriftzeichen verwenden, die ebenfalls Bestandteil des Unicodes Zeichensatzes sind.

Die Syntax zur Definition einer oder mehrere Variablen des gleichen Typs lautet:

```
Typname  Bezeichner_1[=  Literal_1],  ...,Bezeichner_n  [= Lite-
ral_n];
```

Der Teil in den Klammern [...] ist optional. Einer Variablen kann bei der Definition gleich ein Wert zugewiesen werden. Dieses ist durch ein Literal möglich. Etwas anderes würde einem an dieser Stelle dazu auch nicht einfallen[1]. Z. B.:

```
int a;
int b = 11;
int a, b;
int a = 1, b, c = 2;
```

In gewissen Zusammenhängen, die später erläutert werden, werden Variablen durch die Definition die Standardwerte zugewiesen, falls ihnen kein anderer Wert zugewiesen wird.

---

[1] Später werden wir sehen, dass an Stelle eines Literals auch ein anderer Ausdruck stehen kann, der einen Wert eines passenden Typs zurückgibt. Aber wir gehen einen Schritt nach dem anderen voran!

6.1.1 Der logischeTyp

Der boolesche Typ wird in logischen Operationen verwendet. Da er nur zwei Werte besitzt, würde ein Bit genügen, um einen booleschen Wert zu speichern. Da aber die kleinste Speichereinheit ein Byte ist, belegt eine Variable dieses Typs auch ein solches. Die Literale sind: `false` und `true`

6.1.2 Der Zeichentyp

Dieser Datentyp steht für character (engl.: Schriftzeichen, Buchstabe). Er belegt üblicherweise zwei Byte und wird durch den Unicode-Zeichensatz repräsentiert. Da zwei Byte 2^{16} = 65536 verschiedene Zustände haben können, können auch ebenso viele Zeichen dargestellt werden. Damit ist es möglich, Schriftzeichen nahezu aller gängigen Sprachen darzustellen. Im Internetzeitalter ist dies ein immenser Vorteil. Als Literale können diese Schriftzeichen verwendet werden, die in einfachen Hochkommatas eingeschlossen sein müssen wie z. B. 'a', 'b'. Aber wie wird ein einfaches Hochkomma als Literal dargestellt? Für Sonderzeichen gibt es so genannte Escapesequenzen:

Zeichen	Bedeutung
\b	Rückschritt (Backspace)
\t	horizontaler Tabulator
\n	Zeilenumbruch /Newline)
\f	Seitenumbruch
\r	Wagenrücklauf (Carrige return)
\'	einfaches Anführungszeichen
\"	Doppeltes Anführungszeichen
\\	Backslash

Weiterhin können Unicodeliterale durch eine Folge von vier Hexadezimalziffern dargestellt werden. Dies liegt darin begründet, dass durch höchstens vierstellige Hexadezimalzahlen genau 65536 verschiedene Zahlen dargestellt werden können. Die Syntax lautet: '\uxxxx', wobei x für eine Hexadezimalziffer steht. Der Standardwert ,\0' besitzt beispielsweise die Unicode-Darstellung '\u0000'. Dieses Zeichen ist das leere Zeichen, also in einem gewissen Sinn kein Zeichen. Dieses ist nicht mit dem Leerzeichen (engl.space) zu verwechseln. Dieses Zeichen besitzt das Unicodeliteral '\u0020'.

6.1.3 Die Ganzzahltypen

Es gibt vier vorzeichenbehaftete und vier vorzeichenlose Ganzzahltypen. Ganzzahlige Literale können in Dezimal- oder Hexadezimaldarstellung geschrieben werden. Eine Dezimaldarstellung besteht aus einer Folge von Ziffern 0,1,...9. Ein hexadezimaler Wert erhält das Präfix 0x und besteht aus den Ziffern 0,...,9 und den Buchstaben a,...,f oder A,...,F. Einem ganzzahligen Literal kann das Vorzeichen – vorangestellt werden. Das Vorzeichen + ist optional und kann auch weggelassen werden, wenn eine positive Zahl ausgedrückt werden soll.

6.1.4 Die Gleitkommazahlen

Es gibt die beiden Gleitkommatypen `float` mit einfacher Genauigkeit und `double` mit doppelter Genauigkeit. Gleitkommaliterale werden in Dezimalnotation geschrieben. Sie bestehen aus einem Vorkommateil, einem Dezimalpunkt, einem Nachkommateil, einem Exponenten oder einem Suffix. Um ein Gleitkommaliteral von einem Ganzzahlliteral zu unterscheiden, muss mindesten der Dezimalpunkt, der Exponent oder das Suffix vorhanden sein. Der Exponent wird mit einem e oder E eingeleitet. Der Vorkommateil oder der Exponent kann wahlweise mit einem Vorzeichen + oder – versehen sein. Wenn das Suffix f oder F fehlt, wird das Literal als vom Typ `doule` aufgefasst, andernfalls als vom Typ `float`.

6.1.5 Dezimale

Eine Variable dieses Typs belegt 128 Bit Speicherplatz. Mit ihm werden Dezimalzahlen dargestellt. Sie besitzen bis zu 28 signifikanten Stellen. Obwohl eine Variable dieses Typs einen sehr hohen Speicherbedarf hat, ist der Wertebereich sehr eingeschränkt. Betragsmäßg liegt er etwa zwischen 10^{-28} und 10^{28}. Mit diesem Nachteil erkauft man sich eine höhere Genauigkeit, da eventuelle Rundungsfehler sehr klein ausfallen. Dieser Typ wird hauptsächlich für Währungs- und Finanzkalkulationen verwendet, während Gleitkommazahlen sich eher für wissenschaftliche und technische Berechnungen eignen.

6.1.6 Strings

Sie sind ein Verweistyp. Eine Variable dieses Typs verweist auf eine Sequenz von Unicodezeichen. Dennoch können Strings auch wie Werttypen behandelt werden. So kann einer Variablen direkt ein Wert zugewiesen werden. Auch wenn einer Variablen der Inhalt einer anderen Variablen dieses Typs zugewiesen wird, dann wird der Inhalt in einen neuen String abgelegt. Anschließend wird der Verweis auf diesen String der Variablen zugewiesen. Literale werden in doppelten Anführungsstrichen eingegrenzt. Wenn einem Literal ein @-Zeichen vorangestellt ist, dann werden Escapezeichen nicht als solche interpretiert, sondern wortwörtlich genommen. So bedeutet @"\\" wirklich ein doppeltes Backslash, obwohl das Zeichen '\\' ein Backslash ist.

Eine häufig verwendete Eigenschaft ist die Länge `Length`. Sie kann etwa folgendermaßen verwendet werden:

```
string s= "Hello World";
int t = s.Length;
```

Hieran erkennt man, wie in C# auf Bestandteile eines Objekts zugegriffen wird, nämlich durch den Punktoperator. Der Name des Objekts, hier s, wird durch einen Punkt von dem Bezeichner einer Eigenschaft, Variable oder Methode des Objekts getrennt.

Die Eigenschaft Length kann nur gelesen, aber nicht überschrieben werden. Dieses ist auch nicht sehr sinnvoll, da dadurch die Datenkonsistenz zerstört werden kann. In diesem Fall bedeutet es, dass Length die Anzahl der Zeichen in der Zeichenkette wiedergibt. Hier wird wieder ein Vorteil der objektorientierten Programmierung deutlich: Dadurch, dass nicht willkürlich auf die Daten eines Objekts zugegriffen werden kann, kann eine Datenkonsistenz gewährleistet werden. Die Eigenschaft Length kann beispielsweise nur dadurch geändert werden, indem die Anzahl der Zeichen geändert wird.

6.1.7 Die Klasse object

Dieser Typ ist ein Verweistyp. Er ist der Urahn aller Klassen in C#. Da auch Werttypen in Objekte konvertiert werden können, steht diese Klasse an der Spitze der Typenhierarchie in C#. Die Klasse object besitzt ein paar wenige Methoden, die durch die Vererbung allen anderen Klassen zur Verfügung stehen. Eine häufig verwendete Methode ist:

```
ToString()
```

Sie liefert Darstellung des Objekts in Form einer Zeichenkette. Ihr Rückgabewert kann einem String zugewiesen werden.

Ein Objekt der Klasse object, wie auch anderer Klassen, wird durch den new-Operator und den Konstruktor erzeugt:

```
object o;
o = new object();
```

oder

```
object o = new object();
```

Da jede andere Klasse letztendlich von object abstammt, ist object ein Schlüsselwort. Der new-Operator reserviert Speicherplatz auf dem Heap. Hinter new steht der Konstruktor. Er besteht aus dem Klassennamen, hier object, gefolgt von zwei Klammern. In den Klammern können bei anderen Klassen noch Parameter stehen, durch welche die Erzeugung des Objekts gesteuert werden kann. Der Konstruktor beschreibt den Typ der Informationen, die auf dem Heap abgelegt werden. Der Objektvariablen, hier o, wird ein Verweis zugewiesen. Auf Methoden kann wiederum durch den Punktoperator zugegriffen werden:

```
String s;
s = o.ToString();
```

oder

```
String s = o.ToString();
```

6.1.8 Konstanten

Von allen Werttypen können Konstanten gebildet werden. Ihnen muss bei der Deklaration
ein Wert zugewiesen werden. Dieser darf während des Programmablaufs nicht mehr geändert
werden. Konstanten werden ähnlich wie Variablen deklariert, es ist lediglich das Schlüsselwort const voranzustellen. Beispiel:

```
const double Pi = 3.141592654;
```

Auch Literale stellen konstante Werte dar. Im Gegensatz zu den Literalen besitzen die hier
definierten Konstanten einen Bezeichner. Auf häufig verwendete Werte kann so einfacher
zugegriffen werden. Es ist aber nicht nur einfacher Pi statt 3.141592654 zu tippen, sondern es wird für jedes Literal neuer Speicherplatz reserviert. Für die Konstante Pi geschieht
das nur einmal, nämlich während der Definition. Mit dem Bezeichner kann dann an beliebiger
geeigneter Stelle darauf zugegriffen werden.

6.1.9 Darstellung von Werten durch Bytezustände

Der Zustand der Bytes, die eine Variable belegen, charakterisiert ihren Wert. Wie dieser Zustand interpretiert wird und wie er weiterverarbeitet werden kann, wird durch den Typ festgelegt. Wir wollen uns diesen Sachverhalt an dem Beispiel derjenigen Typen verdeutlichen, die
genau ein Byte belegen. Diese sind: bool, byte, sbyte.

binär	hexadezimal	bool	byte	sbyte
0000 0000	0x0	false	0	0
0000 0001	0x1	true	1	1
0000 0010	0x2		2	2
.	.	.	.	.
.	.	.	.	.
.	.	.	.	.
0111 1110	0x7E		126	126
0111 1111	0x7F		127	127
1000 0000	0x80		128	-128
1000 0001	0x81		129	-127
.	.	.	.	.
.	.	.	.	.

| 1111 1110 | 0xFE | | 254 | -2 |
| 1111 1111 | 0xFF | | 255 | -1 |

Die Werte der Typen sbyte und byte können auch zyklisch angeordnet vorgestellt werden - etwa wie die Stunden auf dem Ziffernblatt einer Uhr. Hier haben wir allerdings nicht die Periode 12, sondern 256. In dem einen Fall wird von 0 bis 255 in dem anderen von -128 bis 128 gezählt. Die arithmetischen Operationen können unter gewissen Voraussetzungen[1] ebenso zyklisch vorgestellt werden. Die Addition entspricht dann der Addition von Winkeln, um die – bildlich gesprochen - der Uhrzeiger vorgerückt werden muss. Die arithmetischen Operationen können im Binärcode auch unabhängig davon vorgenommen werden, ob der Typ byte oder sbyte vorliegt. Betrachten wir beispielsweise im Binärcode die Addition 1000 000 + 10. Der erste Summand steht in dem Typ byte für 128 und in dem Typ sbyte für -128, der zweite Summand in beiden Typen für 2. Die Summe 1000 0010 steht in byte für 130 und in sbyte für -126, was in beiden Fällen das richtige Ergebnis ist.

Solche zyklischen Operationen können nicht nur geometrisch vorgestellt werden, sondern etwa im Binärcode auch arithmetisch. Wenn Sie arithmetische Operationen im Binärcode vornehmen und anschließend nur die untersten 8 Stellen betrachten, dann erhalten Sie das Ergebnis, welches ein entsprechendes C#-Programm berechnen würde. Unabhängig vom Zahlensystem – also vom Binär- oder Dezimalsystem – kann man den Sachverhalt auch anders ausdrücken. Es wird nach jeder arithmetischen Operation der Rest der ganzzahligen Division durch 256 berechnet, wobei er in dem Typ byte durch eine Zahl zwischen 0 und 255 und in dem Typ sbyte durch eine Zahl zwischen -128 und 127 ausgedrückt wird.

6.2   Typenkonvertierung

Nehmen Sie einmal an, Sie wollen eine ganze Zahl durch eine Gleitkommazahl dividieren, also z. B. 5/2.5. Diese Operation sollte doch möglich sein! In der Tat konvertiert der C#-Compiler den Zähler 5 in den Typ double. Analoge Regeln gelten, wenn statt Literale Variablen verwendet werden. Als Faustregel kann man sich merken, dass immer eine Typenkonvertierung von einem kleineren in einen größeren Typ möglich ist. Im umgekehrten Fall handelt man sich eventuell einen Informationsverlust ein. Wie sollte z. B. die Gleitkommazahl 2.5 in eine ganze Zahl konvertiert werden, durch Runden oder Abschneiden des Nachkommateils? Eine derartige Konvertierung wird in C# nicht automatisch vorgenommen. Die Abbildung 6.1 veranschaulicht die gegebenenfalls automatisch vorgenommenen Konvertierungen, die zu keinem Informationsverlust führen:

---

[1] Diese können etwa von einer Compilereinstellung abhängen. I. A. führt die Standardeinstellung zu einem solchen zyklischen Verhalten.

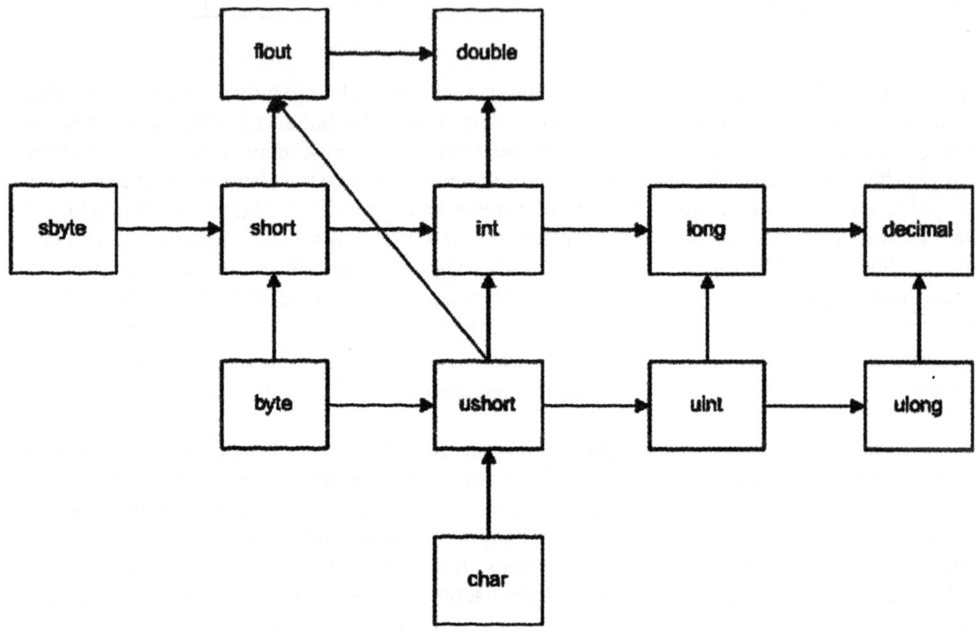

Abbildung 6.1 implizite Typenkonvertierungen

Die Konvertierungen sind transitiv. Das bedeutet, dass z. B. ein `sbyte` ohne weiteres in eine `double` konvertiert werden kann. Eine Typenumwandlung von und nach `bool` ist nicht möglich.

Die Typenumwandlung von `char` nach `ushort` bedarf vielleicht noch einer Erläuterung. Da ein Computer nur Zahlen (in Binärdarstellung) verarbeiten kann, werden die Unicodezeichen in Zahlen codiert. Genau in diese Codezahlen werden Unicodezeichen konvertiert.

Konvertierungen in Pfeilrichtung beschreiben eine *erweiternde* und entgegengesetzt der Pfeilrichtung eine *einschränkende* Typenkonvertierung..Eine Erweiternde Typenkonvertierung wird automatisch, d. h. ohne Zutun des Programmierers, vorgenommen. Diese Konvertierung heißt auch *implizite* Typenkonvertierung. Einschränkende Typkonvertierung muss jedoch ausdrücklich programmiert werden. Sie heißt deswegen auch *explizite* Konvertierung. Dafür gibt es den Cast-Operator (Typenumwandlung = engl. cast). Dieser wird der umzuwandelnden Variablen vorangestellt, und besteht aus dem Zieltyp, der in Klammern eingeschlossen ist, z. B.

```
double x = 2.5 ;
int m ;
m = (int) x ;
```

Nach der Zuweisung erhält m den Wert 2. Eine einschränkende Typkonvertierung ist immer mit der Gefahr des Datenverlustes verbunden. Man sollte daher Vorsicht walten lassen, wenn man sie benutzt. Einschränkende Typenkonvertierung ist ebenfalls transitiv. Ist eine explizite Konvertierung von dem Typ A in den Typ B und eine von dem Typ B in den Typ C möglich, so auch eine von dem Typ A in den Typ C.

Es gibt noch weitere implizite Konvertierungen in einen Gleitkommatyp, die aber mit der Gefahr des Datenverlustes verbunden sind. Gleitkommazahlen werden durch einen Exponenten zur Basis 10 dargestellt. Gegebenenfalls wird der Koeffizient gerundet, um noch Speicherplatz für den Exponenten zu haben. Jeder 32 Bit-Ganzzahltyp kann in den Typ `float`, der ebenfalls 32 Bit belegt, konvertiert werden. Analog kann der Typ `decimal` oder ein 64-Bit-Ganzzahltyp implizit unter Gefahr des Datenverlustes in den Typ `double` konvertiert werden.

Einschränkende und erweiternde Typenkonvertierungen gibt es nicht nur bei Werttypen sondern auch bei Klassen. Diese werden wir noch ausführlich behandeln. Dennoch sei hier auf eine Besonderheit der Sprache C# hingewiesen. Jeder Typ, egal ob Wert- oder Verweistyp, kann implizit in den Typ `object` konvertiert werden, z. B.:

```
int m = 32;
object o = m;
```

Obwohl hier der `new`-Operator nicht verwendet wird, wird auf den Heap Speicherplatz reserviert, um dort ein Objekt abzulegen. Dieses stellt dann beispielsweise die Methode `ToString()` zur Verfügung. Diese liefert – wen würde es wundern – die Zeichenkette "32"[1]. Die Methode kann jedoch auch direkt auf einen Werttyp angewendet werden:

```
string s = m.ToString();
```

Beispiel 6.1 (einschränkende Typenkonvertierung)

Wie krass der Informationsverlust bei der einschränkenden Typenkonvertierung sein kann, soll das folgende Beispiel erläutern:

---

[1] Die Umwandlung von Wert in Verweistypen wird in dem Kapitel Strukturen, Enumerationen und Boxing ausführlich behandelt.

```
class App
  {
    static void Main(string[] args)
    {
    short s = -32767;
    byte b;

    b = (byte)s;

    Console.WriteLine(b);
    Console.ReadLine();
    }
  }
```

Diese Applikation liefert das Ergebnis 1. Wie ist das merkwürdige Resultat nun zu verstehen? Da short ein vorzeichenbehafteter Typ ist, dessen Variablen 16 Bit beanspruchen, ist das führende Bit für das Vorzeichen reserviert. Die positiven Zahlen zwischen 0 und $2^{15}-1$ werden in den restlichen 15 Bit als Binärzahl dargestellt. Die Binärdarstellung der Zahl 2^{15} steht bereits für -1. (Bitte beachten Sie die Analogie zu dem Typ sbyte!). Die Zahl -32767 besitzt demnach die binäre Codierung 10 000 000 000 000 001. Bei der Typenumwandlung werden die führenden Bytes einfach abgeschnitten

Übung:
1. Schreiben Sie ein Programm, das zu einem eingegebenen Zeichen die Unicodezahl ausgibt.
2. Schreiben Sie ein Programm, das DM in Euro umrechnet.
3. Welcher Informationsverlust ist gegebenenfalls bei der Konvertierung von Gleitkommazahlen in Ganzzahltypen verbunden? Spielen Sie dazu mehrere Möglichkeiten durch.

7 Arrays

Durch Arrays können Listen oder Reihungen von Werten ein und desselben Datentyps dargestellt werden. Obwohl ein Array in C# – im Gegensatz zu vielen anderen Programmiersprachen – ein Objekt ist, kann das in sehr vielen Fällen vernachlässigt werden. Daher können sie vor der objektorientierten Programmierung behandelt werden. Dies ist sinnvoll, da häufig Arrays von Werttypen gebildet und verwendet werden. Es kann aber auch von allen anderen Datentypen ein Array gebildet werden.

Wenn viele Variablen des gleichen Typs benutzt werden, kann es sinnvoll sein, sie zu einem Array zusammenzufassen. Arrays haben eine Länge, d. i. die Anzahl der Variablen eines Typs, die in dem Array zusammengefasst werden. Die Länge kann während der Laufzeit festgelegt werden, dann aber nicht mehr dynamisch verändert werden. Sehr häufig kann die Länge erst während der Laufzeit ermittelt werden.

Anstatt

```
int x1, x2, x3, x4, x5, x6, x7, x8, x9, x10;
```

kann man auch ein Array der Länge 10 verwenden. Ein Array ist also eine Zusammenfassung von Variablen ein und desselben Typs. Die einzelnen Variablen eines Arrays werden *Elemente* genannt.

Es können auch Arrays vom Typ `object` gebildet werden. Da in C# jede Variable eines beliebigen Typs in den Typ `object` konvertiert werden kann, kann ein solches Array jeden beliebigen Wert aufnehmen.

Um auf ein Array zuzugreifen, wird ein Bezeichner benötigt. Es muss eine entsprechende Variable deklariert werden. Im Gegensatz zu einer Variablen eines Werttyps, wird durch die Deklaration noch kein Speicherplatz für das Array reserviert. Es wird jedoch Speicherplatz für eine Speicheradresse, an der das Array abgelegt wird, reserviert. Solche Variablen heißen *Referenzvariablen*. Die Syntax lautet:

```
Typ[ ] Bezeichner;
```

Ein Array vom Typ `int` wird etwa folgendermaßen definiert:

```
int[ ] x;
```

Wir haben diese Syntax bereits beim Argument der Methode `Main` kennen gelernt. Dieser Methode wird eine Liste von Strings übergeben. Auf diese Weise können übergebene Befehlszeilenparameter dem Programm bekannt gemacht werden.

Eine so deklarierte Variable ist noch nicht initialisiert. Da noch kein Speicher für ein Array reserviert wurde, kann sie bis jetzt nur mit dem Literal `null` initialisiert werden:

Die Zuweisung von null bedeutet, dass der Variablen kein Speicherplatz für ein Array zugewiesen ist. Um dieser Variablen Speicherplatz zuzuweisen, muss er erst angelegt werden. Da er auch zur Laufzeit dynamisch, z. B. mit dynamisch festgelegter Länge, angelegt werden kann, wird er in einem dynamisch verfügbaren Speicherbereich angelegt, der Heap (engl.: Haufen) genannt wird. Speicherbereich auf dem Heap wird mit dem Operator `new` angelegt. Syntax:

```
Bezeichner = new Typ[Länge];
```

Durch diese Syntax wird dem `Bezeichner` gleich die Speicheradresse zugewiesen, beispielsweise folgendermaßen:

```
x = new int[10];
```

Wenn bereits zur Deklaration klar ist, wie viele Elemente ein Array hat, kann man z. B. auch Deklaration und Initialisierung zusammenfassen, z. B.:

```
int[] x = new int[10];
```

Die einzelnen Elemente eines Arrays werden mit natürlichen Zahlen (i. A. aber nicht notwendigerweise mit dem Typ int) indiziert, wobei bei null angefangen wird zu zählen. So wird in diesem Beispiel durch `x[0]` auf das erste Element zugegriffen und durch `x[9]` auf das letzte. Da die Elemente Variablen sind, können sie auch als solche behandelt werden. Insbesondere können sie gelesen und beschrieben werden.

Der Index muss von einem Ganzzahltyp sein. Damit ist auch der Typ `char` möglich. Indexausdrücke werden zur Laufzeit automatisch auf die Einhaltung der Array-Grenzen überprüft. Die untere Grenze ist stets null, die obere die Länge minus eins, da von null und nicht von eins ab gezählt wird.

Einem Array können auch Literale bei der Deklaration zugewiesen werden. Ein Array-Literal wird stets in geschweiften Klammern eingeschlossen, in denen durch Komata getrennt die Literale aufgelistet sind, die der Reihe nach den einzelnen Elementen zugewiesen werden. Z. B.:

```
int[] x = new int[]{1,2,3,4,5,6,7,8,9,10};
```

oder kürzer:

```
int[] x = {1,2,3,4,5,6,7,8,9,10};
```

Der Verweisvariablen x kann nach ihrer Initialisierung noch ein anderes Array zugewiesen werden, beispielsweise folgendermaßen:

```
x= new int[]{13,17,121};
```

In diesem Fall kann `new int[]` nicht weggelassen werden. Dadurch wird ausgedrückt, dass auf dem Heap neuer Speicherplatz reserviert werden muss. Der alte kann nicht überschrieben werden, indem ihm ein neues Literal zugewiesen wird.

Sehr häufig sollen die Elemente eines Arrays nacheinander ausgelesen werden. Dabei werden Anweisungen, etwa das Lesen der Einträge eines Arrays, wiederholt ausgeführt. Es ist umständlich – und auch sehr schlechter Programmierstil -, für jeden in Frage kommenden Index diese Anweisungen wiederholt in den Quelltext zu schreiben. Schwerwiegender wiegt noch der Umstand, dass die Länge des Array zur Kompilierzeit nicht bekannt zu sein braucht.

Wiederholte Anweisungen werden durch Schleifen realisiert. Die Sprache C# stellt eine Schleife zur Verfügung, die nacheinander die Einträge eines Arrays - und auch einiger anderer Auflistungen -, ausliest, und sie in eine passende Variable stellt. Diese Schleife wird mit dem Schlüsselwort `foreach` definiert. Die Syntax lautet:

```
foreach(Typ Bezeichner in Array)
{
Anweisungen
}
```

Der Typ des Arrays muss in den Typ des Bezeichners konvertiert werden können.

Beispiel 7.1 (Auslesen der Befehlszeilenparameter)

In diesem Beispiel werden die Befehlszeilenparameter der Reihe nach ausgelesen und wieder auf der Konsole ausgeben. Da die `foreach`-Schleife verwendet wird, muss die Anzahl der Parameter nicht bekannt sein, sie kann sogar null sein.

```
using System;
  class Class1
  {
    static void Main(string[] args)
    {
      foreach(string s in args)
```

```
        {
      Console.WriteLine(s);
        }
    }
  }
```

Da Arrays von jedem beliebigen Typen gebildet werden können, kann auch ein Array von Arrays deklariert werden. Z.B.:

```
int[][] y = new int[2][];
y[0] = new int[1];
y[1] = new int[2];
```

In diesem Beispiel wird ein zweidimensionales Array definiert. In der ersten Zeile wird ein Array deklariert, das zwei Elemente besitzt, die Arrays vom Typ `int[]` sind. Durch den new-Operator wird Speicherplatz auf dem Heap reserviert, der zwei Speicheradressen für zwei Arrays aufnehmen kann. In den nächsten beiden Zeilen werden den Elementen des Arrays die Speicheradressen zugewiesen, nachdem die beiden Arrays `int[1]` und `int[2]` angelegt worden sind.

Ein Wert eines mehrdimensionalen Arrays kann ebenfalls durch ein Literal ausgedrückt werden, z. B.:

```
Y = new int [][]{new int[1], new int[2]};
```

oder kürzer:

```
Y = {new int[1], new int[2]};
```

Die Unterarrays können auch gleich initialisiert werden, wie beispielsweise folgendermaßen:

```
Y = {new int[1]{1,2}, new int[2]{3,4,5}};
```

Die abkürzende Schreibweise

```
Y = {{1,2}, {3,4,5}};
```

ist den rechteckigen Arrays vorbehalten (siehe unten). Um Verwechslungen auszuschließen, ist diese abkürzende Schreibweise hier nicht gestattet.

Beispiel 7.2 (Auslesen der Werte eines mehrdimensionalen Arrays)

Es sollen die Einträge eines mehrdimensionalen Arrays ausgelesen werden. Wenn ein Array von Arrays vorliegt, dann ist das Auslesen durch eine geschachtelte `foreach`-Schleife möglich. Es werden dabei zuerst die Unterarrays geliefert und auf sie erneut eine `foreach`-Schleife losgelassen.

```csharp
using System;
  class Class1
  {
    static void Main(string[] args)
    {
      int [][] x = {new int[]{2,3,4}, new int[]{7,13}};

      foreach(int [] y in x)
      {
        foreach(int z in y)
        {
        Console.WriteLine(z);
        }
      }
    }
  }
```

Da die Länge der Unterarrays unterschiedlich ausfallen kann, heißen Arrays von Arrays auch unregelmäßige Arrays. Sind diese jedoch alle gleich dann kann auch ein *rechteckiges* Array verwendet werden. Diese können auf dem Heap ökonomischer angelegt werden, wenn die Anzahl der Spalten und Zeilen bekannt sind. In diesem Fall können die Einträge des Arrays hintereinander im Speicher abgelegt werden. Intern wird also ein eindimensionales Array angelegt, deren Einträge zeilenweise gruppiert werden.

Die Syntax zur Deklaration eines rechteckigen Arrays lautet wie folgt:

```
Typ [,] Bezeichner;
```

oder im Falle mehrer Dimensionen:

```
Typ [,...,] Bezeichner;
```

Der Einfachheit wegen beschränken wir uns hier auf den zweidimensionalen Fall. Auf den höherdimensionalen Fall kann durch eine einfache Analogiebetrachtung geschlossen werden.

Ein rechteckiges Array wird mit folgender Syntax erzeugt:

```
Bezeichner = new Typ[Breite, Länge];
```

Beispielsweise:

```
int[,] y = new int[2,3];
```

Will man ein rechteckiges Array durch ein Literal initialisieren, dann kann etwa wie folgt verfahren werden:

```
int[,] y = new int[,]{{1,2,3},{4,5,6}};
```

Beachten Sie bitte die unterschiedliche Schreibweise der Literale für rechteckige und unregelmäßige Arrays.

Will man die Einträge eines rechteckigen Arrays mit einer foreach-Schleife auslesen, dann muss man sie nicht schachteln, sondern es genügt eine Schleife. Darin drückt sich auch der Umstand aus, dass rechteckige Arrays intern als eindimensionale dargestellt werden.

Beispiel 7.3 (Auslesen der Werte eines rechteckigen Arrays)

Es wird ein rechteckiges Array angelegt und initialisiert. Anschließend werden die Einträge mit einer foreach-Schleife ausgelesen und auf der Konsole ausgegeben:

```csharp
using System;
  class Class1
  {
    static void Main(string[] args)
    {
      int[,] y = new int[,]{{1,2,3},{4,5,6}};

      foreach(int i in y)
      {
      Console.WriteLine(i);
      }
    }
  }
```

Vielleicht stellt sich Ihnen nun die Frage nach dem Zusammenhang zwischen einem String und einem Array von Characters. Da die Literale unterschiedlich sind - einmal beispielsweise

„Hello World" und das andere mal { H,e,l,l,o, ,W,o,r,l,d } - , vermutet man unterschiedliche Datentypen. Dem ist auch so. Der Typ String stellt noch eine Reihen von Methoden zur Verfügung, um Zeichenketten zu manipulieren.

Übung:

1. Betrachten Sie folgendes Programm:

```
using System;

class Class1
{
static void Main(string[] args)
{
int n =1, m =2;
int[] x = new int[2];
int[] y;

//Zuweisungen
y = x;
x[0] = n;
x[1] = m;

m = x[0];
n = 3;

//Ausgabe der Werte
Console.WriteLine("Wert  des  ersten  Elements  von  y:
{0} ",y[0]);
Console.WriteLine("Wert  des  zweiten  Elements  von  y:
{0} ",y[1]);
Console.WriteLine("Wert der Variablen m: {0} ",m);
Console.WriteLine("Wert der Variablen n: {0} ",n);
}
}
```

Welche Werte werden ausgegeben?

2. Die Main-Funktion in der ersten Aufgabe wird wie folgt abgewandelt:

```
int n =1, m =2;
int[] x = new int[2];
int[] y;

//Zuweisungen
y = x;
x[0] = n;
x[1] = m;
y[0] = 4;
y[1] = 5;


m = x[0];
n = 3;

//Ausgabe der Werte

Console.WriteLine(
"Wert des ersten Elements von x: {0} ",x[0]);
Console.WriteLine(
"Wert des zweiten Elements von x: {0} ",x[1]);

Console.WriteLine("Wert der Variablen m: {0} ",m);
Console.WriteLine("Wert der Variablen n: {0} ",n);
```

Welche Werte werden nun ausgegeben?

8 Operationen und Ausdrücke

Zwei Operatoren haben wir bereits kennen gelernt, nämlich den Zuweisungsoperator ‚=' und den Cast-Operator *(Typ)*. Durch Operatoren können Werte manipuliert, ausgewertet oder berechnet werden. In C# gibt es ein-, zwei- und dreistellige Operatoren. Man sagt auch unitäre, binäre oder tertiäre Operatoren. In ihnen gehen ein, zwei oder drei Werte ein, die Operanden heißen. Ein Operator bildet zusammen mit seinen Operanden einen Ausdruck. Ein Ausdruck gibt stets einen Wert zurück und ist die kleinste auswertbare Einheit in C# (wie auch in den meisten anderen Programmiersprachen). Operatoren können geschachtelt werden. Dabei sind gewisse Vorrangregeln zu beachten. Dazu betrachten wir folgendes Programmfragment:

```
int a = 1,b = 2,c = 3, x;
x = a + b*c;
```

In der zweiten Zeile wird eine arithmetische Berechnung durchgeführt. Es gilt dabei die Regel: Punktrechnung vor Strichrechnung. Nachdem der arithmetische Ausdruck ausgewertet worden ist, wirkt der Zuweisungsoperator. Entsprechend der Vorrangregeln werden die Operatoren in folgender Reihenfolge ausgeführt: Multiplikation, Addition und Zuweisung. Will man von den Vorrangregeln abweichen, dann kann man durch Klammerung eine andere Reihenfolge erzwingen, z. B.

```
x = (a + b)*c;
```

oder

```
x = (a =5) + b*c;
```

Im letzten Ausdruck wird der Variablen a zuerst der Wert 5 zugewiesen, bevor die anderen Operatoren angewandt werden. Zuweisungsoperatoren werden stets von rechts nach links ausgewertet:

```
x = a =5;
```

Hier erhält a zuerst den Wert 5, der dann der Variablen x zugewiesen wird. Ist man sich über die Vorrangregeln nicht ganz im Klaren, sollte an Klammern nicht gespart werden. Durch die Vorrangregeln werden vom Compiler ohnehin Klammern gesetzt, bzw. das, was in der Intermediate Language den Klammern entspricht.

Um die Konsistenz der hier verwendeten Terminologie zu gewährleisten, wollen wir eine einzelne Variable ebenfalls als Ausdruck auffassen. Dies lässt sich so verstehen, dass in dem

Ausdruck der identische Operator angewandt wird, der genau den Wert der Variablen zurückgibt. Variablen sind somit atomare Ausdrücke, die keine Teilausdrücke enthalten.

8.1 Arithmetische Operatoren

Die arithmetischen Operatoren `+`, `-`, `*`, `/` haben die nahe liegende Bedeutung. Bei Ganzzahltypen bedeutet `/` die Division ohne Rest. Der Rest wird durch `%` ermittelt. Also z. B. `5/2 = 2` und `5%2 = 1` aber `5.0/2.0=2.5`. Diese Operatoren, mit denen die Grundrechenarten ausgeführt werden können, sind nicht für alle Ganzzahltypen definiert, sondern nur für solche, die größer als 32 Bit sind. Kleinere Ganzzahltypen werden in den Typ `int` konvertiert. Weiterhin gibt es den Inkrementoperator `++` und den Dekrementoperator `--`. Diese sind einstellig. Sie liefern nicht nur einen Wert zurück, sondern erhöhen auch den Wert des Operanden um eins bzw. vermindern ihn um eins. Mit dieser Eigenschaft sind die Operatoren einmalig, keine anderen Operatoren in C# manipulieren ihre Operanden.. Inkrement- und Dekrementoperatoren können voran- oder hinten angestellt werden. Vorangestellte Inkrement- oder Dekrementoperatoren geben den neuen Wert des Operanden zurück, im andern Fall wird der alte Wert zurückgegeben. In der Anweisung `x = ++y` wird der Wert von y um eins erhöht und dann der Variablen y zugewiesen, jedoch erhält in der Anweisung `x = y++` die Variable x den Wert von y, welche nach der Zuweisung inkrementiert wird. Arithmetische Operatoren erwarten numerische Typen der Operanden. Sind Operanden mit unterschiedlichen Typen vorhanden, so wird im Sinne der erweiterten Typkonvertierung ein Wert mit dem größten Typ zurückgegeben. Wenn z.B. ein Wert vom Typ `int` und einer vom Typ `double` addiert werden, dann wird die Summe vom Typ `double` zurückgegeben.

Operator	Bezeichnung	Bedeutung
+	Positives Vorzeichen	+n ist gleichdeutend mit n
-	Negatives Vorzeichen	-n kehrt das Vorzeichen von n um
+	Summe	a + b ergibt die Summe von a und b
-	Differenz	a – b ergibt die Differenz von a und b
*	Produkt	a * b ergibt das Produkt von a und b
/	Quotient	a / b ergibt den Quotienten von a und b
%	Restwert, Modulo	a % b ergibt den Rest bei der ganzzahligen Division von a durch b
++	Präinkrement	++a ergibt a+1 und erhöht a um 1
++	Postinkrement	a++ ergibt a und erhöht a um 1
--	Prädekrement	--a ergibt a –1und verringert a um 1
--	Postdekrement	a-- ergibt a und verringert a um 1

Beispiel 8.1 (Zählen der Befehlszeilenparameter)

Hier werden die Befehlszeilenparameter mit dem Inkrementoperator gezählt. Man könnte natürlich eleganterweise die Eigenschaft Length des Array args verwenden, es soll hier aber der Inkrementoperator vorgestellt werden. Dieser wird ja auch häufig zum Zählen verwendet.

```csharp
using System;
  class Class1
  {
    static void Main(string[] args)
    {
    int count =0;
      foreach(string s in args)
      {
      count++;
      }
    Console.WriteLine(
"Es wurden {0} Befehlszeilenparameter übergeben.", count);
    }
  }
```

8.2   Vergleichsoperatoren

Mit Vergleichsoperatoren können numerische Werte auf Grund ihrer natürlichen Anordnung (z. B. ist eine Zahl entweder kleiner, gleich oder größer als eine andere Zahl) miteinander verglichen werden. Sie geben einen booleschen Wert zurück und werden i. A. zur Programmablaufsteuerung verwendet (siehe nächster Abschnitt).

Operator	Bezeichnung	Bedeutung
<	Kleiner	a < b ergibt true, wenn a kleiner als b ist, sonst false
<=	Kleiner gleich	a < b ergibt true, wenn a kleiner als b oder gleich b ist, sonst false
==	Gleich	a == b ergibt true, wenn a gleich b ist

!=	Ungleich	a != b ergibt true, wenn a nicht gleich b ist
>=	Größer gleich	a >= b ergibt true, wenn a größer als b oder gleich b ist, sonst false
>	Größer	a > b ergibt true, wenn a größer als b, sonst false

Bitte beachten Sie den Unterschied zwischen dem Zuweisungsoperator (siehe unten) ‚=' und dem Vergleichsoperator ‚=='.

Beispiel 8.2 (Der Zuweisungsoperator = und der Vergleichsoperator ==)

Hier werden zwei ganze Zahlen definiert und mit unterschiedlichen Werten initialisiert. Innerhalb der Methode `Console.WriteLine` wird eine Zuweisung vorgenommen. Beide Variablen haben dann den gleichen Wert. Dieser wird anschließend ausgegeben. Die anschließende Vergleichsoperation liefert den Wert `true`, da ja beide Werte gleich sind..

```
using System;
class Class1
{
    static void Main(string[] args)
    {
    int n= 1, m = 2;

    Console.WriteLine(n=m);
    Console.WriteLine(n==m);
    }
}
```

8.3 Logische Operatoren

Durch logische Operatoren werden logische Ausdrücke (Bedingungen) miteinander verknüpft. Während Vergleichsoperatoren erst logische Ausdrücke liefern, können diese durch logische Operatoren weiterverarbeitet werden. Alle logischen Operatoren können durch Kombination von drei Grundoperationen gewonnen werden. (Man kommt sogar mit weniger aus). Diese sind: der Verneinungsoperator !, der UND-Operator && und der ODER-Operator ||. Die Bedingung !*Bedingung1* ist genau dann wahr, wenn *Bedingung1* falsch ist und umgekehrt. Die Bedingung *Bedingung1* && *Bedingung2* ist genau dann wahr, wenn sowohl *Be-*

dingung1 als auch *Bedingung2* wahr sind, sonst ist die Bedingung falsch. Die Bedingung *Bedingung1* || *Bedingung2* ist genau dann wahr, wenn *Bedingung1* oder *Bedingung2* wahr ist. Das oder ist nicht exklusiv gemeint, bedeutet also nicht entweder oder. In C# gibt es auch eine exklusive Oder-Verknüpfung. Sie ist genau dann wahr (`true`), wenn genau ein Operand wahr ist, und genau dann falsch (`false`), wenn beide Operanden wahr oder falsch sind. Um zu demonstrieren, wie durch die drei Grundoperatoren andere logische Operatoren erhalten werden können, soll mit diesen die exklusive Oder-Verknüpfung dargestellt werden. Wenn Sie alle Möglichkeiten – es gibt nur vier – durchspielen, werden Sie sehen, dass folgender Ausdruck genau die erforderlichen Wahrheitswerte zurückgibt:

```
(a && !b) || (!a &&b)
```

Obwohl C# eine exklusive Oder-Verknüpfung kennt, ist es eine gute Übung, sich diesen Sachverhalt zu verdeutlichen, um ein Gefühl für den Umgang mit logischen Operatoren zu gewinnen.

Es ist sehr oft nicht notwendig, eine Oder- oder Und-Verknüpfung vollständig auszuwerten. Ist in dem Ausdruck `Bedingung1 || Bedingung2` bereits `Bedingung1` wahr, so ist der gesamte Ausdruck wahr. Ebenso ist der Ausdruck `Bedingung1 && Bedingung2` bereits falsch, wenn `Bedingung1` falsch ist. Das Programm unterbricht dann die Auswertung und liefert den entsprechenden Wert. Dieses Vorgehen nennt man *Short-Circuit-Evaluation*. Diese kann aber unerwünschte Nebeneffekte haben. Betrachten Sie z. B. folgenden Ausdruck:

```
x== 3 ||2 ==++x;
```

Wenn der Ausdruck `x== 3` wahr ist, dann wird der Ausdruck `2 ==++x` nicht mehr ausgewertet. Der Präinkrementoperator entfaltet dann nicht mehr seine Wirkung. Der weitere Programmablauf kann dann zu unerwünschten Ergebnissen führen. Daher gibt es noch Oder- und Und-Verknüpfungen ohne Short-Circuit-Evaluation. In der folgenden Tabelle sind alle logischen Operatoren aufgelistet:

Operator	Bezeichnung	Bedeutung
!	Logisches NICHT	!a ergibt false / true, wenn a true / false ist
&&	UND mit Short-Circuit-Evaluation	a && b ergibt genau dann true, wenn a und b true sind. Ist a false, so wird false zurückgegeben und b nicht mehr ausgewertet.
||	ODER mit Short-Circuit-Evaluation	a || b ergibt genau dann true, wenn (mindestens) a oder b true sind. Ist a true, so wird true zurückgegeben und b nicht mehr ausgewertet.
&	UND ohne Short-Circuit-Evaluation	a && b ergibt genau dann true, wenn a und b false sind. a und b werden ausgewertet.

|	ODER ohne Short-Circuit-Evaluation	a | b ergibt genau dann true, wenn (mindestens) a oder b true sind. a und b werden ausgewertet..
^	Exklusiv-ODER	a^b ergibt genau dann true, wenn a und b unterschiedliche Wahrheitswerte haben.

8.4 Bitweise Operatoren

Numerische Datentypen werden als eine Folge von Bits dargestellt, wobei jeweils 8 Bit zu einem Byte zusammengefasst werden. Mit den bitweisen Operatoren kann die Folge von Bits manipuliert und ausgewertet werden. Es werden zwischen zwei Arten von Operatoren unterschieden, den Schiebe- oder Shiftoperatoren und den Verknüpfungsoperatoren. Die Schiftoperatoren verschieben die Bitfolge um eine vorzugebende Anzahl Bits nach rechts oder links. Die restlichen Bits werden mit 0 aufgefüllt. Die Verknüpfungsoperatoren sind analog zu gewissen logischen Operatoren definiert. Dabei wird der Wert 1 eines Bits als `true` und der Wert 0 als `false` interpretiert.

Als Operanden kommen alle Ganzzahltypen in Betracht. Der Rückgabewert ist eine 32 oder 64 Bit-Ganzzahl. Gegebenenfalls ist eine gewünschte Konvertierung vorzunehmen.

Operator	Bezeichnung	Bedeutung
~	Einserkomplement	~a entsteht aus a, indem alle Bits von a invertiert werden.
|	Bitweises ODER	a | b ergibt den Wert, wenn die entsprechenden Bits von a und b mit ODER verknüpft werden.
&	Bitweises UND	a & b ergibt den Wert, wenn die entsprechenden Bits von a und b mit UND verknüpft werden.
^	Bitweises Exklusiv-ODER	a ^ b ergibt den Wert, wenn die entsprechenden Bits von a und b mit Exklusiv-ODER verknüpft werden.
>>	Rechtsshift	a >> b ergibt den Wert, der entsteht, wenn alle Bits von a um b Positionen nach rechts verschoben werden.
<<	Linksshift	a << b ergibt den Wert, der entsteht, wenn alle Bits von a um b Positionen nach links verschoben werden.

Häufig werden eine Reihe von *Flags* (Schalter), die zwei Zustände annehmen können, verwertet. Solche Flags können z. B. anzeigen ob eine Datei nur zum Lesen, Schreiben oder für beides geöffnet werden soll. Denkbar wäre, für jeden Flag eine boolesche Variable zu verwenden. Die Anzahl der Flags kann aber sehr hoch sein. Daher ist es sinnvoller, sie in einem Ganzzahltyp zu codieren. Die bitweisen Operatoren eignen sich hervorragend dazu, Bits gezielt zu setzen und zu manipulieren, sowie sie zu lesen.

Beispiel 8.3 (Zerlegen eines Integer in 4 Bytes)

Da eine Variable vom Typ int 4 Bytes belegt, ist eine eindeutige Zuordnung zu einem Array vom Typ byte der Länge 4 möglich. Solche Zuordnungen spielen beispielsweise eine wichtige Rolle, wenn Daten in eine Datei geschrieben werden sollen. Dort können sie nur als eine Folge von Bytes abgelegt werden.

Hier wird eine Variable vom Typ int in 4 Bytes zerlegt. Das niedrigste Byte erhält man einfach durch eine explizite Konvertierung in den Typ (byte). Diese wird dann einfach abgeschnitten. Um das nächste Byte zu erhalten, wird ein Rechtsschift um 8 Bits vorgenommen. Das zweite Byte rückt dann an die erste Stelle. Die nächsten zwei Bytes werden analog erhalten.

Die so erhaltenen Bytes werden anschließend auf der Konsole ausgegeben. Daran kann man sehen, wie Zahlen und insbesondere das negative Vorzeichen dargestellt werden. Versuchen Sie einmal die Zahl -1 zu zerlegen! Dieses ist sehr lehrreich.

Es wird dann ein Integer wieder aus den 4 Bytes zusammengesetzt. Die Rechtsschiftoperationen werden durch Linksschiftoperationen rückgängig gemacht. Das Ergebnis sind Werte vom Typ int. Diese werden durch die Oder-Verknüpfung zusammengesetzt.

Zur Kontrolle wird das Ergebnis ausgegeben.

```csharp
using System
class Class1
{
   static void Main(string[] args)
   {
   int n =1000000;
   byte [] b = new byte[4];

   b[0] =(byte) n;
   b[1] =(byte) (n >>8);
   b[2] =(byte) (n >>16);
   b[3] =(byte) (n >>24);
```

```
Console.WriteLine(b[0]);
Console.WriteLine(b[1]);
Console.WriteLine(b[2]);
Console.WriteLine(b[3]);

int m;

m = b[0];
m = m |   (b[1]<<8);
m = m |   (b[2]<<16);
m = m |   (b[3]<<24);

Console.WriteLine(m);

    }
}
```

8.5   Zuweisungsoperatoren

Wir haben bereits den Zuweisungsoperator = kennen gelernt. Da ein Ausdruck stets einen Wert zurückgibt, ist das auch bei dem Ausdruck a = b der Fall. Der Variablen a wird der Wert der Variablen b zugewiesen. Es wird aber auch dieser Wert zurückgegeben. Dadurch ist es möglich, Zuweisungsoperatoren zu verketten. In dem Ausdruck

```
c = a = b;
```

wird zuerst der Teilausdruck a = b ausgewertet. Es wird aber auch ein Wert zurückgeliefert, der dann der Variablen c zugewiesen wird.

Es können binäre Operationen mit der Zuweisung kombiniert werden. Es gibt z. B. die arithmetischen Zuweisungsoperatoren +=, -=, *=, /= und %=. So bewirkt die Anweisung x+=y die Addition des Wertes der Variablen x mit dem der Variablen y, anschließend wird das Ergebnis der Variablen x zugewiesen und dieser Wert zurückgegeben.

Operator	Bezeichnung	Bedeutung
=	Einfache Zuweisung	a = b weist a den Wert von b zu und gibt ihn zurück
+=	Additionszuweisung	a += b weist a den Wert von a + b zu und gibt ihn zurück
-=	Subtraktionszuweisung	a -= b weist a den Wert von a - b zu und gibt ihn zurück
*=	Multiplikationszuweisung	a *= b weist a den Wert von a * b zu und gibt

		ihn zurück
/=	Divisionszuweisung	a /= b weist a den Wert von a / b zu und gibt ihn zurück
%=	Modulozuweisung	a %= b weist a den Wert von a % b zu und gibt ihn zurück
&=	UND-Zuweisung	a &= b weist a den Wert von a & b zu und gibt ihn zurück
|=	ODER-Zuweisung	a |= b weist a den Wert von a | b zu und gibt ihn zurück
^=	Exkusiv-ODER-Zuweisung	a ^= b weist a den Wert von a ^ b zu und gibt ihn zurück
<<=	Linksschiebezuweisung	a <<= b weist a den Wert von a << b zu und gibt ihn zurück
>>=	Rechtsschiebezuweisung	a >>= b weist a den Wert von a >> b zu und gibt ihn zurück

8.6 Sonstige Operatoren

8.6.1 Der Type-Cast-Operator

Diesen Operator haben wir bereits im Zusammenhang der einschränkenden Typumwandlung kennen gelernt. Die Syntax sieht wie folgt aus: *(Typ) Ausdruck*. Dieser Operator wandelt den Wert von *Ausdruck* in einen Wert vom Typ *Typ* um. Es sind alle legalen Typumwandlungen erlaubt, die nicht vom Compiler implizit vorgenommen werden.

8.6.2 Der Fragezeichenoperator

Dieser Operator ist der einzige dreistellige Operator in C#. Seine Syntax ist:

```
boolescher Ausdruck ? Ausdruck1 : Ausdruck2
```

Zuerst wird der boolesche Ausdruck ausgewertet. Liefert er den Wert `true`, so wird der Wert von *Ausdruck1* zurückgegeben, andernfalls der von *Ausdruck2* . Die beiden letzten Ausdrücke müssen beide entweder von einem numerischen Typ, vom Typ `bool` oder von einem Referenztyp (dieser wird später behandelt) sein. Der Typ des Rückgabewertes ist derjenige des größten Typs der beiden letzten Ausdrücke.

Wir haben nun alle Operatoren behandelt, die auf Werttypen angewandt werden können. Es gibt noch Operatoren, die auf Referenztypen anwendbar sind. Diese Datentypen werden wir im Zusammenhang der objektorientierten Programmierung ausführlich behandeln. An geeigneter Stelle werden die noch fehlenden Operatoren erläutert.

8.6.3 Vorrangregeln und Assoziativität

Opertoren können geschachtelt werden. Dabei sind gewisse Vorrangregeln zu beachten, die in folgender Tabelle dargestellt sind:

Kategorie	**Operatoren**
Primär	(x) x.y f(x) a[x] x++ x-- new typeof sizeof checked unchecked
Unitär	+ - ! ~ ++x --x (Typ)x
Multiplikativ	* / %
Additiv	+ -
Shift	<< >>
Relationale	< > <= >= is
Gleichheit	== !=
UND	&
Entweder ODER	^
ODER	|
Bedingtes UND	&&
Bedingtes ODER	||
Bedingte Auswertung	?:
Zuweisung	= *= /= %= += -= <<= >>= &= ^= |=

Der Vollständigkeit wegen sind hier alle Operatoren aufgeführt, also auch solche, die wir noch nicht behandelt haben. Die oberen Operatoren haben vor den unteren Vorrang. Operatoren, die in einer Zeile stehen, sind gleichwertig. Gleichwertige zweistellige Operatoren werden bis auf den Zuweisungsoperator von links nach rechts ausgewertet. Man sagt auch *linksassoziativ*. Der Zuweisungsoperator und der Fragezeichenoperator sind jedoch rechtassoziativ.

8.6.4 Ausdrucksanweisungen

Obwohl Ausdrücke kleinste ausführbare Einheiten sind, ergibt ein Ausdruck für sich genommen keinen Sinn. Betrachten Sie etwa den Ausdruck 2 + 6. Dieser liefert den Wert 8. Was soll aber nun mit ihm geschehen? Da ein Ausdruck stets einen Wert zurückgibt, sollte dieser weiterverarbeitet werden. Falls der Ausdruck nicht Teil eines anderen Ausdrucks ist, kann dies i. A. nur durch eine Zuweisung geschehen. Andernfalls würde der Wert sich im Nirwana auflösen. Daran verschluckt sich der Compiler und meldet einen Fehler. Eine Ausnahme davon sind natürlich die Zuweisungsoperatoren, da in ihnen bereits eine Zuweisung geschieht. Eine weitere Ausnahme bilden diejenigen Operatoren, die Variablen verändern. Die Variablen lassen sich dann auch ohne Zuweisung sinnvoll weiterverarbeiten. Diese Operatoren sind genau die Post- und Präinkrementoperatoren. Eine Ausdrucksanweisung muss mit einem Semikolon abgeschlossen werden. Sie ist damit eine Anweisung. Wir werden noch andere Anweisungen kennen lernen. Anweisungen sind die kleinsten Bausteine (oder Atome), aus denen ein C#-Programm aufgebaut ist. Verwechseln Sie bitte Ausdrücke nicht mit Anweisungen. Ausdrücke sind zwar kleinste ausführbare Einheiten. Sie lassen sich aber nur in einem gewissen Kontext – nämlich einer Anweisung – ausführen.

Übung:

1. Was bewirken die beiden Programmzeilen

```
Console.WriteLine (++x);
```

und

```
Console.WriteLine (x++);
```

2. Wie ist das Verhalten des folgenden Programms zu erklären?

```
class App
{
static void Main()
{
int n=2,m=5,k;
k=n*m++;
Console.WriteLine (k);
```

```
k=n*++m;
Console.WriteLine (k);
}
}
```

3. Betrachten Sie folgendes Programmfragment

```
int x=2;
x+=++x+x++;
Console.WriteLine (x);
```

Welcher Wert wird ausgegeben?

4. Nachdem der folgende Code abgearbeitet ist, erhält a den Wert 127.

```
sbyte b = 127;
int a;
a = b & 0xff;
```

Wenn jedoch b gleich -1 gesetzt wird, dann wird a der Wert 128 zugewiesen. Wie ist dieses Phänomen zu erklären?

9 Statische Methoden und Variablen

Ausdrücke verarbeiten Variablen und liefern einen Wert zurück. Dieser kann – in den meisten Fällen muss er sogar – einer Variablen zugewiesen werden. Die gleichen Berechungen mit eventuell unterschiedlichen Eingangswerten können an diversen Stellen eines Programms notwendig sein. Es ist nicht nur unökonomisch, den gleichen Ausdruck mehrmals zu programmieren, sondern diese Vorgehensweise bläht auch das Programm unnötig auf. Wäre es nicht sinnvoller, die Berechnungsvorschrift einmal zu programmieren und an geeigneten Stellen aufzurufen? Dadurch wäre auch der Quelltext modularer und übersichtlicher gestaltet.

In der Mathematik – die Mutter der Informatik – sind Funktionen bekannt. Sie ordnen gewissen Werten neue Werte zu. Z. B. ordnet die Funktion x → *sin(x)* jedem Winkel ihren Sinuswert zu. Dieser wird zurückgegeben und kann einer Variablen zugewiesen werden. Solche Zuordnungen beschreiben Abhängigkeiten gewisser Daten von anderen Daten und spielen daher in der Datenverarbeitung eine wichtige Rolle. Sie sind für den Programmierer ein wichtiges Hilfsmittel, eine Problemstellung in kleinere Teilprobleme zu zerlegen. Damit dienen sie einer strukturierten Programmierung. Auch für häufig wiederkehrende Aufgaben werden Funktionen verwendet. Funktionen, die Bestandteil einer Klasse oder eines Objektes sind, heißen in der OOP *Methoden*.

Wie Ausdrücke liefern Methoden i. A. einen Wert zurück. Dieser ist stets von einem bestimmten Typ. Er kann dann einer Variablen von diesem Typen zugewiesen werden. Im Gegensatz zu den meisten Ausdrücken ist das aber niemals zwingend notwendig. Aber auch hier gibt es eine Analogie zu den Ausdrücken. Die Post- Präinkrementoperatoren liefern zwar einen Wert zurück, er muss aber nicht zugewiesen werden. Diese Operatoren werden sogar meistens nur wegen ihres Seiteneffektes verwendet. Ebenso können Methoden ausschließlich wegen ihres Seiteneffektes aufgerufen werden. Die Sprache C# sieht sogar einen leeren Rückgabetyp vor, der mit dem Schlüsselwort `void` bezeichnet wird.

Methoden liefern nicht nur einen Rückgabewert, sondern erwarten häufig auch Eingangsparameter, die sie verarbeiten sollen. Diese müssen ebenfalls typisiert werden. In der Parameterliste ist die Reihenfolge eindeutig festzulegen. Die Parameter müssen dann beim Aufruf der Methode in der entsprechenden Reihenfolge übergeben werden. Sie werden nämlich anhand der Reihenfolge identifiziert.

Um eine Methode aufzurufen, ist ein Bezeichner notwendig. Er kann genauso frei gewählt werden wie Variablennamen. Er muss lediglich innerhalb der Klasse, in der sie definiert ist, eindeutig sein.

Wir haben bereits eine Methode kennen gelernt, nämlich die Main-Methode:

```
static void Main()
{

Anweisungen

}
```

Nachdem wir bereits wissen, was `void` bedeutet, stellt sich die Frage nach dem Sinn des Schlüsselwortes `static`. Von der Klasse, aus der sie heraus aufgerufen wird, haben wir keine Instanz erzeugt. Wie ist das mit dem bisherigen Verständnis einer Klasse zu vereinbaren? Eine Klasse haben wir mit einem Bauplan verglichen. Sie belegt also keinen Speicherplatz, sondern lediglich ein von ihr erzeugtes Objekt. Eine Methode dieser Klasse wäre also gar nicht ausführbar ohne ein Objekt anzulegen. In der Tat wird durch das Schlüsselwort `static` das Konzept der OOP aufgeweicht. Statische Methoden heißen auch *Klassenmethoden*. Sie können bereits aus der Klasse heraus aufgerufen werden, ohne eine Instanz anzulegen.

Klassenmethoden bieten einen Ersatz für globale Funktionen, wie sie z. B. in C++ bekannt sind. Ohne diese kommt kaum eine Programmiersprache aus. Wie wäre es andernfalls möglich, eine C#-Anwendung zu starten, wenn die `Main`-Methode nicht aus der Applikationsklasse heraus aufrufbar wäre. Es müsste dann erst eine Instanz der Applikationsklasse erzeugt werden. Die kann aber erst erzeugt werden, nachdem das Programm gestartet ist, also innerhalb der `Main`-Methode. Hier beißt sich die berühmte Katze in den Schwanz. Es wäre noch denkbar, dass das Laufzeitsystem eine Instanz der Applikationsklasse erzeugt. Dieser Weg erscheint aber umständlich und geht zu Lasten der Performanz.

Statische Methoden beschreiben weniger das Verhalten eines konkreten Objektes – dieses tun Instanzmethoden – sondern stellen Funktionalität zur Verfügung, die mit dem Typen und weniger mit einer konkreten Instanz zusammenhängen. Für die vordefinierten Werttypen haben wir bereits etwas Analoges kennen gelernt. Beispielsweise sind die arithmetischen Operationen für alle Ganzzahlen, Gleitkommazahlen und Dezimale definiert. Sie sind also Operationen dieser Typen. Sie liefern einen Wert des entsprechenden Typs zurück. Als weiteres Beispiel sei die Klasse `System.Math` erwähnt. In ihr sind elementare mathematische Funktionen als statische Methoden definiert. Sie liefern ebenfalls einen Wert zurück. In dem Beispiel 3.2 haben wir die Methode `System.Int32.Parse` verwendet, die eine statische Methode des Typs `System.Int32` ist[1]. Sie konvertiert eine Zeichenkette, die eine ganze Zahl repräsentiert, in die entsprechende Zahl. Auffallend ist der Name der Klasse, der dem Namen des NET-Typs entspricht.

---

[1] Statische Methoden gibt es auch für Werttypen. Sie werden genauso verwendet, insbesondere aufgerufen, wie die statischen Methoden von Klassen. In dem Kapitel 17 werden Sie lernen, dass der wesentliche Unterschied von Wert- und Verweistypen der Speicherort ist. Die einen werden auf dem Stack, die anderen auf dem Heap abgelegt.

Wie wird nun eine Klassenmethode aufgerufen? Da eine Methode stets einen Namen hat, wird man ihn natürlich dafür verwenden. Es ist aber noch zu kennzeichnen, welcher Klasse die Methode zugeordnet ist. Die Syntax lautet:

```
Klassenname.Methodenname(Parameterliste);
```

Beispiel 9.1 (Mathematische Funktionen)

Die Klasse `Math` des Namensraumes `System` stellt einige Funktionen. In dem folgenden Beispielprogramm wird der Sinus von 0 und Pi/2 berechnet. Der Sinus ist in der Klasse `Math` implementiert und kann durch `Math.Sin(x)` aufgerufen werden. `x` ist eine Variable vom Typ double. Die Methode gibt einen Wert vom Typ double zurück. Er muss einer entsprechenden Variablen zugewiesen werden. In unserem Beispiel wird der Wert der selben Variablen x zugewiesen. Der alte Wert wird dann überschrieben.

```
using System;
class Sinus
  {
    static void Main(string[] args)
    {
    double x = 0, y = Math.PI/2;

    x = Math.Sin(x);
    y = Math.Sin(y);

    Console.WriteLine("Der Sinus von 0 ist {0}",x);

    Console.WriteLine("Der Sinus von Pi/2 ist {0}",y);

    Console.ReadLine();
    }
  }
```

Die Klasse `Math` stellt auch häufig verwendete mathematische Konstanten zur Verfügung, wie z. B. Pi.

In der Onlinedokumentation wird die Methode Sinus wie folgt beschrieben:

```
public static double Sin(double a );
```

Hieran können Sie ablesen, wie die Methode verwendet werden kann. `public` bedeutet, dass sie öffentlich zugänglich ist, d. h. man kann sie von einer anderen Klasse oder Objekt heraus aufrufen. Weiterhin ist sie als statische Methode deklariert. Ihr Rückgabewert ist vom Typ `double`. Als Argument nimmt sie einen Wert vom Typ `double` entgegen.

Wie können Sie nun statische Methoden selbst definieren? Sie haben bereits seit Anfang die `Main`-Methode definiert. Zur Definition einer Methode wird ein Bezeichner benötigt. Er ist ein nahezu beliebig frei gewählter Name. Es dürfen lediglich kleine Schlüsselwörter gewählt werden. Der Name `Main` ist ausdrücklich für die Hauptmethode vorgesehen und darf nicht noch einmal vergeben werden. Eine Methode ist weiterhin durch ihre Eingabe- und Rückgabeparameter charakterisiert. Einer statischen Methode muss das Schlüsselwort `static` vorangestellt werden. Es kann weiterhin das Schlüsselwort `public` vorangestellt werden. In diesem Fall ist sie öffentlich zugänglich. Fehlt dieses Schlüsselwort, dann kann die Methode nur innerhalb der Klasse angesprochen werden. Nun müssen die Eingabeparameter verarbeitet und ein Wert zurückgegeben werden. Dieses geschieht in dem Anweisungsblock, der in geschweiften Klammern eingeschlossen wird. Der Rückgabewert wird mit der Anweisung `return` zurückgegeben. Durch die `return`-Anweisung wird gleichzeitig der Methodenblock verlassen. Sie ist also auch eine Sprunganweisung. Anweisungen, die nach `return` stehen, werden nicht mehr ausgeführt. Sie sind daher überflüssig. Weiter unten werden wir sehen, dass durch Programmverzweigungen solche Anweisungen durchaus sinnvoll sein können.

Die Syntax lautet:

```
[public] static Typ Bezeichner(Typ Variablenname, Typ Vari-
ablenname,...)
{

Anweisungen

return Wert;
}
```

Der Teil in den eckigen Klammern ist optional. Ist der Rückgabetyp `void`, so kann die `return`-Anweisung fehlen.

Beispiel 9.2 (Addition als statische Methode)

Es wird eine Klasse `Addition` definiert, die eine einzige statische Methode `add` besitzt. Diese wird in der Hauptklasse von der `Main`-Methode aufgerufen.

```
using System;
class Addition
{
   public static int add(int a, int b)
   {
   int result;
   result = a + b;
   return result;
   }
}


class App
{
   static void Main(string[] args)
      {
      int result;
      result = Addition.add(2,3);
      Console.WriteLine(
      "Das Ergebnis der Addtion \"2 + 3\" lautet: {0} ",
      result);
      }
}
```

In dem Anweisungsteil der Methode können auch Variablen deklariert werden. Sie sind nur innerhalb des Anweisungsteils gültig. In der Main-Methode wird ebenfalls eine Variable result deklariert. Sie ist aber eine andere Variable als die gleichen Namens in dem Anweisungsblock der statischen Methode add.

Beispiel 9.3 (Reihenfolge der Parameter)

Dieses Beispiel illustriert die Reihenfolge, in der die Eingabeparameter eingelesen werden.

```
using System;
class App
{
   static void F(int a, int b, int c)
   {
```

```
    Console.WriteLine("Der Wert des ersten Arguments: {0}",a);
    Console.WriteLine("Der Wert des zweiten Arguments: {0}",b);
    Console.WriteLine("Der Wert des dritten Arguments: {0}",c);
}
    static void Main(string[] args)
    {
        int i=0;

        F(i++,i++,i++);

        Console.WriteLine(
         "Der Wert von i nach dem Methodenaufruf: {0}", i);
        Console.ReadLine();
    }
}
```

Die statische Methode F ist innerhalb der Main-Klasse definiert und wird nur dort verwendet. Daher fehlt das Schlüsselwort public. Da der Rückgabetyp void ist, fehlt die return-Anweisung.

Die Ausgabe auf der Konsole sieht wie folgt aus:

```
Der Wert des ersten Arguments: 0
Der Wert des zweiten Arguments: 1
Der Wert des dritten Arguments: 2
Der Wert von i nach dem Methodenaufruf: 3
```

Neben statischen Funktionen gibt es auch statische Variablen oder Konstanten. So besitzt beispielsweise die Klasse Math die statische Konstante PI. Sie werden ebenfalls mit dem Schlüsselwort static deklariert. Somit stehen sie wie statische Methoden bereits in der Klasse zur Verfügung, ohne dass ein Objekt der Klasse angelegt werden muss. Weiterhin können statische Methoden statische Variablen oder Konstanten verwenden.

Beispiel 9.4 (Verwendung einer statischen Variablen)

In der folgenden Klasse ist eine Methode und ein statischer Zähler definiert, der die Methodenaufrufe zählt. Bei jedem Methodenaufruf wird er inkrementiert. Der Zähler ist als privates Mitglied der Klasse definiert, so dass von außen kein Zugriff erfolgen kann. Damit wird gewährleistet, dass auch nur die Methodenaufrufe gezählt werden.

```
class Class
{
static private uint counter;

  static public void Method()
  {
  counter++;
  Console.WriteLine("Das ist der {0}. Methodenaufruf.",
   counter);
  }
}
```

Beispiel 9.5 (Anzahl der Dateien in einem Verzeichnis)

Es wird die statische Methode `countFiles` vorgestellt, welche die Anzahl der Dateien in einem Verzeichnis und ihren Unterverzeichnissen zählt. Dabei lernen Sie gleichzeitig eine Klasse des nicht ganz unwichtigen Namensraumes `System.IO` kennen. Diese heißt `Directory` und stellt statische Methoden zur Verfügung, um auf ein Verzeichnis zuzugreifen. Diesen Methoden ist dann i. A. der Verzeichnispfad in Form einer Zeichenkette zu übergeben. Dieser erwartet auch die Methode `countFiles`. Durch die statische Methode `Directory.GetFiles` können dann die Dateien in dem Verzeichnis gezählt werden. Wie können nun die Dateien in den Unterverzeichnissen gezählt werden? Die Methode `Directory.GetDirectories` liefert die Pfade zu den Unterverzeichnissen in Form von Zeichenketten. Mit diesen wird die Methode `countFiles` rekursiv aus sich selbst heraus aufgerufen. Es werden dann also die Dateien der Unterverzeichnisse gezählt und gegebenenfalls wiederum für deren Unterverzeichnisse die Methode `countFiles` aufgerufen. Solche Methodenaufrufe nennt man *rekursiv*. Da Verzeichnisbäume stets endlich sind, erhalten wir auch keine unendliche Rekursion.

```
static int countFiles(string verzeichnis)
  {
  int counter = 0;
  string [] files = Directory.GetFiles(verzeichnis);


  counter = files.Length;


  string [] directories =
```

```
Directory.GetDirectories(verzeichnis);

  foreach(string directory in directories)
  {
  counter += countFiles(directory);
  }
return counter;
}
```

Übung:
1. Schreiben Sie eine statische Methode, die den Pfad und den Namen aller Dateien eines Verzeichnisses auf der Konsole ausgibt. Für die Unterverzeichnisse ist die Methode rekursiv aufzurufen.

10 Programmsteuerung

Ein Programm ist aus Anweisungen aufgebaut, die in einer möglichst sinnvollen Reihenfolge oder gegebenenfalls auch wiederholt ausgeführt werden sollen. Wenn z. B. in einem Textverarbeitungsprogramm die Rechtschreibeprüfung ausgeführt wird, dann muss jedes Wort wiederholt auf seine orthographische Richtigkeit überprüft werden. Angenommen, Sie wollen in einem Dokument Seitenzahlen einfügen, so dass die ungeraden Seitenzahlen rechts und die geraden links erscheinen, dann muss das Programm eine Fallunterscheidung vornehmen. Die Anweisung ‚Seitenzahlen einfügen' hängt dann von der Bedingung ab, ob die Seitenzahl gerade oder ungerade ist. Zur Programmsteuerung gibt es spezielle Anweisungen. Da diese wiederum Anweisungen sind, können sie übergeordneten Anweisungen zur Programmsteuerung unterliegen. Mit anderen Worten: Anweisungen zur Programmsteuerung können geschachtelt werden.

10.1 Verzweigungen

Um den Programmablauf von Bedingungen abhängig zu machen, gibt es in C# das Schlüsselwort if. Die Syntax sieht wie folgt aus:

```
if(Bedingung)
{
Anweisungen
}
```

Die Anweisungen in den geschweiften Klammern bilden einen Anweisungsblock (oder kurz Block). Ein Block ist eine Ansammlung von Anweisungen, die hintereinander ausgeführt werden. In einem Block können auch Variablen deklariert werden, die nur innerhalb des Blocks gültig sind. Wenn der Block nur aus einer Anweisung besteht, können die geschweiften Klammern auch weggelassen werden.

Die Bedingung ist ein boolescher Ausdruck. Gibt er den Wert true zurück, dann wird der anschließende Block ausgeführt, andernfalls wird er übersprungen.

In dem Kapitel 8 haben wir gelernt, dass der Wert eines booleschen Ausdrucks stets einer Variablen zugewiesen werden muss, um weiterverarbeitet zu werden. Wie ist das nun hier in

Einklang zu bringen? Der Compiler erzeugt eine interne Variable, d. h. es wird ein Byte reserviert, um den Wert des booleschen Ausdrucks dort abzulegen.

Der Programmfluss kann in einem Ablaufdiagramm graphisch dargestellt werden. Solche Ablaufdiagramme dienen der Übersicht. Das Ablaufdiagramm für die `if`-Anweisung ist in der Abbildung 10.1 dargestellt.

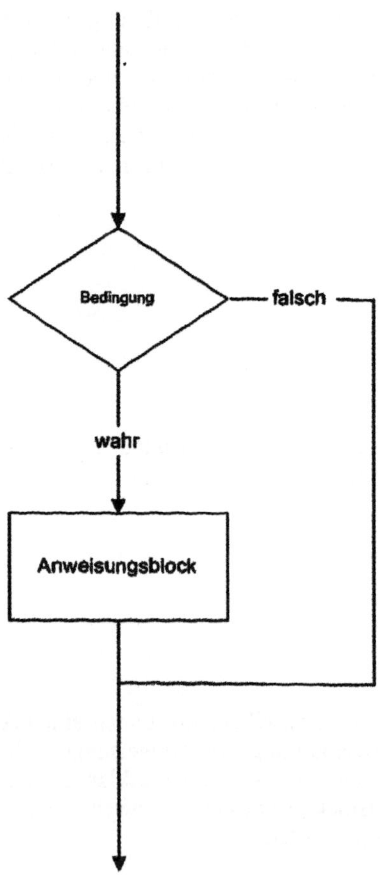

Abbildung 10.1 Ablaufdiagramm der if-Anweisung

Die `if`-Anweisung kann noch durch eine `else`-Anweisung ergänzt werden. Sie wird genau dann ausgeführt, wenn die Bedingung falsch ist. Die Syntax lautet:

```
if (Bedingung)
{
.....
}
else
{
.....
}
```

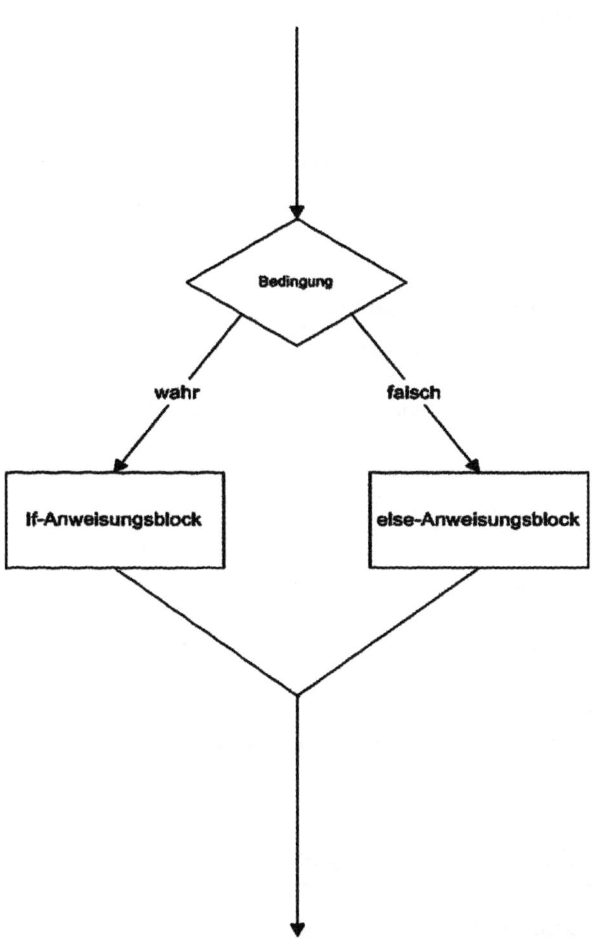

Abbildung 10.2 Ablaufdiagramm der if-else-Anweisung

Das Ablaufdiagramm wird in der Abbildung 10.2 durch einen zusätzlichen Programmzweig ergänzt.

Bedingungen werden sehr häufig durch Vergleichsoperatoren ausgedrückt. Sie eignen sich u. A., einen Gültigkeitsbereich von Variablen abzufragen. Will man z. B. testen, ob bei einer Datumsabfrage das Tagesdatum für einen Monat mit 31 Tagen gültig ist, wird man die Bedingung x>=1 && x<=31 formulieren:

```
if(x>=1 && x<=31)
{
Console.WriteLine("Gültiges Datum");
}
else
{
Console.WriteLine("Ungültiges Datum");
}
```

Beispiel 10.1 (Eine einfache if-Anweisung)

Es wird ein Programm vorgestellt, das den Benutzer auffordert, eine ganze Zahl einzugeben. Anschließend wird überprüft, ob sie eine gerade oder ungerade Zahl ist und das Ergebnis ausgegeben. Ist eine Zahl gerade, dann ist der Rest der ganzzahligen Division durch 2 gleich 0, sonst gleich 1.

```
class IsEven
{
    static void Main()
    {
    int a;
    String s;
    Console.WriteLine("Geben Sie eine ganze Zahl ein!");
    s = Console.ReadLine();

/*Die Methode Int32.Parse(s)wandelt den String s in eine ganze
Zahl um, falls sie eine solche darstellt,
andernfalls tritt ein Laufzeitfehler ein.*/

    a = Int32.Parse(s);
```

```
    if( a % 2 == 0)
    {
    Console.WriteLine("{0} ist eine gerade Zahl!", a);
    }
    else
    {
    Console.WriteLine("{0} ist eine ungerade Zahl!", a);
    }

    Console.ReadLine();
  }
}
```

Beispiel 10.2 (rekursive Berechnung der Fakultät)

Die Fakultät (Schreibweise $n!$) einer natürlichen Zahl n (nicht negativen ganzen Zahl) spielt in der Statistik und Wahrscheinlichkeitstheorie eine große Rolle. Sie liefert die Anzahl der Möglichkeiten, n Objekte in einer Reihenfolge anzuordnen. Sollen z. B. 20 Teilnehmer eines C#-Kurses auf 20 Rechner verteilt werden, dann gibt es 20! Möglichkeiten. Die Fakultät berechnet sich folgendermaßen: $n! = 1 * 2 ... * n$. Diese Berechnungsvorschrift kann man auch anders formulieren: $n! = 1$ falls $n=1$, sonst $n! =n* (n-1)!$. Falls nun $n-1 = 1$, dann ist man fertig, andernfalls wendet man diese Berechnungsvorschrift wiederum auf $n-1$ an. Man erhält dann $n*(n-1)*(n-2)!$. Es wird so oft eins von n subtrahiert, bis man bei eins angekommen ist. Für eins ist die Fakultät ja bekannt. Diese Vorgehensweise nennt man *Rekursion*. Sie spielt in der Programmierung eine sehr wichtige Rolle. Aus diesem Grund wird sie hier auch erwähnt. Wir werden später die Rekursion beim Kopieren von Objekten kennen lernen. Objekte können Teilobjekte enthalten, und diese wiederum welche etc. Der Kopiervorgang muss dann rekursiv auf die Teilobjekte angewendet werden. Nach einer endlichen Anzahl von Kopiervorgängen ist man schließlich fertig. Bei der Rekursion ruft eine Funktion mehrmals sich selbst auf – wie z. B. die Berechnung der Fakultät oder das Kopieren eines Objektes -, wobei in einer gewissen Weise immer ein Schritt zurückgegangen wird, bis man am Anfangspunkt angelangt ist.

In der Klasse `Fakultät` wird eine statische Methode `fak` definiert. Der Aufruf erfolgt in der Methode `Main`. Da `Main` in derselben Klasse definiert ist, kann aus ihr heraus `fak` ohne vorangegangenen Klassenbezeichner aufgerufen werden. Weil Fakultäten sehr groß werden können, wird ein Wert vom Typ `ulong` zurückgegeben, während der Eingangsparameter vom Typ `uint` ist. Da `unit` auch die Zahl null umfasst, definieren wir $0! = 1$.

```
using System;
  class Fakultät
  {
    public static ulong fak(uint n)
    {
      ulong m = 1;
      if(n==0)
      {
        return 1;
      }
      else
      {
        m= n * fak(n-1);
        return m;
      }
    }

    static void Main(string[] args)
    {
      String s;
      uint n;
      ulong l;
      Console.WriteLine(
    "Geben Sie eine natürliche Zahl ein!");
      s=Console.ReadLine();
      n = UInt32.Parse(s);
      l = fak(n);
      Console.WriteLine(
    "Die Fakultät von {0} ist: {1}.",n,l);
      Console.ReadLine();
    }
  }
```

Beispiel 10.3 (Addition durch Rekursion)

Dieses Beispiel behandelt wiederum die für die Programmierung wichtige Rekursion. Es wird die Addition von natürlichen Zahlen (einschließlich der Null) durch den Inkrementoperator dargestellt. Wir vergessen hier einmal kurz, dass es bereits einen Additionsoperator gibt. Die Addition wird ja ursprünglich im alltäglichen Umgang auf das Zählen zurückgeführt. Der Inkrementoperator bildet in gewisser Weise das Zählen nach, bei dem man ja von einer natürlichen Zahl zur nächsten schreitet.

```
class Arithmetik
{
   public static uint add(uint x, uint y)
   {
   uint result;
      if(y==0)
         return x;
      else
         {
         result = add(x,--y);
         result++;
         return result;
         }
   }
}
```

Hier ist wieder klar das Prinzip der Rekursion zu erkennen. Falls der zweite Summand gleich null ist, dann ist nichts mehr zu tun, andernfalls wird er solange dekrementiert, bis er null ist. Die Variable `result` wird dabei entsprechend oft inkrementiert.

Beispiel 10.4 (Multiplikation durch Rekursion)

Die Klasse `Arithmetik` wird durch eine statische Methode erweitert, welche das Produkt von zwei natürlichen Zahlen liefert. Die Multiplikation wird hier auf die Addition zurückgeführt. Sie wird wiederum rekursiv implementiert.

```
public static uint mult(uint x, uint y)
{
  uint result;

  if(y==0)
    return 0;

  if(y==1)
    return x;
  else
  {
    result = mult(x, --y);
    result = add(result,x);
    return result;
  }
}
```

If-Anweisungen können, wie auch andere Anweisungen, verschachtelt werden. Es können in dem `if`- oder `else`-Teil weitere if-Anweisungen stehen. Diese Verschachtelungen können sehr schnell unübersichtlich werden. Um dem zu entgehen, können verschachtelte if-Anweisungen zu einer so genannten `switch`-Anweisung zusammengefasst werden. In ihr geht im Gegensatz zu der `if`-Anweisung keine Bedingung ein, sondern Ganzzahlwerte. Angenommen, die Ausführung eines Programms hängt davon ab, welcher von einer gewissen Anzahl von Fällen eingetreten ist, dann ist es i. A. möglich, den verschiedenen Fällen einen Ganzzahlwert zuzuordnen. Da Variablen vom Typ `char` in einen Ganzzahltyp konvertierbar ist, kann auch dieser Datentyp zur Fallunterscheidung verwendet werden. Die Syntax sieht wie folgt aus:

```
switch(Ganzzahlausdruck)
{
case konst Ganzzahlausdruck1 : Anweisungen1;break;

case konst Ganzzahlausdruck2 : Anweisung2;break;
.

.

.

[default: defaultAnweisung ;break ; ]
}
```

Der Ausdruck in den Klammern [ ] ist optional und kann weggelassen werden. Die default-Anweisung (engl.: default=Unterlassung, Versäumnis) wird dann ausgeführt, wenn keiner der Fälle eingetreten ist. Wird die Defaultanweisung weggelassen, dann fährt das Programm unmittelbar nach der `switch`-Anweisung fort.

Ein `case`-Ausdruck ist eine Sprungmarke. Das Programm springt zu derjenigen Marke, die den eingetretenen Fall darstellt. Nachdem der Anweisungsteil abgearbeitet ist, soll der Anweisungsblock der `switch`-Anweisung verlassen werden. Dieses besorgt der Sprungbefehl `break`.

Man würde nun meinen, dass das Programm nicht die `switch`-Anweisung verlässt, sondern mit den unmittelbar folgenden Anweisungen fortfährt, wenn der `break`-Befehl fehlt. In C++ verhält sich das Programm dann in der Tat so. Dieses ist in den allermeisten Fällen unerwünscht. Es traten öfter Programmierfehler auf, indem der `break`-Befehl versehentlich vergessen wurde. Daher ist in C# an dieser Stelle ein Sprungbefehl obligatorisch. Will man trotzdem mit der nächsten Anweisung fortfahren, kann auch der Sprungbefehl `goto` verwendet werden. Die Syntax lautet:

```
goto Sprungmarke;
```

Die Sprungmarke ist in diesem Zusammenhang ein `case`-Ausdruck. `goto`-Befehle sind zu Recht verpönt, da sie zu unübersichtlichen Spagetticode führen können. Sie sollten ihn daher vermeiden, wenn dieses irgendwie möglich ist.

Beispiel 10.5 (Bestimmung von Schaltjahren und Anzahl der Tage eines Monats)

Die folgende Klasse stellt zwei statische Methoden zur Verfügung. Die eine ermittelt, ob ein Jahr ein Schaltjahr ist, die andere gibt die Anzahl der Tage eines übergebenen Monats zurück.

```
class Kalender
{
   public static bool istSchaltjahr(int x)
   {

   if(x%100 ==0 && x% 400 !=0)
   return false;

   if(x%4==0)
```

```
    return true;

    return false;
}


public static int anzahlTage(int jahr, int monat)
{

    switch(monat)
    {
      case 1:  return 31; break;
      case 2:  if(istSchaltjahr(jahr)) return 29;
                          else return 28;
      case 3:  return 31; break;
      case 4:  return 30; break;
      case 5:  return 31; break;
      case 6:  return 30; break;
      case 7:  return 31; break;
      case 8:  return 31; break;
      case 9:  return 30; break;
      case 10: return 31; break;
      case 11: return 30; break;
      case 12: return 31; break;
      default: return 0; break;
    }
  }
}
```

Dieses Beispiel zeigt auch, dass es sinnvoll sein kann, nach einer return-Anweisung weitere Anweisungen folgen zu lassen. Ob eine return-Anweisung ausgeführt und damit die Methode verlassen wird, hängt hier von gewissen Bedingungen ab. Es ist lediglich zu gewährleisten, dass jeder mögliche Ausführungspfad mit einer return-Anweisung endet.

Hier kann break auch weggelassen werden, da return bereits eine Sprunganweisung ist.

10.2 Schleifen

10.2.1 Grundlagen

In vielen, wenn nicht gar den meisten Programmen werden gewisse Anweisungen kontrolliert wiederholt. Dieses ist schon bei einfachen Verrichtungen des alltäglichen Lebens der Fall, wie z. B. bei dem Zählen. Dabei geht man bis zu einer Abbruchbedingung wiederholt einen Schritt weiter. In C# kann das Fortschreiten oder Zählen durch den Inkrementoperator realisiert werden. Tatsächlich spielt dieser in Schleifen eine wichtige Rolle. Da das Addieren auf das Zählen zurückgeführt werden kann, ist die Addition durch eine Schleife realisierbar. Die Addition haben wir im Beispiel 10.3 durch eine Rekursion dargestellt. Viele Rekursionen können durch Schleifen ersetzt werden. Diese Vorgehensweise ist sogar performanter und eleganter. Es wird nämlich eine Methode nicht mehrmals rekursiv aufgerufen. Eine Schleife verhält sich genau umgekehrt als eine Rekursion. Bei einer Rekursion geht man rückwärts bis zu einem Anfangspunkt, während bei einer Schleife vorwärts geschritten wird, bis eine Abbruchbedingung eingetreten ist. Diese umgekehrte Vorgehensweise nennt man *Iteration*.

In der Tat ist es so, dass ein sehr großer Teil der Funktionen und Anweisungen eines Programms durch Schleifen programmiert sind. Schleifen gehören daher zu den wichtigsten Kontrollstrukturen in allen Programmiersprachen.

10.2.2 Die for-Schleife

Die wichtigste und allgemeinste Schleife ist die for-Schleife. Sie hat folgende Syntax:

```
for(Initialisierung;Bedingung;Schrittweite)
{
...
}
```

Initialisierung, *Bedingung* und *Schrittweite* sind drei Ausdrücke. *Initialisierung* dient der Initialisierung des Schleifenzählers (oder der Schleifenzähler). Es kann hier auch eine Zählvariable definiert werden. Auf jeden Fall wird ihr ein Anfangswert zugewiesen. *Bedingung* ist ein boolescher Ausdruck, in den i. A. eine Zählvariable eingeht. In ihm wird die Abbruchbedingung formuliert. Solange dieser den Wert `true` liefert, wird die Schleife ausgeführt, andernfalls wird sie verlassen. *Schrittweite* dient der Modifikation des Schleifenzählers (oder der Schleifenzähler) und wird so lange wiederholt, bis die Abbruchbedingung wahr ist. *Initialisierung* und *Schrittweite* bestehen aus einem oder mehreren Ausdrücken. Mehrere Ausdrücke werden durch Kommata getrennt. Das ist die einzige Ausnahme von der Regel, nach der Ausdrücke durch ein Semikolon abzuschließen sind. *Initialisierung* oder *Bedingung* oder *Schrittweite* können auch leer sein. Um in diesem Fall eine Endlosschleife zu vermeiden, sollte eine Abbruchbedingung in dem Anweisungsblock geschrieben werden. Wie das geht, werden wir weiter unten sehen.

Das Ablaufdiagramm ist in der Abbildung 10.3 dargestellt.

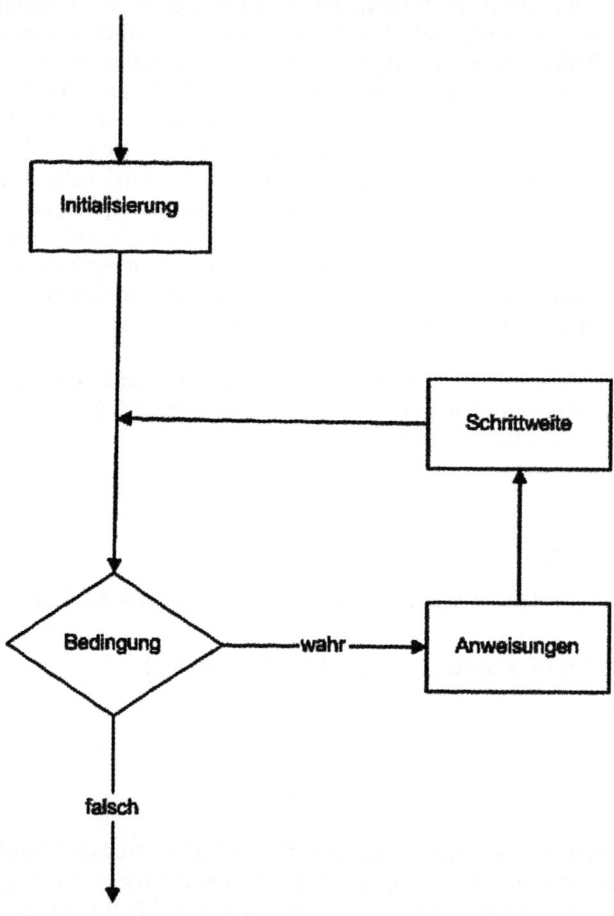

Abbildung 10.3 Ablaufdiagram der for-Schleife

Beispiel 10.6 (Zählen mit der for-Schleife)

Das folgende Beispiel zählt von 1 bis 10 und gibt die Zahlen auf dem Bildschirm aus.

```csharp
using System;
class Zählen
  {
    static void Main(string[] args)
    {
      for(int i=1;i<=10;i++)
      {
      Console.WriteLine(i);
    }
  }
```

Beispiel 10.7 (Die ersten 10 Quadratzahlen)

Hier werden zwei Variablen initialisiert und in dem Anweisungsblock miteinander multipliziert. Da sie gleich initialisiert sind und die gleiche Schrittweite besitzen, ergibt die Multiplikation das Quadrat. Sobald eine Variable größer als 10 ist, wird die Schleife abgebrochen.

```csharp
using System;
class Quadrieren
{
  static void Main(string[] args)
  {
    for(int i=1,j=1; j <=10;i++,j++)
    {
      Console.WriteLine(i*j);
    }
  }
}
```

Beispiel 10.8 (Iterative Berechnung der Fakultät)

Hier soll die Fakultät iterativ berechnet werden.

```csharp
using System;
class Class1
{
  static void Main(string[] args)
```

```
   {
uint n, fak =1;
string s;
Console.WriteLine("Geben Sie eine natürliche Zahl ein!");
s=Console.ReadLine();
n=UInt32.Parse(s);

for(uint i=1; i<= n;i++)
   {
   fak *=i;
   }
Console.WriteLine("Die Fakultät von {0} ist {1}.",n,fak);
   }
}
```

10.2.3 Die while-Schleife

Sie ist eine Schleifenvariante, die man als Sonderfall der for-Schleife ansehen kann. Die Syntax lautet:

```
while(Bedingung)
{
.....
}
```

Der Anweisungsblock hinter while wird so oft ausgeführt, bis die Bedingung falsch ist. Das Ablaufdiagramm ist in der Abbildung 10.4 dargestellt.

Beispiel 10.9 (Beenden eines Programms durch eine Benutzeraufforderung)

Das folgende Programm fragt den Benutzer, ob er es beenden will. Gibt er ‚b' ein, wird es beendet, gibt er etwas anderes ein, wird ein neuer Schleifendurchlauf gestartet. In ihm wird der Benutzer erneut gefragt, ob er das Programm beenden will. Sicherlich stellt das Programm nicht sehr viel Nützliches an. Es bleibt aber dem Leser überlassen, ihm mehr Leben einzuhauchen.

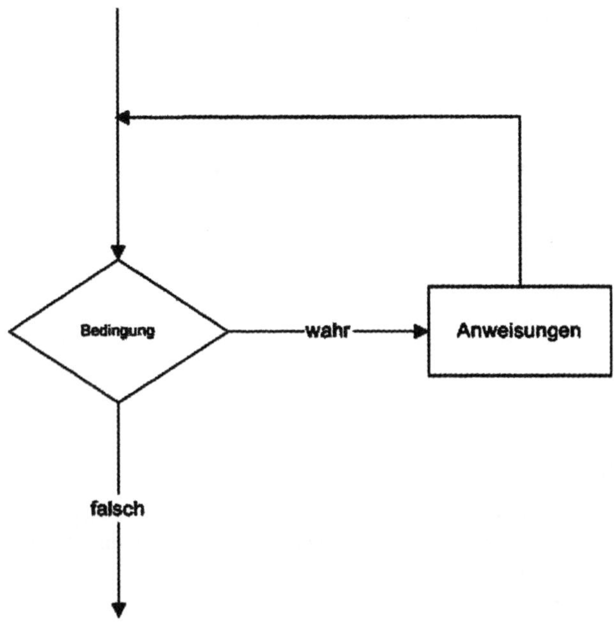

Abbildung 10.4 Ablaufdiagramm der while-Schleife

```csharp
using System;
class Class1
{
static void Main(string[] args)
    {
    bool b = true;
    string s;
    char c ;

    while(b)
    {
    Console.WriteLine("Wenn  Sie  das  Programm  beenden  wollen,
dann drücken Sie 'j'.");

    Console.WriteLine("Wenn Sie das Programm nicht beenden wol-
len, dann drücken Sie einen beliebige Taste.");

    s = Console.ReadLine();
```

```
//s[0} liefert das erste Zeichen des Strings, s[19 das
//zweite usw..
c = s[0];

Console.WriteLine(c);
if(c == 'j')
b=false;
}
}
}
```

10.2.4 Die do-Schleife

Eine andere Schleifenvariante besteht darin, zuerst den Anweisungsblock durchzuführen, bevor die Bedingung abgefragt wird. In der Abbildung 10.5 ist das Ablaufdiagramm dieser Schleifenvariante dargestellt:

Die Syntax lautet:

```
do
{
....
} while(Bedingung) ;
```

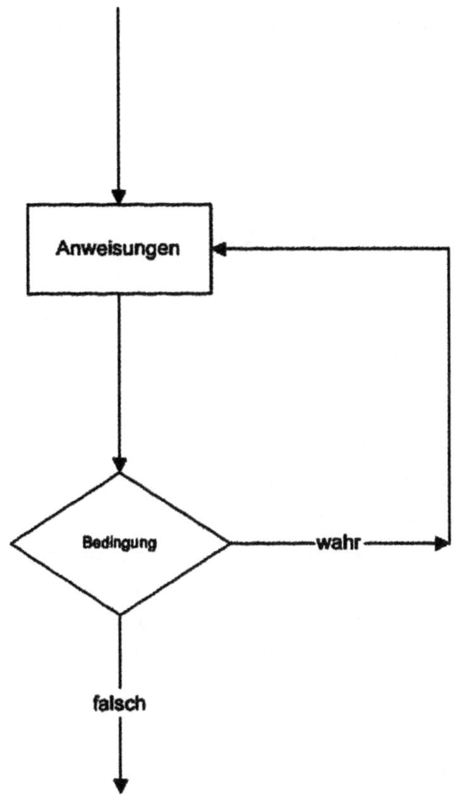

Abbildung 10.5 Ablaufdiagramm der do-Schleife

10.3 Die Befehle `break` und `continue`

In C# gibt es die Möglichkeit, eine Schleife vorzeitig mit dem Befehl `break` und einen Schleifendurchlauf vorzeitig mit dem Befehl `continue` zu verlassen.

Beispiel 10.10 (break und continue)

Um die Wirkungsweise der beiden Befehle zu demonstrieren, kann in dem Beispiel der Benutzer wählen, ob er den Befehl `break` oder `continue` ausführen will. Wählt er `continue`, wird der aktuelle Schleifendurchlauf verlassen und in dem nächsten Schleifendurchlauf kann er erneut wählen. Wenn er break wählt, wird die Schleife verlassen und das Programm beendet.

```csharp
using System;
class BreakContinue
{
  static void Main(string[] args)
  {
    while(true)
    {
    string s;

    Console.WriteLine("Wenn Sie break ausführen wollen, "+
    „ dann geben Sie 'break'ein.");
    Console.WriteLine("Wenn Sie continue ausführen wollen, "+
    „ dann geben Sie 'continue'ein.");
    Console.WriteLine("Bei    jeder    anderen    Eingabe    wird"+
    „die Schleife normal ausgeführt.");
    s=Console.ReadLine();

      if(s =="break")
      {
      Console.WriteLine("break wird ausgeführt.");
      break;
      }

      if(s =="continue")
      {
      Console.WriteLine("continue wird ausgeführt.");
      continue;
      }
      Console.WriteLine(
          "Der Schleifendurchlauf wird normal ausgeführt.");
    }
  }
}
```

Übung:

1. Schreiben Sie ein Programm, das folgende Zeile ausgibt:
   1, 2, 3, 4, 5, 6, 7, 8, 9, 10
2. Schreiben Sie das Programm auch mit den andern zwei Schleifen.
3. Schreiben Sie das Programm aus der ersten Übung so um, dass der Benutzer nach dem Start und Stopwert gefragt wird. Die Zahlen sollen dann zwischen den beiden Werten ausgegeben werden. Ebenso sollen Start- und Stopwert ausgegeben werden.
4. Stellen Sie mit Hilfe einer Schleife die Multiplikation im Datentyp unsigned int dar.
5. Schreiben Sie ein Programm, das von 1 bis zehn zählt und dann wieder zurück bis eins. Verwenden Sie dabei nur eine Schleife und eine if-Anweisung.
6. Erweitern Sie die Klasse Arithmetik durch eine Methode, welche Potenzen von natürlichen Zahlen berechnet. Führen Sie dabei das Potenzieren auf die Multiplikation zurück.
7. Das folgende Programm enthält zwei geschachtelte `if`-Anweisungen. Davon hat eine einen `else`-Teil die andere nicht. Zu welcher `if`-Anweisung gehört nun der `else`-Teil? Der Benutzer wird zweimal aufgefordert, „true" oder „false" einzugeben. Die Bedingung der äußeren `if`-Anweisung ist `true`, wenn der Benutzer zuerst „true" eingibt, die der inneren `if`-Anweisung, falls der Benutzer beim zweiten Mal „true" eingibt.

```csharp
using System;
 class App
 {
    static void Main(string[] args)
    {
    bool a,b;
    String s;
        Console.WriteLine("Geben     Sie     \"true\"     oder"
        +"\"false\" für die äussere if-Anweisung ein!");
s=Console.ReadLine();
a = Boolean.Parse(s);
        Console.WriteLine("Geben     Sie     \"true\"     oder"
        +"\"false\" für die innere if-Anweisung ein!");
s=Console.ReadLine();
b = Boolean.Parse(s);
```

```
if(a)

        Console.WriteLine("Der    if-Teil    der    inneren"    +
        „if-Anweisung wird ausgeführt");


if(b)

        Console.WriteLine("Der    if-Teil    der    äußeren"    +
        „if-Anweisung wird ausgeführt");


else

        Console.WriteLine("Gehört   dieser   else  Teil   zur"   +
        „inneren oder äußeren if-Anweisung?");
   }


   }
```

Wie könnte man durch Einrücken von Anweisungen die geschachtelte `if`-Anweisung übersichtlicher schreiben?

8. Schreiben Sie ein Programm, das interaktiv den Benutzer zur Eingabe einer Jahreszahl auffordert, und dann ausgibt, ob es sich um ein Schaltjahr handelt. Hinweis: Ein Jahr ist ein Schaltjahr, wenn es ganzzahlig durch 4, aber nicht durch 100 oder wenn es durch 400 teilbar ist.

9. Schreiben Sie ein interaktives Programm, das den Benutzer auffordert, einen Tag und Monat im laufenden Jahr einzugeben, und dann die seit Neujahr vergangenen Tage ausgibt. (Variante für Menschen mit Kindern: Wie oft muss ich noch schlafen, bis der Weihnachtsmann kommt?)

10. Schreiben Sie eine statische Methode, die zwei Parameter vom Typ `double` sowie einen vom Typ `char`, welcher einen der Operatoren '+', '-', '*', '/', bezeichnet. Entsprechend der Wahl des Operators soll dann die Summe, die Differenz, das Produkt oder der Quotient zurückgegeben werden. Falls kein gültiger Operator übergeben wurde, soll die statische Konstante `double.NaN` zurückgegeben werden. Der Typ `double` ist eine Struktur, die wie Klassen statische Konstanten besitzen kann. NaN bedeutet „Not a Number".

11 Klassen und Objekte

11.1 Definition und Verwendungsweise

Nachdem wir kennen gelernt haben, wie Daten eines Typs zu einem Array zusammengefasst werden können, stellt sich die Frage, ob auch Daten unterschiedlichen Typs zusammengestellt werden können. Sehr häufig werden Objekte durch sie charakterisierende Eigenschaften beschrieben. Ein Buch etwa wird durch den Titel, Autor, Erscheinungsjahr, Seitenzahl und ISBN-Nr. beschrieben. In C# – wie in allen modernen objektorientierten Sprachen – ist es möglich, einen strukturierten Datentyp zu definieren, der aus einfacheren Datentypen besteht. Ein solcher strukturierter Typ heißt *Klasse* und wird mit dem Schlüsselwort `class` definiert. Z.B:

```
class Buch
{
String titel;
String autor;
int erscheinungsjahr;
int seitenzahl;
String isbn_nr;
}
```

Wie kann nun auf die einzelnen Elemente zugegriffen werden? Es gibt verschiedene Zugriffsberechtigungen. Damit die Elemente von außerhalb[1] der Klasse öffentlich zugänglich sind, muss den Elementen das Schlüsselwort `public` vorangestellt werden. Die obige Klassendefinition ist daher noch nicht ganz vollständig:

```
class Buch
{
public String titel;
public String autor;
public int erscheinungsjahr;
public int seitenzahl;
```

---

[1] Weiter unten werden wir sehen, dass auch von innerhalb der Klasse auf ihre Daten zugegriffen werden kann.

```
public String isbn_nr;
}
```

Da die Klasse Buch ein Datentyp ist, belegt er – wie auch die vordefinierten Typen - keinen Speicherplatz. Eine Klasse ist auch eher mit einer Bauanleitung zu vergleichen. Das Bauwerk muss erst noch erstellt werden. Ein solches Bauwerk heißt in der objektorientierten Programmierung *Objekt* oder *Instanz*. Um ein Objekt anzulegen, muss – wie bei den primitiven Datentypen – zuerst eine Variable deklariert werden. Z.B:

```
Buch myBook;
```

Die Variable ist eine Referenzvariable. Es muss also auf dem Heap mit dem new-Operator Speicherplatz für das Objekt reserviert werden. Dann kann der Variablen die Speicheradresse zugeordnet werden. Z.B.:

```
MyBook = new Buch();
```

Die Deklaration der Variablen und die Zuweisung können auch in einem Schritt erfolgen:

```
Buch myBook = new Buch();
```

Hier ist eine Analogie zu den Arrays zu erkennen. In Wirklichkeit sind Arrays ja auch Klassen, die nur ein klein wenig anders instanziert werden. Bei der Erzeugung von Objekten steht hinter new der so genannte Konstruktor. In den Klammern können Parameter stehen, mit denen die Variablen des Objekts initialisiert werden. Aber dazu später mehr! Wenn die Variablen nicht initialisiert werden, dann werden sie mit den Standardwerten belegt.

Auf die Elemente kann nun mit der Punktnotation zugegriffen werden. Z.B:

```
myBook.title = "C# Book";
myBook.autor = "C# Teacher";
myBook.erscheinungsjahr=2001;
myBook.seitenzahl = 1540;
myBook.isbn_nr = "1-2345-6789-0";

Console.WriteLine ("Titel: " + myBook.title);
Console.WriteLine ("Autor: " + myBook.autor);
```

```
Console.WriteLine  ("Erscheinungsjahr:  " + myBook. erschei-
nungsjahr);
Console.WriteLine ("Seitenzahl: " + myBook. seitenzahl);
Console.WriteLine ("ISBN.Nummer: " + myBook. isbn_nr);
```

Wo kann die Definition einer Klasse stehen? Sie kann innerhalb einer anderen Klasse stehen, wie z. B. der Main-Klasse, oder auch separat als eigenständige Klasse. Zunächst beschäftigen wir uns mit dem letzten Fall. Geschachtelte Klassen werden später behandelt.

Neben Variablen, welche die Eigenschaft einer Klasse beschreiben, gibt es noch Methoden, die das Verhalten der Objekte dieser Klasse bestimmen. Betrachten wir nochmals ein Beispiel:

```
class Anrufbeantworter
{
private string[] nachrichten = new String[10];
private int nachrichtenanzahl = 0;


public string ansagetext;
}
```

Hier lernen wir eine neue Zugriffsberechtigung kennen, nämlich `private`. Auf Variablen, die mit dieser Zugriffsberechtigung deklariert sind, kann nur innerhalb eines Objektes zugegriffen werden.

Nun ist die Frage nahe liegend, wie ein Benutzer überhaupt an die Nachrichten herankommt. Zu diesem Zweck kann man eine Methode definieren, die das leistet, insofern sie als `public` deklariert ist.

Es gibt noch die Zugriffsberechtigung `internal`. Sie bezieht sich auf die Assembly. Eine Assembly ist eine Kompilierungseinheit und besteht i. A. – aber nicht notwendigerweise – aus einer ausführbaren Datei. In einer Assembly werden mehrere Klassen zusammengefasst. Diese kann eine Klassenbibliothek sein. Die Zugriffsberechtigung `internal` ist für Klassenbibliotheken von Belang. Sie können von anderen Programmen verwendet werden. Auf Bestandteile einer Assembly, welche diese Zugriffsberechtigung besitzen, kann nicht von außen, sondern nur innerhalb der Assembly zugegriffen werden. `internal` kann überall dort stehen, wo auch `private` oder `public` stehen kann.

11.2 Instanzmethoden

Wir haben bereits Klassenmethoden kennen gelernt. Sie können nicht das Verhalten einer Instanz der betreffenden Klasse beeinflussen. Sie sind nur aus der Klasse heraus aufrufbar, aber nicht aus einem Objekt. Klassenmethoden stehen zu dem Typen in Beziehung, aber nicht zu einer konkreten Instanz. Statische Methoden können beispielsweise verwendet werden, um eine Instanz zu erzeugen, wie wir später sehen werden.

Um einem konkreten Objekt eine gewisse Funktionalität hinzuzufügen, müssen Instanzmethoden definiert werden. Sie werden genauso definiert wie statische Methoden, nur ist das Schlüsselwort `static` wegzulassen.

Beispiel 11.1(Rekursive Addition als Instanzmethode)

Die folgende Methode addiert zwei natürliche Zahlen. Dabei stellen wir uns dumm und rechnen so wie Kinder, indem wir entsprechend oft eins dazu addieren. Dabei bedienen wir uns des Inkrementoperators. Er kann performanter sein als die Addition oder Subtraktion mit eins. Dies ist auch ein Beispiel für eine rekursive Definition einer Methode und daher lehrreich. Damit die Methode nicht unendlich oft immer und immer wieder sich selbst aufruft, benötigen wir eine Abbruchbedingung. Diese ist dann gegeben, wenn der zweite Summand gleich null ist. Hier nun der Quellcode der Methode:

```csharp
using System;
class App
{
   public uint add(uint x,  uint y)
   {
     uint  k = 0;
     if(y==0)
       return x;
     else
     {
       k=add(x,--y);
       k++ ;
       return k ;
     }
   }

   static void Main(string[] args)
   {
```

```
App app = new App();
uint n =app.add(3,5);
Console.WriteLine(
"Das Ergebnis der Addition 3 + 5 lautet: {0}.", n);
    }
}
```

In der if-Anweisung wird überprüft, ob der zweite Summand gleich null ist. Ist dies der Fall, wird als Ergebnis der erste Summand zurückgegeben. Andernfalls wird die Methode add erneut aufgerufen, wobei der zweite Summand um eins vermindert ist. Der Rückgabewert wird dann inkrementiert. Dies geschieht solange, bis der zweite Summand gleich null ist.

Die Methode add ist als Instanzmethode der Applikationsklasse definiert. Daher wird von ihr in der Main-Methode eine Instanz erzeugt.

Problem: Wie verhält sich die Funktion add, wenn man statt den Prädekrementoperator den Postdekrementoperator verwendet, also statt k=add(x,--y) die Anweisung k=add(x, y--)?

Beispiel 11.2 (Öffentliche Zugriffsmethoden auf private Variablen)

Wir wollen die Klasse Anrufbeantworter so erweitern, dass die privaten Variablen öffentlich zugänglich sind.

```
class Ab
{
private string[] nachrichten = new string[10];
private int nachrichtenanzahl = 0;

public string ansagetext =
"Bitte sprechen Sie nach dem Pfeifton!";

public void sprechenNachricht(nachricht)
  {
   if(nachrichtenanzahl >= 0 || nachrichtenanzahl <= 9)
    {
```

```
    nachrichten[nachrichtenanzahl] = nachricht;
    nachrichtenanzahl++;
    }
  }


public void holenNachricht()
 {
 for(int i = 0; i <= 9; i++)
  System.out.println(nachrichten[i]);
 }
}
```

Hier kann man Vorzüge der Kapselung kennen lernen. Die Variable `nachrichtenanzahl` kann von außen nicht manipuliert werden. Sie wird stattdessen kontrolliert beim Aufruf der Methode `sprechenNachricht` inkrementiert. Es können auch keine bereits bestehenden Nachrichten überschrieben werden. Weiterhin findet eine Bereichsüberprüfung statt. Ist der Anrufbeantworter „voll", können keine weiteren Nachrichten entgegengenommen werden.

Um Nachrichten auf dem Anrufbeantworter zu hinterlassen oder abzuhören, muss eine Instanz der Klasse angelegt werden:

```
Ab meinAnrufbeantworter = new Ab();
```

Die Methoden können wie folgt aufgerufen werden:

```
MeinAnrufbeantworter.sprechenNachricht ("Hi, ich bin's");
```

```
MeinAnrufbeantworter.holenNachricht ();
```

Ein wesentlicher Vorteil in der Kapselung von Daten und Methoden in Klassen liegt in der Möglichkeit, Daten kontrolliert zu verarbeiten. Dabei soll u. A. die *Konsistenz* der Daten erhalten bleiben. Daten heißen konsistent, wenn sie gewissen vorgegebenen Bedingungen genügen.

Die Datumsangabe 31.02.1873 wäre z. B. inkonsistent, da der Monat Februar keine 31 Tage hat. Das obige Anrufbeantworterbeispiel besitzt zwei Konsistenzbedinungen: es können höchstens 10 Nachrichten gespeichert werden und die Anzahl der Nachrichten muss mit der „tatsächlichen Anzahl" übereinstimmen.

Bereits bestehende – und evtl. gut getestete – Klassen können von jedem Programmierer nahezu beliebig verwendet werden. Er muss dabei nur die öffentlichen Methoden und Variablen kennen. Ein Verständnis des Quellcodes ist nicht notwendig.

Eine Variable oder eine Methode einer Klasse heißt auch Member (engl.: Mitglied).

11.3 Parameterübergabe als Wert oder Verweis

Für jeden Methodenaufruf wird auf dem Stack ein eigener Bereich reserviert. Dieser heißt *Stackframe* (engl.: Stapelrahmen). Während eine Methode ausgeführt wird, greift der Prozessor nur auf diesen Speicherbereich zu. Die Übergabeparameter müssen daher in diesen Bereich kopiert werden. Wenn Sie also eine Variabel definieren, diese mit einen Wert belegen und einer Methode übergeben, dann wird während der Ausführung der Methode nicht auf die ursprüngliche Variable zugegriffen, sondern auf eine Kopie.

Beispiel 11.3 (Übergabe eines Parameters als Kopie)

Hier wird eine Methode definiert, die ein Integer als Übergabeparameter erwartet. Dieser wird in der Methode inkrementiert. Die Inkrementierung wirkt sich aber nur auf die Kopie und nicht auf die ursprüngliche Variable aus.

```csharp
using System;

class Class1
{

    static void F(int n)
    {
    ++n;
    Console.WriteLine(n);
    }

    static void Main()
    {
    int n = 5;
    F(n);
    Console.WriteLine(n);

    }
}
```

Wenn Sie das Programm ausführen, können Sie deutlich sehen, dass die Variable n in der Methode F den Wert 6 erhält, aber in der Main-Methode unverändert bleibt.

Wie verhält sich die Parameterübergabe von Verweistypen? Instanzen von Verweistypen werden ja nicht auf dem Stack sondern auf dem Heap abgelegt. Auf dem Stack werden lediglich Verweise gespeichert. Bei einer Parameterübergabe eines Verweistyps wird also ein Verweis kopiert, während das Objekt selbst unangetastet bleibt.

Beispiel 11.4 (Übergabe eines Verweises als Kopie)

Das Beispiel 11.3 wird dahingehend abgewandelt, dass ein Array vom Typ int als Übergabeparameter erwartet wird. Die einzelnen Einträge werden in der Methode inkrementiert. Da ein Verweis übergeben wird, ist die Inkrementation auch nach der Abarbeitung der Methode sichtbar..

```csharp
using System;

class Class1
{

   static void F(int [] arr)
   {
      for(int i=0;i<arr.Length;i++)
      {
      arr[i]++;
      Console.WriteLine(arr[i]);
      }
   }

   static void Main()
   {
      int [] arr = {1,2,3};
      F(arr);

      foreach(int n in arr)
         Console.WriteLine(n);

   }
}
```

Diese Art der Parameterübergabe heißt Parameterübergabe als Wert. Üblich ist auch der englische Ausdruck *by value*. Es wird nicht die Variable, sondern ihr Wert übergeben, d. h. kopiert. In einigen Fällen ist es aber durchaus erwünscht, auf die ursprüngliche Variable zuzugreifen, um ihr einen neuen Wert zuzuweisen. Dieses erscheint zunächst ein Problem der

Werttypen zu sein. Der Wert eines Objektes kann ja auch geändert werden, wenn der Methode ein Verweis als Wert übergeben wird. Aber es wäre auch denkbar, einer Verweisvariablen während der Abarbeitung der Methode ein anderes Objekt zuzuweisen. Auf dieses könnte man bei der Parameterübergabe eines Verweistyps als Wert nach Abarbeitung der Methode nicht mehr zugreifen. Die Verweisvariable würde dann auf das ursprüngliche Objekt verweisen.

Beispiel 11.5 (Parameterübergabe eines Verweistyps mit Zuweisung eines neuen Objektes)

Hier wird eine Methode definiert, die die gleiche Signatur hat wie die in Beispiel 11.4. Während der Ausführung wird der Verweisvariablen aber ein neues Objekt zugewiesen. Die Zuweisung erfolgt jedoch nur einer Kopie der ursprünglichen Variablem, so dass sie sich dort nicht auswirkt.

```
using System;

class Class1
{

   static void F(int [] arr)
   {
      arr = new int[]{-1,-2,-3};
   }

   static void Main()
   {
      int [] arr = {1,2,3};
      F(arr);

      foreach(int n in arr)
         Console.WriteLine(n);
   }
}
```

Eine Methode hat nur Zugang zu dem ihr zugeordneten Stackframe. Die Variablen, die ihr übergeben worden sind, befinden sich in dem Stackframe der aufrufenden Methode. Die aufgerufene Methode hat keinen Zugang zu ihnen. Es bleibt nur die Möglichkeit, eine Speicherplatzadresse zu übergeben. Man sagt dazu auch, eine Variable wird als Verweis übergeben. Der englische Ausdruck lautet: *by reference*.

Es wird also ein Verweis auf eine Variable benötigt. Diese kann in C# nur in der Parameterliste einer Methode definiert werden. Dem Parameter ist das Schlüsselwort `ref` voranzustellen. Auch beim Aufruf der Methode ist das Schlüsselwort vor den Parameter zu schreiben. Wie die anderen Parameter sind sie zu initialisieren. Es wird nämlich erwartet, dass dieser Parameter nicht nur durch die Methode geändert wird, sondern ihr auch ein Wert zur Verfügung gestellt wird.

Durch Verweisparameter könnten auch zusätzliche Rückgabewerte erhalten werden. Eine Methode kann schließlich nur einen Wert zurückgeben. Diese Beschränkung kann durch die Parameterübergabe als Verweis aufgehoben werden. In diesem Fall wäre eine Initialisierung unnötig. Diese kann unterlassen werden, wenn statt des Schlüsselwortes `ref` das Schlüsselwort `out` verwendet wird. Im letzteren Fall wird erwartet, dass die Initialisierung in der Methode stattfindet. In ihr muss sogar eine Wertzuweisung erfolgen. Unterbleibt sie, meldet der Compiler einen Fehler.

Beispiel 11.6 (Die Methode swap)

Hier wird eine Methode vorgestellt, die zwei Integer vertauscht.

```
void swap(ref int n, ref int m)
{
int temp = n;
n = m;
m = temp;
}
```

11.4 Params-Parameter

Die Anzahl der Übergabeparameter steht i. A. fest. Will man eine variable Anzahl von Parametern eines Typs übergeben, so kann man ein Array dieses Typs als Übergabeparameter verwenden. Dazu müssten aber die übergebenen Variablen immer als Array vorliegen. Wenn das nicht der Fall ist, müsste ein Array konstruiert werden. Dieses ist prinzipiell kein Problem, aber es geht noch einfacher. Der letzte Parameter einer Parameterliste kann mit dem Schlüsselwort `params` versehen werden. Dieser Parameter muss ein Array von einem beliebigen Typ sein. Der Vorteil liegt nun darin, dass die Parameter nicht notwendigerweise als Array übergeben werden müssen. Es können stattdessen die einzelnen Parameter durch Kommata getrennt übergeben werden.

Beispiel 11.7 (Eine Überladung von Console.WriteLine)

Von dieser Form der Parameterübergabe haben wir bereits ausführlich Gebrauch gemacht. Einer überladenen Version der Methode Console.WriteLine haben wir nach der Zeichenkette eine beliebige Anzahl von Objekten übergeben. Gleichzeitig enthielt die Zeichenkette die gleiche Anzahl Platzhalter. An ihren Stellen wurden die Zeichenkettendarstellung der Objekte eingefügt. Die Methode ist wie folgt deklariert:

```
public static void WriteLine(string format,
    params object[] arg );
```

11.5 Lebensdauer und Sichtbarkeit von Variablen

Innerhalb einer Klasse können mehrere Variablen mit dem gleichen Namen deklariert werden. Eine Variable kann als Objektvariable deklariert sein. Sie lebt, solange das Objekt existiert. (Wie Objekte zerstört werden können, behandeln wir später). In einer Methode der Klasse kann lokal eine Variable mit dem gleichen Namen deklariert sein. Sie lebt, solange die Methode ausgeführt wird, und überdeckt die Objektvariable. Anschließend tritt die Methodenvariable wieder aus ihrem Schattendasein.

> Lokale Variablen überdecken gleichnamige globale Variablen.

Beispiel 11.8 (Sichtbarkeit von Variablen)

In dem folgenden Beispiel wird eine Klasse OwnInt definiert. Sie besitzt eine private Variable a vom Typ int, die mit dem Wert 1 initialisiert wird. In der Methode showOtherInt wird ebenfalls eine lokale Variable a deklariert, die anschließend ausgegeben wird. In der Methode showAllInts wird zunächst die Objektvariable ausgegeben, anschließend wird die Methode showOtherInt aufgerufen. Nachdem die Methode abgearbeitet ist, erscheint wieder die Objektvariable. In der Main-Methode der Applikationsklasse ist ebenfalls eine Variable a definiert. Weiterhin wird ein Objekt der Klasse OwnInt erzeugt und die Methode showAllInts aufgerufen. Beim Ausführen des Programms kann man beobachten, wie die jeweils lokaleren Variablen die globaleren überdecken, und wie sie nach Beenden der entsprechenden Methoden wieder zum Vorschein kommen.

```
using System;
class OwnInt
{
    private int a = 1;
    public void showOtherInt()
    {
```

```csharp
    int a = 2;
    Console.WriteLine(a);
  }

  public void showAllInts()
  {
    Console.WriteLine(a);
    showOtherInt();
    Console.WriteLine(a);
  }
}


class Class1
{
  static void Main(string[] args)
    {
    int a = 0;
     Console.WriteLine(a);
     OwnInt oi = new OwnInt();
    oi.showAllInts();
    Console.WriteLine(a);
  }
}
```

Das Programm gibt folgendes aus:

```
0
1
2
1
0
Press any key to continue
```

Nach unserem bisherigen Kenntnisstand kann in einer Methode nicht eine Objektvariable
verwendet werden, wenn sie durch eine lokale Variable verdeckt wird. Nun – so werden Sie
sich fragen – warum benutzt man dann nicht einen anderen Variablenbezeichner? In der Tat
ist das möglich. Sehr häufig werden aber selbstsprechende Namen verwendet. Sie tragen sehr
zur Übersichtlichkeit, Lesbarkeit und Verwendbarkeit des Programms bei. So würde man z.B.
in einem Programm zur Adressverwaltung die Variablennamen ‚vorname' und ‚nachname'

verwenden. Es ist u. U. sinnvoll, diese Bezeichner sowohl für Objektvariablen als auch für lokale Methodenvariablen zu benutzen. Es gibt trotzdem eine Möglichkeit, Objektvariablen anzusprechen, wenn sie durch lokale Variablen verdeckt sind. Zu diesem Zweck wird beim Anlegen eines Objekts automatisch eine Referenzvariable erzeugt, die auf das aktuelle Objekt zeigt. Sie wird mit `this` bezeichnet.

Beispiel 11.9 (this-Referenz)

In der folgende Klasse sind zwei private Variablen deklariert, die durch öffentliche Methoden mit Werten belegt werden können. Die Namen der Übergabeparameter, die nur lokal in der Methode bekannt sind, stimmen mit den Namen der Objektvariablen überein. Da die Objektvariablen aber durch die gleichnamigen Methodenvariablen überdeckt werden, müssen die Ojektvariablen mit der `this`-Referenz angesprochen werden.

```
class Name
{
private string vorname;
private string nachname;

public void setVorname(string vorname)
  {
  this.vorname = vorname;
  }

public void setNachname(string nachname)
  {
  this.nachname = nachname;
  }
}
```

11.6 Überladen von Methoden

Viele Operatoren können in unterschiedlichen Zusammenhängen verwendet werden. So wird beispielsweise durch den Operator ‚–' ein Vorzeichenwechsel vorgenommen oder die Differenz gebildet. Der Operator ‚+' kann auf Operanden vom Typ `int`, `double` oder `string` angewendet werden. Streng genommen handelt es sich dabei um unterschiedliche Operatoren, die jedoch mit dem gleichen Symbol bezeichnet werden. Die Unterscheidung ergibt sich durch die Anzahl oder Typen der Operanden. Solche Operatoren nennt man *überladen*. In sehr ähnlicher Weise können auch Methoden überladen werden. Das Überladen von Operatoren wird im nächsten Abschnitt behandelt.

Der Methodenbezeichner wird beibehalten und nur die Liste der Eingabeparameter geändert. Es kann dabei die Anzahl, die Typen oder auch Reihenfolge der Eingabeparameter geändert werden. Es kann dabei auch der Typ des Ausgabewertes geändert werden. Keinesfalls genügt es, nur diesen zu ändern. Zum einen kann eine Anweisung nur aus einem Methodenaufruf bestehen, um die Nebeneffekte zu erzielen, zum anderen kann es bei einer Zuweisung auf Grund der vom Compiler automatisch vorgenommenen Typenkonvertierung Mehrdeutigkeiten geben.

Beispiel 11.10 (Überladen einer Methode max)

Es werden mehrere Methoden mit der Bezeichnung max definiert:

```
int max( int x, int y)
{
if(x>y) return x;
return y;
}


int max( int x, int y, int z)
{
return max(x,max(y,z));
}


 double max( double x, double y)
{
if(x>y) return x;
return y;
}
```

Woran kann nun die Laufzeitumgebung die überladenen Methoden unterscheiden? Der Compiler benutzt einen internen codierten Namen, der aus dem Methodenbezeichner sowie der Reihenfolge und den Typen der Übergabeparameter erzeugt wird. Dieser codierte Name heißt *Signatur*. Zwei Methoden werden als unterschiedlich betrachtet, wenn sie sich in der Signatur unterscheiden.

11.7 Überladen von Operatoren

Da Operatoren im wesentlichen nur eine andere Schreibweise von Methoden darstellen, ist es nicht verwunderlich, dass auch sie überladen werden können. Jeder Operator könnte auch durch eine statische Methode ersetzt werden. Jedoch ist die Verwendung von Operatoren i. A. eleganter. Die Verwendung von Operatoren – etwa die von arithmetischen Operatoren – kommt häufig auch dem Alltagsverständnis näher als der Aufruf einer Methode. Die vordefinierten Operatoren können auch weitgehend einheitlich verwendet werden. Ihre Bedeutung ist für die unterschiedlichsten Typen intuitiv klar, oder man kann sich sehr schnell Klarheit verschaffen. Denken Sie nur an die arithmetischen oder die Zuweisungsoperatoren. Auch wird der Cast-Operator für alle Typen auf die gleiche Weise verwendet, insofern eine Typenumwandlung definiert ist. Um diese einheitliche Verwendungsweise von Operatoren auch für eigene Typen zu ermöglichen, gibt es in # die Möglichkeit, Operatoren zu überladen.

Ein Benutzer besitzt i. A. ein gewisses Vorverständnis der Operatoren, das sicher auch durch die Kenntnis der vorhandenen Operatoren beeinflusst ist. Sie sollten Operatoren nur so überladen, dass sie dabei dem intuitiven Vorverständnis eines möglichen Benutzers entgegenkommen.

Es ist nicht verwunderlich, dass die Syntax nahezu identisch mit der Syntax der Überladung einer statischen Methode ist. Dennoch gibt es ein paar Besonderheiten und Einschränkungen zu beachten.

Die Syntax zur Überladung von ein- und zweistelligen Operatoren sieht wie folgt aus:

```
public static Typ operator op (Typ1 Bezeichner1,
  [Typ2 Bezeichner2]);
```

Die Anzahl der Operanden ist durch den Operator festgelegt. Ein unitärer Operator kann beispielsweise nicht als binärer Operator überladen werden. Der dreistellige Operator kann nicht überladen werden. Auch lassen sich die Vorrangregeln nicht verändern.

Die Schlüsselwörter `public` und `static` sind obligatorisch. Der erste Operand muss von dem Typen sein, in dem der Operator überladen wird. Die anderen Typen können frei gewählt werden.

Es können die einstelligen Operatoren +, -, !, ~, ++, -- überladen werden. Wenn die letzen beiden Operatoren überladen werden, kann nicht mehr zwischen Post- und Präinkrement bzw. zwischen Post- und Prädekrementoperatoren unterschieden werden.

Die zweistelligen überladbaren Operatoren setzen sich aus den Operatoren &, |, ^, <<, >>, arithmetischen und den Vergleichsoperatoren zusammen. Die letzteren bilden komplementäre Paare, wie etwa == und != , < und > oder <= und >=. Ein solches komplementäres Paar muss immer zusammen überschrieben werden. Der Zuweisungsoperator kann nicht überschrieben werden. Die zusammengesetzten Zuweisungsoperatoren verhalten sich jedoch sinngemäß, wenn der entsprechende zweistellige Operator überladen ist

Beispiel 11.11 (Definition der Gleichheit)

Hier sollen die Vergleichsoperatoren == und != überladen werden. Standardmäßig überprüfen sie bei Verweistypen die Verweisgleichheit. Zwei Referenzvariablen sind gleich, wenn sie auf dasselbe Objekt verweisen. Soll jedoch auf Wertgleichheit überprüft werden, dann müssen diese Vergleichsoperatoren überladen werden. Damit wird die Gleichheit von Objekten auch definiert. I. A. wird sie so definiert, dass zwei Objekte gleich sind, wenn die Werte ihrer Variablen gleich sind. Wenn diese beiden Operatoren überladen werden, wird auch empfohlen, die Methoden `Equals` und `GetHashCode` zu überschreiben. Wie das geht, lernen wir in dem Abschnitt 12.4.

Hier wird eine Klasse definiert, die eine private Identifizierungsnummer kapselt. Zwei Instanzen werden als gleich angesehen, wenn ihre Identifizierungsnummern übereinstimmen.

```
using System;
public class Class1
{
  private int id;

  public Class1(int id)
  {
  this.id = id;
  }

  public static bool operator ==(Class2 a,  Class2 b)
  {
  if(a.id == b.id)
    return true;
  else
    return false;
  }
```

```
public static bool operator !=(Class2 a, Class2 b)
{
   if(a.id != b.id)
      return true;
   else
      return false;
}
}
```

11.8 Konstruktoren

Konstruktoren werden benötigt, um eine Instanz einer Klasse anzulegen. Es können dabei auch Objektvariablen initialisiert werden. Eine wichtige Aufgabe von Konstruktoren ist es, die Datenkonsistenz eines Objekts zu gewährleisten. Sie werden häufig zu den Methoden gerechnet. Diese Zuordnung ist aber nicht ganz korrekt. Konstruktoren unterscheiden sich in einigen wichtigen Punkten von Methoden. Ein gravierendes Merkmal eines Konstruktors ist es, keinen Wert zurückzuliefern, noch nicht einmal einen vom Typ void. Durch einen Konstruktoraufruf kann also einer Variablen kein Wert zugewiesen werden. Da wir bereits Objekte erzeugt haben, haben wir auch Konstruktoren verwendet, so z. B. in der Programmzeile

```
Ab meinAnrufbeantworter = new Ab();
```

Der Konstruktor steht hinter der new-Anweisung, Sein Bezeichner stimmt mit dem Klassennamen überein. Es folgen – wie bei Methoden – zwei geschlossene Klammern. In diesem Beispiel werden keine Parameter übergeben. Parameterlose Konstruktoren heißen Standardkonstruktoren. Es können aber auch Konstruktoren definiert werden, denen Parameter übergeben werden. Mit ihnen können Anweisungen ausgeführt werden, wie z. B. das Initialisieren der Objektvariablen. Der Standardkonstruktor muss genau dann nicht definiert werden, wenn kein anderer Konstruktor definiert wird. Der Standardkonstruktor wird in diesem Fall vom Compiler automatisch hinzugefügt. Seine Aufgabe besteht dann darin, dem new-Operator „mitzuteilen", wie viel Speicherplatz zu welchem Zweck reserviert werden soll.

Obwohl ein Konstruktor ein Objekt erzeugt, wird ein solches nicht zurückgegeben. Dies ist in C# auch nicht möglich, da es keine Objektvariablen gibt, sondern nur Referenzen auf Objekte. Aber auch diese werden von einem Konstruktor nicht zurückgegeben. Die Referenz liefert der new-Operator. Ein Konstuktor ist damit eher mit einer Deklarationsanweisung zu vergleichen, die ebenfalls Speicherplatz für einen gewissen Variablentyp reserviert. Wie bei einer Deklarationsanweisung können durch Konstruktoren auch Initialisierungen vorgenommen werden.

Es werden auch durch den Standardkonstruktor Initialisierungen vorgenommen. Die Objektvariablen werden mit den Standardwerten belegt, oder mit denjenigen Werten, die ihnen bereits bei der Klassendefinition zugewiesen sind. Sollen Objektvariablen während der Instanzierung kontextabhängig Werte zugewiesen werden, dann muss ein entsprechender Konstruktor definiert werden. Konstruktoren werden genauso definiert wie Methoden. Sie besitzen eine Parameterliste und einen Anweisungsteil. Ebenso wie Methoden können Konstruktoren überladen werden. Wenn ein benutzerdefinierter Konstruktor vorhanden ist, wird vom Compiler nicht mehr der Standardkonstruktor hinzugefügt. Dies kann ja auch unerwünscht sein. Sollte man es dennoch wünschen, muss er explizit hinzugefügt werden.

Beispiel 11.12 (Konstruktor)

Hier wird ein Konstruktor der Klasse Ab hinzugefügt, welchem ein beliebiger Ansagetext übergeben werden kann.

```
class Ab
{
private string[] nachrichten = new String[10];
private int nachrichtenanzahl = 0;

public string ansagetext =
"Bitte sprechen Sie nach dem Pfeifton!";

public void sprechenNachricht(string nachricht)
  {
   if(nachrichtenanzahl >= 0 || nachrichtenanzahl <= 9)
    {
    nachrichten[nachrichtenanzahl] = nachricht;
    nachrichtenanzahl++;
    }
  }

public void holenNachricht()
  {
  for(int i = 0; i <= 9; i++)
   Console.WriteLine (nachrichten[i]);
  }
```

```
public Ab(string ansage)
{
ansagetext = ansage;
}
}
```

Will man die Variable des Konstruktors der Übersicht wegen ebenfalls `ansagetext` nennen, dann muss wie bei normalen Methoden die this-Referenz verwendet werden:

```
public Ab(string ansagetext)
{
this.ansagetext = ansagetext;
}
```

Ein Objekt der Klasse `Ab` kann nun nicht mehr mit dem Standardtext initialisiert werden. Dazu muss zusätzlich der Standardkonstruktor implementiert werden.

```
public Ab()
{ }
```

Sie fragen sich vielleicht, warum der Konstruktor mit dem Schlüsselwort `public` deklariert wurde. Sind denn private Konstruktoren sinnvoll? In einigen wenigen Fällen ist dieses durchaus der Fall. So können Objekte von Klassenmethoden erzeugt werden, die eine Referenz auf das Objekt zurückgeben. Dadurch kann das Instanzieren auf Klassenebene kontrolliert werden. Beispielsweise kann die Anzahl der erzeugten Objekte überwacht werden.

Beispiel 11.13 (privater Konstruktor)

Es wird eine Klasse definiert, die nur eine Klassenmethode besitzt. Diese stellt nichts anderes an, als ein Objekt der Klasse zu erzeugen und eine Referenz auf das Objekt zurückzugeben.

```
using System;
class GenerateObjects
{
   private GenerateObjects()
   {
```

```
   Console.WriteLine("Eine Instanz wird erzeugt.");
   }


   static public GenerateObjects instanciate()
   {
   return new GenerateObjects();
   }
}

class Class1
{
   static void Main(string[] args)
   {
   GenerateObjects o = GenerateObjects.instanciate();
   }
}
```

Konstruktoren können wie Methoden überladen werden. Dabei kann ein Konstruktor als *Initialisierer* eines anderen Konstruktors dienen. Der Initialisierer wird nicht mit dem Namen, sondern mit this(*Parameterliste*) angesprochen. Durch die Parameterliste kann ein passender Konstruktor gefunden werden. Gibt es keinen geeigneten Konstruktor, so meldet der Compiler einen Fehler. Der Initialisierer wird stets vor dem Anweisungsteil des Konstruktors ausgeführt.

Die Syntax lautet:

```
Konstruktor(Parameterliste1):this(Parameterliste2 )
{
Anweisungen
}
```

Beispiel 11.14 (Initialisierer)

Es wird eine Klasse mit zwei Konstruktoren definiert. Der Standardkonstruktor dient dabei als Konstruktorinitialisierer des zweiten Konstruktors.

```
using System;
class Class
```

```csharp
{
  public Class()
  {
  Console.WriteLine(
"Der Standardkonstruktor wird aufgerufen");
  }

  public Class(string s): this()
  {
  Console.WriteLine(s);
  }
}

class Class1
{
  static void Main(string[] args)
  {
  new Class("Ein Objekt wird erzeugt");
  }
}
```

Das Programm liefert folgende Ausgabe auf der Konsole:

```
Der Standardkonstruktor wird aufgerufen
Ein Objekt wird erzeugt
Press any key to continue
```

Mit der this-Referenz kann in einem Konstruktor nicht nur auf Variablen zugegriffen werden, sondern auch auf Methoden. Wie kann nun die this-Referenz auf das aktuelle Objekt
verweisen, das ja durch den Konstruktor erst erzeugt werden soll? Bevor der Anweisungsblock eines Konstruktors ausgeführt wird, wird bereits ein Objekt mit den Standardinitialisie-
rungen erzeugt. Somit stehen die Objektvariablen und Methoden bereits zur Verfügung.

Beispiel 11.15 (Verwendung einer Methode in einem Konstruktor)

In der Beispielklasse wird eine ganze Zahl gekapselt. Es gibt zwei Methoden und drei Konstruktoren. Mit Hilfe der this-Referenz wird auf die Variable und eine Methode in den Konstruktoren zugegriffen.

```
using System;
class MyInt
{
   private int n;
   public void add(int n)
   {
      this.n += n;
   }

   public int getInt()
   {
   return n;
   }

   public MyInt()
   {
      n = 1;
   }

   public MyInt(int n)
   {
      this.n = n;
   }

   public MyInt(int n, int m)
   {
   this.n = n;
   this.add(m);
   }
}
```

```
class Class1
{
  static void Main(string[] args)
  {
  int n;
  MyInt i = new MyInt(2,3);
  n = i.getInt();
  Console.WriteLine(n);
  }
}
```

11.9 Zerstören von Objekten

Wenn ein Objekt nicht mehr benötigt wird, sollte der von ihm beanspruchte Speicherplatz freigegeben werden. In C# wird dies automatisch von der Laufzeitumgebung erledigt. Woran erkennt sie nun, dass ein Objekt nicht mehr gebraucht wird? Ganz einfach! Wenn keine Referenzvariable mehr auf das Objekt verweist, dann kann es nicht mehr angesprochen werden. Während der Ausführung eines C#-Programms läuft ein Dienst mit geringer Priorität im Hintergrund. Er entfernt solchen Datenmüll aus dem Speicher. Sinngemäß heißt er auch Garbage Collector.

Eventuell sollten aber vor dem Zerstören eines Objektes Aufräumarbeiten erledigt werden. Der Garbage Collector ruft unmittelbar vor dem Zerstören eines Objektes den *Destruktor* auf.

Er wird ebenfalls wie der Konstruktor mit dem Klassennamen bezeichnet, nur wird eine Tilde vorangestellt. Da er nur vom Garbage Collector aufgerufen werden kann, besitzt er auch keine Zugriffsberechtigung. Er gibt auch keinen Wert zurück, noch nicht einmal void.

Die Syntax lautet:

```
~Klassenname()
{
Anweisungen
}
```

Da der Garbage Collector mit geringer Priorität im Hintergrund läuft, ist nicht garantiert, dass der Destruktor überhaupt ausgeführt wird. Der Namensraum System besitzt jedoch die Klasse GC. Diese Klasse stellt die statische Methode Collect zur Verfügung, die den Garbage Collector sofort aufruft. Durch sie kann der Zeitpunkt kontrolliert werden, an dem Objekte, auf die keine Referenzen mehr verweisen, zerstört werden. Man erkauft sich dieses allerdings mit einer schlechteren Performanz.

Beispiel 11.16 (Destruktor)

In der Klasse Counter ist eine statische Variable deklariert, welche die Anzahl der erzeugten Objekte zählt. Diese Variable wird im Konstruktor inkrementiert und im Destruktor dekrementiert. Es werden auch entsprechende Meldungen ausgegeben. In der Main-Methode der Applikationsklasse wird ein Array der Klasse Count angelegt. In der ersten for-Schleife wird das Array mit Objekten belegt, und damit die statische Zählvariable jeweils um eins erhöht. In der zweiten for-Schleife wird den Elementen des Arrays in umgekehrter Reihenfolge null zugewiesen. Danach weist keine Referenz auf das entsprechende Objekt. Um nicht zu warten, bis der Garbage Collector das Objekt zerstört, wird er bei jedem Schleifendurchlauf aufgerufen.

```csharp
using System;
class Counter
{
   static private int counter;

   public Counter()
   {
      counter++;
      Console.WriteLine(
   "Das "+ counter +" Objekt wird erzeugt");
   }
     ~Counter()
   {
      Console.WriteLine("Das "+ counter +
 " Objekt wird zerstört");
      counter--;
   }
}


class Class1
{
   static void Main(string[] args)
   {
```

```
Counter[] cnt = new Counter[3];

   for(int i=0; i<3; i++)
   {
   cnt[i] = new Counter();
   }


   for(int i=0; i<3; i++)
   {
      cnt[i] = null;
      GC.Collect();
   }


   }
}
```

Das Programm liefert folgende Ausgabe:

```
Das 1 Objekt wird erzeugt
Das 2 Objekt wird erzeugt
Das 3 Objekt wird erzeugt
Das 3 Objekt wird zerstört
Das 2 Objekt wird zerstört
Das 1 Objekt wird zerstört
Press any key to continue
```

Übung:

1. Schreiben Sie eine Methode, die eine ganze Zahl mit einer zweiten potenziert. Mathematisch: $(x,y) \rightarrow x^y$.
2. Scheiben Sie eine Methode, die entscheidet, ob eine ganze Zahl gerade oder ungerade ist.
3. Schreiben Sie eine Methode, die € in DM umrechnet. (Wechselkurs: 1 € = 1.95583 DM)
4. Bisher benutzten wir nur die main-Funktion. Nachdem diese abgearbeitet war, schloss sich das Programm. Wie könnte man die Programme, die nur aus einer main-Funktion bestehen, so abändern, dass sie sich erst nach einer Benutzeraufforderung schließen bzw. den Anweisungsteil erneut ausführen?
5. Schreiben Sie eine Methode „Schaltjahr".
6. Schreiben Sie eine Methode, welche die verbleibenden Tage eines Jahres zählt.

7. Schreiben Sie eine Methode, welche die vergangenen Tage eines Jahres zählt.

8. Schreiben Sie eine Methode, welche die Anzahl der Tage zwischen zwei gegebenen Daten errechnet.

9. Erweitern Sie die Klasse Ab um eine Methode, die ausgewählte Nachrichten löscht.

10. Bisher haben wir den Typ String wie einen primitiven Typ behandelt. Dies gilt für die Deklaration von Stringvariablen und der Verwendung des Verkettungsoperators ‚+' und des Zuweisungsoperators ‚='. In Wirklichkeit ist String jedoch eine Klasse. Bei der Zuweisung wird automatisch ein Objekt der Klasse String erzeugt. Da String eine sehr wichtige Klasse ist, sollten Sie über diese Klasse Bescheid wissen. Informieren Sie sich daher in der Onlinehilfe über die Klasse String.

11. Schreiben Sie unter Zuhilfenahme der Klasse String ein kleines „Textverarbeitungsprogramm", das Methoden zum Suchen und Ersetzen enthält.

12. Kann eine Klassenmethode auf eine Variable zugreifen, die nicht als statisch deklariert ist?

13. Definieren Sie eine Klasse Bankkonto. Die Kontonummer, der Besitzer sowie der Kontostand sollen als Werte privater Variablen dargestellt werden. Wählen Sie sich dazu geeignete Typen. Der Besitzer und die Kontonummer sollen von einem Konstruktor initialisiert werden. Ihre Werte sollen von zwei öffentlichen Methoden zurückgegeben werden. Definieren Sie weiterhin zwei öffentliche Methoden zum Ein- und Auszahlen. Es soll dabei keine Überziehung des Kontos möglich sein.

12 Vererbung

12.1 Einführung

Hinter der objektorientierten Programmierung steht ein konzeptionelles Denken, welches auch in anderen Zusammenhängen Anwendung findet. Es besteht darin, Objekte des Denkens oder der Anschauung auf Grund gemeinsamer Eigenschaften oder Verhaltensweisen zu Klassen zusammenzufassen. Das ist ein Abstraktionsvorgang, der auf diese Klassen wiederum angewendet werden kann. In der Biologie gibt es z. B. die Klasse der Wirbeltiere, die wiederum in Unterklassen, wie Fische, Amphibien, Reptilien, Säugetiere zerfallen. Die Klasse der Wirbeltiere besitzt alle Eigenschaften, die auch Fische, Reptilien und Säugetiere haben. Die letzteren werden durch zusätzliche Eigenschaften konkretisiert, während sie die gemeinsamen Eigenschaften aller Wirbeltiere von der *Basisklasse erben.*

Man unterscheidet zwei Arten von Vererbung, nämlich Einfach- und Mehrfachvererbung. Im ersten Fall kann eine Klasse nur die Eigenschaften und Methoden einer Klasse erben. Im zweiten Fall von mehreren. Die Mehrfachvererbung kann jedoch zu Namenskonflikten führen, wenn unterschiedliche Variablen oder Methoden mit gleichem Namen vererbt werden. Um diesen Problemen aus dem Weg zu gehen, ist in C# nur die Einfachvererbung möglich. Um aber nicht gänzlich auf die Vorteile der Mehrfachvererbung zu verzichten, ist diese in eingeschränkter Form durch `Interfaces` möglich, die wir später behandeln.

In C# ist eine Klasse, die nicht explizit von einer anderen Klasse abgeleitet ist, stets von der Klasse `object` abgeleitet. Sie ist somit der Urahn aller Klassen in C#.

12.2 Ableiten einer Klasse

Eine Klasse, die von einer bestehenden abgeleitet wird, erbt Variablen und Methoden der Basisklasse. Der abgeleiteten Klasse kann – es ist sogar der Zweck der Ableitung - zusätzliche Variablen und Methoden zugefügt werden. Weiterhin können Methoden der Basisklasse überschrieben werden, um ihre Funktionalität abzuwandeln. Die Syntax sieht wie folgt aus:

```
class NeueKlasse : Basisklasse
{
....
}
```

Wie werden die Zugriffsberechtigungen vererbt? In der abgeleiteten Klasse sind alle als `public` deklarierten Variablen und Methoden ebenfalls öffentlich zugänglich. Die privaten Variablen und Methoden stehen der abgeleiteten Klasse nicht mehr zur Verfügung. Wäre dies anders, könnte man das Konzept der Privatheit durch Ableiten aufbrechen. Dieses ist aber ein sehr wesentliches Merkmal der objektorientierten Programmierung. Es ist sehr oft wünschenswert, dass Variablen und Methoden in einer abgeleiteten Klasse zur Verfügung stehen, die sich aber sonst wie private Variablen und Methoden verhalten. Die Zugriffsberechtigung `protected` leistet das Gewünschte. Die folgende Tabelle veranschaulicht diesen Sachverhalt. In der Zeile stehen die Zugriffsberechtigungen der Basisklasse und in der Spalte die der abgeleiteten Klasse. ,-' bedeutet keine Zugriffsberechtigung und ,+' die entsprechende Zugriffsberechtigung der abgeleiteten Klasse. Dabei wird berücksichtigt, dass beispielsweise die Zugriffsberechtigung `protected` die Zugriffsberechtigung `private` impliziert.

Abgel. Kl. / Basiskl.	private	protected	public
private	-	+	+
protected	-	+	+
public	-	-	+

Wie wird die Zugriffsberechtigung `internal` vererbt? Diese Frage ist leicht zu beantworten. Es ist nur zu berücksichtigen, dass `internal` innerhalb einer Assembly `public` bedeutet, und außerhalb `private`.

Es gibt aber eine Ausnahme von der Vererbung. Konstruktoren können nicht vererbt werden, auch wenn sie als öffentlich deklariert sind. Die Zugriffsberechtigung `protected` ist daher für Konstruktoren nicht sinnvoll.

Beim Erzeugen eines Objektes einer abgeleiteten Klasse wird zuerst die Basisklasse initialisiert. Im Initialisierer kann ein Konstruktor der Basisklasse aufgerufen werden. Er wird mit der Klausel `base(Parameterliste)` angesprochen. Die Parameterliste muss allerdings zu einem Konstruktor der Basisklasse passen. Wenn kein Konstruktor der Basisklasse angegeben wird, wird als erstes der Standardkonstruktor der Basisklasse aufgerufen. Existiert er nicht, dann tritt ein Kompilierfehler auf.

Beispiel 12.1 (Initialisierungsreihenfolge)

Dieses Beispiel illustriert, warum die hier beschriebene Initialisierungsreihenfolge sinnvoll ist.

```csharp
using System;
class Base
{
protected string s;

   public Base()
   {
   s= "Das ist die Basisklasse";
      Console.WriteLine(
      "Der Konstruktor der Basisklasse wird ausgeführt.");
   }

   public void writeString()
   {
   Console.WriteLine(s);
   }
}

class Derived : Base
{
   public Derived()
   {
   s = "Das ist die abgeleitete Klasse.";
      Console.WriteLine(
"Der Konstruktor der abgeleiteten Klasse wird ausgeführt.");
   }
}
```

Die Ausführung der Codezeile

```csharp
Derived d = new Derived();
```

liefert die folgende Ausgabe.

```
Der Konstruktor der Basisklasse wird ausgeführt.
Der Konstruktor der abgeleiteten Klasse wird ausgeführt.
Press any key to continue
```

Nachdem die Basisklasse initialisiert worden ist, ist es eventuell nötig, gewisse Initialisierungen zu überschreiben. Das ist nur möglich, wenn zuerst der Konstruktor der Basisklasse und anschließend der der abgeleiteten Klasse aufgerufen wird.

Beispiel 12.2 (Modellierung der Belegschaft einer Firma durch Klassen)

Angenommen es soll eine Mitarbeiterdatenbank erstellt werden, dann wird zuerst eine Klasse der Mitarbeiter definiert, die alle Eigenschaften und Methoden der Mitarbeiter enthält. Durch Vererbung können weitere Klassen abgeleitet werden, um bestimmte Typen von Mitarbeitern zu konkretisieren. Z. B.:

```
class Mitarbeiter
{
   private String name;
   public Mitarbeiter()
   {}
   public Mitarbeiter(String name)
   {
      this.name = name;
   }
   public String get_name()
   {
      return name;
   }
}
```

Ein konkreter Mitarbeiter wäre z. B. einer, der nach Stunden bezahlt wird. Es gibt zwei Möglichkeiten, eine solche Klasse zu definieren. Zum einen kann die Klasse Mitarbeiter als Element der neuen Klasse beigefügt werden. Diese Vorgehensweise berücksichtigt die Beziehung der beiden Datentypen nicht in einer angemessenen Art und Weise. Schließlich ist ein Lohnempfänger ein spezieller Mitarbeiter und nicht umgekehrt. Die andere Möglichkeit ist die Vererbung, die einen Lohnempfänger als speziellen Mitarbeiter auffasst.

```
class Lohnempfaenger : Mitarbeiter
{
    private  int lohn;
  private int stunden;
```

```
    public Lohnempfaenger(String name):base(name)
    {

    }

    public void set_wage(int n)
    {
       lohn = n;
    }

    public void set_hour(int n)
    {
       stunden = n;
    }

    public int get_wage()
    {
       return lohn * stunden;
    }
}
```

Lohnempfaenger ist eine abgeleitete Klasse der Basisklasse Mitarbeiter.

Es sollen nun zwei weitere Klassen abgeleitet werden, nämlich die des Verkäufers und des Managers. Wenn wir annehmen, dass ein Verkäufer ein Lohnempfänger ist, der zusätzlich Provision erhält, kann die Klasse von der Klasse Lohnempfaenger abgeleitet werden:

```
class Verkaeufer : Lohnempfaenger
{
privateint comission;

public Verkaeufer(String name):base(name)
{

}
```

```
public void set_comission(int n)
{
comission = n;
}


public int get_comission()
{
return commission;
}
}
```

Die Klasse Manager wird von der Klasse Mitarbeiter abgeleitet.

```
class Manager : Mitarbeiter
 {
 private int gehalt;

   public Manager(String name): base(name)
   {
   }

   public void set_gehalt(int n)
   {
      gehalt = n;
   }

   public  int get_wage()
   {
      return gehalt;
   }
}
```

Die Abbildung 12.1 stellt eine Klassenhierarchie dar.

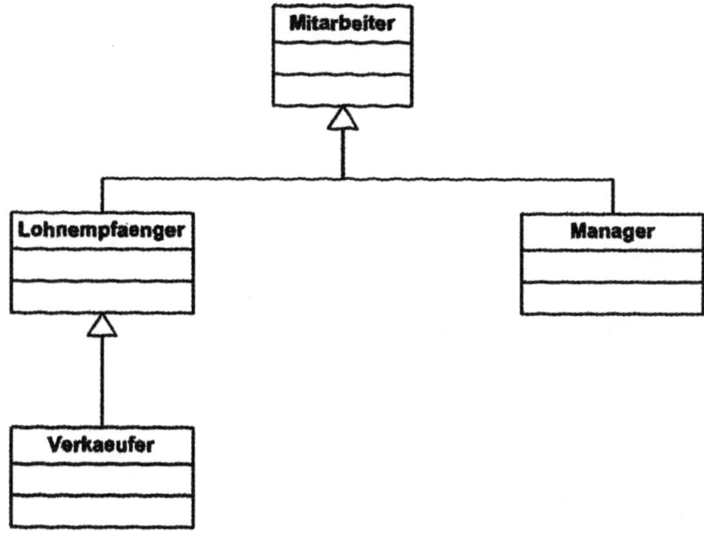

Abbildung 12.1 Klassenhierarchie der Mitarbeiterklassen

12.3 Konvertierungen zwischen Basis- und abgeleiteten Klassen

Es ist möglich, ein Objekt der abgeleiten Klasse einem Objektverweis der Basisklasse zuzuweisen. Damit wird zum Ausdruck gebracht, dass ein Objekt der abgeleiteten Klasse auch ein
Objekt der Basisklasse ist. Es handelt sich hierbei um eine *erweiternde* Typenkonversion. Sie
wird von der Laufzeitumgebung automatisch vorgenommen. Es stehen dann aber nur die
Variablen und Methoden der Basisklasse zur Verfügung.

Beispiel 12.3 (Array vom Typ einer Basisklasse)

Die Belegschaft einer Firma können Sie nun in einem Array unterbringen:

```
Mitarbeiter[] Belegschaft = new Mitarbeiter[100];
```

Hier wird nun ein Vorteil der Vererbung deutlich. Da jeder `Lohnempfaenger`, `Manager`
und `Verkaeufer` ein `Mitarbeiter` ist, können Verweise dieser speziellen Mitarbeiter
sowie weitere Ableitungen der Klasse `Mitarbeiter` dem Array zugewiesen werden.

Beispiel 12.4 (Initialisierung und Konvertierung in eine Basisklasse)

Dieses Beispiel zeigt, dass die Initialisierungen der abgeleiteten Klasse bei der Konvertierung
in den Basistyp nicht mehr zurückgenommen werden.

```csharp
using System;
class Base
{
protected string s;

   public Base()
   {
   s= "Das ist die Basisklasse";
   }


   public void writeString()
   {
   Console.WriteLine(s);
   }
}


class Derived : Base
{
   public Derived()
   {
   s = "Das ist die abgeleitete Klasse.";
   }
}


class Class1
{
   static void Main(string[] args)
   {
   Base b;
   Derived d = new Derived();
   b = d;
   b.writeString();
   }
}
```

Es wird

```
Das ist die abgeleitete Klasse.
Press any key to continue
```

ausgegeben.

Obwohl das Objekt der abgeleiteten Klasse in den Basistyp konvertiert wurde, besitzt die geschützte Variable s den Wert, der ihr der Konstruktor der abgeleiteten Klasse zugewiesen hat.

Betrachten wir wieder die Mitabeiterhierarchie:

```
Lohnempfaenger arbeiter = new Lohnempfaenger("Kalle");
Verkaeufer  schlitzohr = new Verkaeufer ("Hans");
Arbeiter= Schlitzohr;
```

Die umgekehrte Zuweisung funktioniert jedoch nicht:

```
schlitzohr = Arbeiter;
```

Es gibt nämlich Datenelemente eines Verkäufers, die bei der Zuweisung unbestimmt sind. Dieses entspricht auch dem Konzept der Klassenhierachie. Ein Arbeiter ist nicht notwendigerweise ein Verkäufer.

Unter gewissen Voraussetzungen ist innerhalb der Klassenhierarchie auch eine *einschränkende* Konvertierung möglich. Wenn eine erweiternde Konvertierung vorgenommen wird, dann wird das Objekt nicht vom Garbage Collector aufgeräumt, auch nicht die nach der Vererbung zu den Methoden und Variablen der Basisklasse neu hinzugekommenen Elemente. Die Konvertierung kann also wieder rückgängig gemacht werden. Obwohl die Konvertierung einschränkend heißt, findet in der Tat keine Einschränkung statt. Alle anderen Konvertierungen führen zu einem Laufzeitfehler, da die in der abgeleiteten Klasse neu hinzugekommenen Elemente nicht vorhanden sind. Das folgende Diagramm veranschaulicht diesen Sachverhalt:

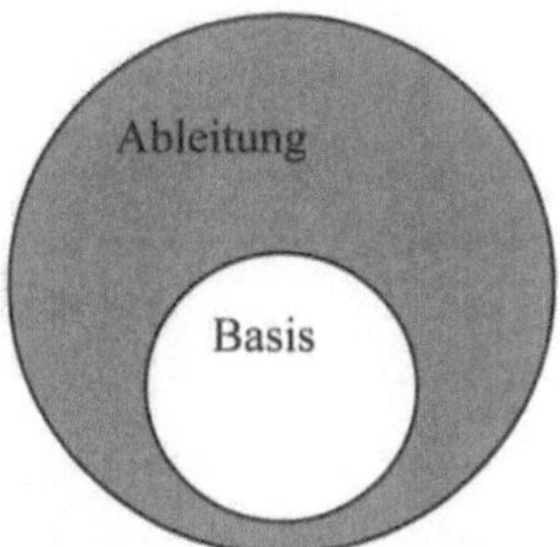

Ein Objekt einer abgeleiteten Klasse besitzt alle Elemente der Basisklasse, aber auch noch einige mehr, die durch die graue Fläche dargestellt ist. Wenn ein Objekt in einen Basistyp konvertiert wird, wird die „graue Fläche" nicht vom Garbage Collector freigegeben. Daher ist eine Rückkonvertierung möglich. Die Rückkonvertierung wird jedoch nicht automatisch vorgenommen. Sie muss mit dem cast-Operator programmiert werden. Wie bei primitiven Datentypen wird der Zieltyp, hier die Zielklasse, in Klammern geschrieben.

Beispiel 12.5 (Rückkonvertierung)

Es werden zwei einfache Klassen vorgestellt, wobei die zweite von der ersten abgeleitet ist. In der Applikationsklasse werden beide Typenkonvertierungen vorgeführt. Außerdem wird nach der erweiternden Konvertierung der Garbage Collector aufgerufen, um zu demonstrieren, dass er in diesem Fall das Objekt unberührt lässt.

```csharp
using System;
class One
{
public int a = 1;
}


class Two : One
{
public int b = 2;
}


class App
{
    static void Main(string[] args)
    {
        One one;
        Two two = new Two();
        one = two;
        GC.Collect();
        two = (Two) one;

        Console.WriteLine(two.b);
```

```
    }
}
```

Es wird folgendes ausgegeben:

```
2
Press any key to continue
```

12.4 Überlagern von Methoden

12.4.1 Polymorphie

Die Klasse `Object` besitzt die öffentliche Methode `ToString`, die eine menschlich lesbare Darstellung des Objekts in Form einer Zeichenkette zurückliefert. Für Objekte dieser Klasse gibt sie den String `"System.Object"` zurück. Da `object` die Basisklasse aller Klassen in C# ist, wird die Methode auch an alle Klassen vererbt. Jedoch erscheint in den abgeleiteten Klassen i. A. eine andere Zeichenkette zur Beschreibung eines entsprechenden Objektes sinnvoller. So liefert die Methode für die Klasse `string` genau den Wert eines entsprechenden String-Objekts – wie ja auch nicht anders zu erwarten ist. Wenn Sie eine eigene Klasse definieren, können Sie die Methode `ToString` neu implementieren.

Unter Polymorphie (gr.:vielgestaltig) versteht man in der objektorientierten Programmierung das unterschiedliche Verhalten einer Methode in gewissen abgeleiteten Klassen. Obwohl eine Methode vererbt wird, kann sie in einer abgeleiteten Klasse neu implementiert werden. Man sagt dazu überlagern oder überschreiben.

Da eine abgeleitete Klasse stets in den Typ der Basisklasse konvertiert werden kann, stellt sich hier die Frage, wie sich in diesem Fall überlagerte Funktionen verhalten. Wird die Version der Basisklasse oder die der abgeleiteten Klasse aufgerufen? Hierzu nun ein Beispiel:

Beispiel 12.6 (Polymorphes Verhalten der Methode ToString)

In dem Beispiel wird ein String in den Typ `object` konvertiert. Anschließend wird die Methode `ToString` aufgerufen.

```csharp
using System;
class Class
{
    static void Main(string[] args)
```

```csharp
{
    string s = "Ich bin eine Zeichenkette.";
    object o = s;
    Console.WriteLine(o.ToString());
}
}
```

Das Programm gibt folgendes aus:

```
ich bin eine Zeichenkette
Press any key to continue
```

In dem Beispiel wird also die gleichnamige Methode der abgeleiteten Klasse aufgerufen. Dieses Verhalten ist in vielen Fällen auch erwünscht. Zur Kompilierzeit braucht ja noch nicht einmal festzustehen, welchen Typ ein Objekt besitzt, dessen Methode aufgerufen wird. Der Typ muss lediglich in der Ableitungshierarchie stehen und die Methode der Basisklasse aufgerufen werden. Methoden, die dieses Verhalten zeigen, sind *virtuelle* und *abstrakte* Methoden.

Es gibt außerdem noch die Möglichkeit, in einer abgeleiteten Klasse eine gleichnamige Methode der Basisklasse zu verbergen. Diese Methode wird dann nicht vererbt, sondern in der abgeleiteten Klasse neu definiert. Diese Methoden besitzen kein polymorphes Verhalten. Wird also ein Objekt der abgeleiteten Klasse in den Basistyp konvertiert, dann wird gegebenenfalls die Methode der Basisklasse aufgerufen. Die neu definierte Methode ist dann nicht mehr bekannt. Der Gültigkeitsbereich einer so neu definierten Methode erstreckt sich nur auf die Klasse, in der sie definiert ist. Wird von ihr eine weitere Klasse abgeleitet, dann tritt die verborgene Methode wieder zum Vorschein. In dem Fall wird die Methode der ursprünglichen Basisklasse vererbt.

12.4.2 Virtuelle Methoden

Methoden, die in den abgeleiteten Klassen ein polymorphes Verhalten zeigen können, müssen ausdrücklich als solche deklariert werden. Geschieht das nicht, kann die Methode in den abgeleiteten Klassen nur versteckt werden. Da polymorphe Funktionen einen zusätzlichen Overhead erzeugen, sollten Methoden, die sich nicht polymorph verhalten sollen, auch nicht so deklariert werden.

Eine Möglichkeit, polymorphe Funktionen zu definieren, besteht darin, sie als virtuelle Methoden zu deklarieren. Dazu dient das Schlüsselwort `virtual`. Dieses ist der Methodendefinition voranzustellen. Falls die Methode in der abgeleiteten Klasse überschrieben wird, ist das Schlüsselwort `overrride` voranzustellen. Die Zugriffsberechtigungen können dann nicht mehr geändert werden. Ist beispielsweise eine virtuelle Methode als öffentliche oder geschützte deklariert, dann müssen auch alle überschriebenen Methoden als öffentlich oder geschützt deklariert werden.

Beispiel 12.7 (Überschreiben einer virtuellen Methode)

Es soll für verschiedene Mitarbeitertypen das Einkommen berechnet werden. Wir definierten für den Lohnempfänger:

```
public virtual int get_wage()
{
   return lohn * stunden;
}
```

Man kann nun in der Klasse Verkaeufer die Methode get_wage() überschreiben:

```
public override int get_wage()    //Fehler:
{return lohn*stunden + comission;} // lohn  und  stunden  sind
                                    //private
                                    //Member der Basisklasse
```

Die folgende „Verbesserung" funktioniert auch nicht:

```
public override int get_wage()    //Fehler:
{return get_wage() + comission;} // unendliche Rekursion
```

Der Compiler fasst get_wage() als eine Methode von Verkaeufer auf. Innerhalb der Methode wird diese selbst immer wieder aufgerufen, was auf eine Endlosschleife hinausläuft. Durch das Schlüsselwort base kann jedoch die Version der Basisklasse aufgerufen werden:

```
public override int get_wage()    // Methode der Basisklasse:
{return base.get_wage() + comission;} // wird aufgerufen
```

Die Klasse Manager besitzt ebenfalls eine Methode get_wage(). Da die Klasse Manager nicht in der Ableitungshierarchie von Lohnempfaenger steht, steht diese Methode

auch nicht in polymorpher Beziehung zu der gleichnamigen Methode der Klasse Lohnempfaenger. Dieses kann geändert werden, indem die virtuelle Methode get_wage in
der Klasse Mitarbeiter definiert wird. Da die Klasse Mitarbeiter noch sehr abstrakt ist,
können wir keine konkrete Methode zur Berechnung des Gehalts angeben. Es wird einfach 0
zurückgegeben.

```
public virtual int get_wage()
{
return 0;
}
```

Den überschriebenen Methoden muss nun override vorangestellt werden.

Nun wäre etwa folgender Code möglich:

```
static void Main(string[] args)
{
Mitarbeiter[] Belegschaft = new Mitarbeiter[100];
.

.

.

foreach(Mitarbeiter mitarbeiter in Belegschaft)
{
Console.WriteLine(mitarbeiter.get_name() + ":" +
mitarbeiter.get_wage());
}
}
```

Die Methode get_name ist keine virtuelle, sondern eine gewöhnliche Methode. Sie liefert
bereits in der Klasse Mitarbeiter das passende Ergebnis. Das Gehalt wird jedoch für
jeden Mitarbeitertyp richtig berechnet.

Die Klasse Mitarbeiter ist so allgemein, dass wohl kaum konkrete Instanzen der Klasse
angelegt werden. Auch wird die virtuelle Methode get_wage aus dieser Klasse heraus gar
aufgerufen werden. Sie ist dort lediglich definiert, um ihr polymorphes Verhalten zu gewährleisten. Es ist daher sinnvoller, solche Methoden, deren einzige Daseinsberechtigung in einer
Klasse die Polymorphie ist, als abstrakte Methoden zu deklarieren.

12.4.3 Abstrakte Methoden

In C# können abstrakte Methoden deklariert werden. Sie unterscheiden sich von der Implementation einer konkreten Methode darin, dass der Anweisungsteil fehlt. Die Deklaration muss mit einem Semikolon abgeschlossen werden. Solche Methoden können selbstverständlich nicht ausgeführt werden. Sie dienen ausschließlich der Überlagerung in abgeleiteten Klassen. Eine Klasse, die eine abstrakte Methode besitzt, muss – wie auch die Methode – mit dem Schlüsselwort abstract deklariert werden. Von abstrakten Klassen können keine Instanzen gebildet werden. Wozu sind sie dann gut? Zum einen kann mit ihnen ein gewisser Abstraktionsvorgang abgebildet werden. In ihnen kann ein gewisses abstraktes Verhalten deklariert werden, das in – gegebenenfalls über mehrere Stufen hinweg – abgeleiteten Klassen konkretisiert wird. Zum zweiten kann durch eine abstrakte Klasse Polymorphie verwirklicht werden. Objekte von abgeleiteten Klassen können in den Typ einer abstrakten Klasse konvertiert werden. In diesem Fall ist der Methodenaufruf sinnvoll, obwohl die Methode in der abstrakten Klasse nicht implementiert ist. Die richtige Methode wird dynamisch gebunden.

Abstrakte Methoden müssen in den abgeleiteten Klassen überschrieben werden. Andernfalls muss die abgeleitete Klasse wiederum als abstrakt deklariert werden.

Beispiel 12.8 (Eine abstrakte Methode)

Nachdem wir verschiedene Klassen von der Klasse Mitarbeiter abgeleitet haben, in der eine Methode get_wage implementiert wurde, ist es sinnvoll, eine entsprechende abstrakte Methode in der Klasse Mitarbeiter zu deklarieren. Dadurch erhalten wir ein polymorphes Verhalten der Klasse Mitarbeiter. Sie muss dann aber als abstrakte Klasse deklariert werden. Da wir es höchstwahrscheinlich nur mit konkreten Mitarbeitern zu tun haben, wir also keine Instanzen von der Klasse Mitarbeiter erzeugen wollen, ist dieses Vorgehen auch zweckmäßig.

```csharp
abstract class Mitarbeiter
{
private String name;
public Mitarbeiter()
{}
public Mitarbeiter(String name)
{
this.name = name;
}
```

```
String get_name()
{
return name;
}


abstract public int get_wage();
}
```

Besondere Vorsicht ist bei der Verwendung überlagerter Methoden in Konstruktoren geboten. Dabei ist sehr aufmerksam auf die Initialisierungsreihenfolge zu achten. Das wird im folgenden Beispiel illustriert.

Beispiel 12.9 (Eine überlagerte Methode in einem Konstruktor)

Hier wird in einer Klasse eine virtuelle Methode definiert und in dem Konstruktor aufgerufen. Die Klasse wird abgeleitet und die virtuelle Methode überschrieben. In dem Konstruktor der abgeleiteten Klasse wird diese Methode jedoch nicht mehr aufgerufen. Wenn nun eine Instanz der abgeleiteten Klasse erzeugt wird, wird zunächst der Konstruktor der Basisklasse aufgerufen, der wiederum die virtuelle Methode aufruft. Es wird aber die überschriebene Methode aufgerufen.

```
using System;
class SingleInt
{
   protected int a= 1;
   public virtual void print()
   {
     Console.WriteLine(a);
   }
   public SingleInt()
   {
     this.print();
   }
}


class DoubleInt : SingleInt
{
```

```csharp
private int b = 2;

   public override void print()
   {
      Console.WriteLine(a + ", " + b);
   }

   public DoubleInt()
   {
   }
}


class App
{
static void Main(string[] args)
{
DoubleInt dbint = new DoubleInt();
}
}
```

Das Programm liefert die Ausgabe

```
1, 2
Press any key to continue
```

12.4.4 Versteckte Methoden

Wenn sie in einer abgeleiteten Klasse das Schlüsselwort `override` vergessen oder eine
Methode überschreiben, die in der Basisklasse nicht als virtuell deklariert ist, dann meldet der
Compiler keinen Fehler, sondern nur eine Warnung. Obwohl die Methode – sei sie virtuell
oder auch nicht – von der Basisklasse vererbt wurde, steht sie nun in der abgeleiteten Klasse
nicht mehr zur Verfügung. Sie wird durch die neue Definition verdeckt. In völliger Analogie
können auch Variablen durch Neudefinition in einer abgeleiten Klasse verdeckt werden. Der
Compiler meldet dann ebenfalls eine Warnung. Wenn die Warnung unterdrückt werden soll,
etwa weil ein Verbergen ausdrücklich erwünscht ist, dann kann der Neudefinition das Schlüsselwort `new` vorangestellt werden.

Wenn es mehrere überladene Methoden mit gleichen Namen gibt, wird nur die Methode versteckt, welche die gleiche Signatur besitzt.

Die neu überschriebenen Methoden oder Variablen werden nicht weitervererbt, sondern die versteckten Member treten wieder aus ihrem Schattendasein. Die versteckten Methoden und Variablen sind in den abgeleiteten Klassen nicht mehr verdeckt. Es besteht eine gewisse Ähnlichkeit zu der Sichtbarkeit von Variablen. Eine lokal definierte Variable kann eine Variable gleichen Namens mit globaleren Gültigkeitsbereich überdecken. Hier meldet der Compiler allerdings keine Warnung.

Da man durch das Verstecken von Methoden in die Vererbungslinie eingreift, stellt sich ihnen vielleicht die Frage, warum man dann nicht einfach einen anderen Bezeichner wählt. Im Prinzip ist das auch die Vorgehensweise der Wahl. Es gibt jedoch Situationen, in denen Methoden oder Variablen ungewollt verdeckt werden. Stellen Sie sich vor, Sie verwenden eine Klassenbibliothek, um eigene Klassen abzuleiten[1]. Wenn nun die Klassenbibliothek verändert wird, indem einer ihrer Klassen eine Methode zugefügt wird, die zufälligerweise die gleiche Signatur trägt, wie eine Methode in einer von ihnen abgeleiteten Klasse, dann ist der soeben beschriebene Fall eingetreten.

Es ist sogar möglich, eine Methode durch eine virtuelle zu verbergen. Dies geschieht durch die Kombination der Schlüsselwörter `new` und `virtual`. In dem Fall kann die neu definierte Methode in den weiteren abgeleiteten Klassen überschrieben werden. Die überschriebenen Methoden verdecken die Vererbte dann nicht erneut, sondern verleihen ihr ein polymorphes Verhalten.

Beispiel 12.10 (Verbergen von Membern)

In der Basisklasse werden zwei überladene Methoden definiert, wobei eine virtuell ist. Diese wird in der ersten Ableitung von einer virtuellen Methode verborgen, die andere Methode in der zweiten Ableitung. Weiterhin wird illustriert, dass auch Variablen versteckt werden können.

```
using System;
class Base
{
   public virtual void F()
   {
   Console.WriteLine("Base");
```

---

[1] Vorhandene Klassen abzuleiten ist eine der gängigsten Methoden, vorhandene Klassen wieder zu verwenden, anstatt das Rad immer wieder neu zu erfinden.

```csharp
	}

	public void F(string s)
	{
	Console.WriteLine(s);
	}
}

class Derived : Base
{
	public  new virtual void F()
	{
		Console.WriteLine("Derived");
	}

	public int a=2;
}

class Derived2 : Derived
{
	public override void F()
	{
		Console.WriteLine("Derived2");
	}
	public new void F(string s)
	{
	Console.WriteLine("Derived2: "+ s);
	}

	public new int a=3;
}
```

Vererbte Methoden können auch durch neu definierte Methoden verborgen werden, die eine andere Zugriffsberechtigung besitzen.

Bezeichner können auf zwei Arten verborgen werden: globale Bezeichner können durch lokale und Bezeichner, die in einer abgeleiteten Klasse definiert sind, verbergen gleichnamige Bezeichner in der Basisklasse. Im ersten Fall kann durch den `this`-Verweis und im zweiten Fall durch den `base`-Verweis auf die verborgenen Member zugegriffen werden.

12.4.5 Versiegelte Methoden und Klassen

Wenn eine virtuelle Methode in einer abgeleiteten Klasse überschrieben wird, bleibt auch diese überschriebene Methode weiterhin virtuell. Sie kann dann also als virtuelle Methode in weiteren abgeleiteten Klassen erneut überschrieben werden. Aus der ursprünglichen Basisklasse heraus können dann alle diese überschriebenen Methoden polymorph aufgerufen werden.

Es kann nun sinnvoll sein, diese polymorphe Vererbungslinie zu unterbrechen. Wenn eine virtuelle Methode so überschrieben wird, dass sie nicht mehr virtuell ist, entfällt weiteres virtuelles Methoden Dispatching[1]. Innerhalb dieser und abgeleiteter Klassen wird die Methode nicht mehr dynamisch, sondern statisch gebunden. Die Performance verbessert sich dadurch.

Syntaktisch erreicht man dieses durch Voranstellen des Schlüsselwortes `sealed`. Man spricht daher auch von versiegelten Methoden.

Versiegelte Methoden können allerdings weiterhin versteckt werden.

Beispiel 12.11 (Versiegeln von Methoden)

Dieses Beispiel besteht aus einer Basisklasse und zwei abgeleiteten Klassen. In der Basisklasse wird eine virtuelle Funktion definiert, die in der ersten abgeleiteten Klasse versiegelt wird. Die versiegelte Methode wird in der zweiten abgeleiteten Klasse versteckt.

```csharp
using System;
class Base
{
   public virtual void F()
   {
   Console.WriteLine("Base");
   }
}
```

---

[1] Darunter versteht man die Weiterleitung eines Methodenaufrufs an die „richtige" Methode.

```csharp
class Derived : Base
{
  public  sealed override void F()
  {
    Console.WriteLine("Derived");
  }
}


class Derived2 : Derived
{
  public new void F()
  {
    Console.WriteLine("Derived2");
  }
}
```

Es können nicht nur einzelne Methoden versiegelt werden, sondern sogar ganze Klassen. Diese Klasse kann dann nicht mehr abgeleitet werden Auch dies wirkt sich positiv auf die Performance aus. Es werden alle virtuellen Methoden – seien sie in der Klasse überschrieben oder nicht – versiegelt.

Um eine Klasse zu versiegeln, ist ihr das Schlüsselwort `sealed` voranzustellen. Abstrakte Klassen können nicht versiegelt werden. Ihre Daseinsberechtigung besteht ja gerade darin, abgeleitet zu werden.

13 Eigenschaften und Indexer

13.1 Eigenschaften

Ein wesentliches Merkmal der objektorientierten Programmierung ist es, Variablen als private Member zu definieren und über öffentliche Methoden kontrolliert auf sie zuzugreifen. Dadurch können die Daten gelesen oder auch unter Berücksichtigung gewisser Bedingungen geschrieben werden. Daten können so auch schreib- oder lesegeschützt werden. Die Sprache C# stellt ein sprachliches Mittel zur Verfügung, welches den Methodenzugriff auf private Daten vereinfacht, nämlich die *Eigenschaften*.

Eine Eigenschaft besteht aus höchstens zwei Methoden, eine Setter- und einer Getter-Methode. Diese heißen auch Accessoren. Die erste setzt einen Wert, die zweite liest einen Wert. Eine von den beiden Methoden kann auch fehlen. Dann liegt eine schreibgeschützte oder lesegeschützte Eigenschaft vor. Es muss aber mindestens eine Methode vorhanden sein. Auf die Eigenschaft kann durch einen einzigen Bezeichner zugegriffen werden. Eine Eigenschaft kann somit wie eine Variable verwendet werden. Wird ihr ein Wert zugewiesen, dann wird die Setter-Methode aufgerufen, wenn der Wert einer Eigenschaft einer anderen Variablen zugewiesen oder einer Methode übergeben wird, dann wird die Getter-Methode aufgerufen.

Die Syntax zur Definition einer Eigenschaft sieht wie folgt aus:

```
[Zugriffsberechtigung] Typ Bezeichner
{
        get
        {
        ......
        }
        set
        {
        ......
        }
}
```

Die Anweisungsblöcke werden als Methoden definiert. Der `get`-Block muss eine `return`-Anweisung enthalten, durch die ein Wert von dem deklarierten Typen zurückgegeben wird. Der `set`-Block verarbeitet einen Übergabeparameter von dem gleichen Typen. Aber mit welchem Namen kann auf ihn zugegriffen werden? Für ihn ist das Schlüsselwort `value` reserviert.

Auf eine Eigenschaft kann mit der Punktnotation zugegriffen werden, wie sie für Member üblich ist. Der Bezeichner einer Eigenschaft wird dann so verwendet wie der Bezeichner einer Variablen. Die Accessoren werden beim Zugriff im Hintergrund ausgeführt.

Beispiel 13.1 (Zwei einfache Eigenschaften)

Hier wird ein Integer als private Variable deklariert. Durch eine Eigenschaft kann ihr Wert gelesen oder gesetzt werden. Gleichzeitig wird die Anzahl der schreibenden Zugriffe protokolliert. Die Anzahl kann durch eine schreibgeschützte Eigenschaft gelesen werden. Beachten Sie bitte den Unterschied in der Groß- und Kleinschreibung der Variablen- und Eigenschaftsnamen!

```
using System;
  public class Class2
  {
private int zahl, counter;

    public int Zahl
    {
       get
       {return zahl;}
       set
       {
zahl = value;
          counter++;
       }
    }

    public int Counter
    {
        get
```

```csharp
        {
    return counter;
        }
    }
}
```

In der Main-Methode wird eine Instanz erzeugt und die Eigenschaft Zahl zweimal gesetzt.
Die Werte beider Eigenschaften werden auf der Konsole ausgegeben.

```csharp
using System;
  class Class1
  {
    static void Main(string[] args)
    {
      Class2 a = new Class2();
      a.Zahl = 13;
      a.Zahl = 7;
      Console.WriteLine(
          "Wert der Eigenschaft Zahl: {0}",a.Zahl);
      Console.WriteLine(
          "Anzahl der schreibenden Zugriffe: {0}",a.Counter);
    }
  }
```

Eine öffentliche Eigenschaft dient als öffentliche Schnittstelle. Es werden in ihr häufig Konsistenzüberprüfungen vorgenommen. Deren Implementation bleibt dem Benutzer verborgen. Sie kann sogar verändert werden, ohne dass der Code verändert werden muss, der eine Eigenschaft verwendet. Die Syntax für die Verwendung einer Eigenschaft bleibt ja die gleiche.

Eigenschaften können als virtuelle oder abstrakte Eigenschaften deklariert werden und in einer abgeleiteten Klasse überschrieben werden. Die Accessoren verhalten sich dann polymorph. Eine Eigenschaft kann auch verborgen werden. Die Schlüsselwörter abstract, virtual, override oder new sind entsprechend zu verwenden.

13.2 Indexer

Indexer können als parametrisierte Eigenschaften charakterisiert werden. Sie werden in Klassen benutzt, die eine Auflistung darstellen. Durch einen oder mehrere Parameter kann ein Element der Auflistung eindeutig identifiziert und dieses gelesen oder überschrieben werden. Genau so wird auch auf die Elemente eines Arrays zugegriffen. Durch Indexer können Arrays verallgemeinert werden. Wie bei den Arrays werden der oder auch die Parameter in eckigen Klammern angegeben. Für den Zugriff haben wir folgende Syntax:

```
Objektname[Parameterliste]
```

Ein Array entpuppt sich nun als Spezialfall. Seine Parameterliste besteht aus einem Parameter vom Typ `int`. Als Indexer kann aber eine beliebige Parameterliste festgelegt werden.

Die Syntax zur Definition ist der einer Eigenschaft sehr ähnlich und lautet wie folgt:

Zugriffsberechtigung Typ this `[Parameterliste]`

```
{
        get
        {
        ......
        }
        set
        {
        ......
        }
}
```

Hier sind die eckigen Klammern obligatorisch, während die Zugriffsberechtigung weggelassen werden kann. Für die Setter-Methode steht noch der Parameter `value` zur Verfügung.

Beispiel 13.2 (Bitarray)

Hier wird ein Array vom Typ bool Speicherplatz sparend dargestellt. Da ein boolescher Wert nur zwei Zustände annehmen kann, ist es Platzverschwendung, für ihn in einem Array ein ganzes Byte zu reservieren. Ein Bit täte es auch. Durch Bitmanipulationen können die Bits eines Integers entsprechend gesetzt und ausgelesen werden. Das geschieht hier durch einen Indexer. Auf die Klasse kann so wie auf ein Array vom Typ bool der Länge 32 zugegriffen werden. Lediglich die foreach-Schleife funktioniert nicht. Aber auch dieses Manko könnte man beheben (siehe Beispiel 14.1).

```
using System;
  public class Bitarray
  {
  private int bitarray;

    public bool this[int index]
    {
      get
      {
      int mask =1;
      mask <<= index;
      return (bitarray & mask )== 0 ? false : true;
      }

      set
      {
      int mask =1;
      mask <<= index;
        if(value)
        {
        bitarray |= mask;
        }
        else
        {
        bitarray &= ~mask;
        }
      }
    }
  }
```

14 Interfaces

14.1 Grundlagen

Die Sprachdesigner von C# haben bewusst auf die Mehrfachvererbung verzichtet, um die mit ihr verbundenen Probleme zu umgehen. In der Literatur ist das so genannte Diamantenproblem viel diskutiert. Folgende Skizze veranschaulicht das Problem und erklärt auch die Namensgebung.

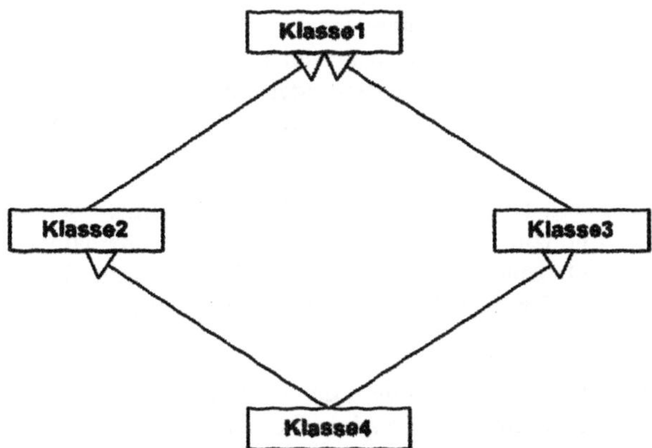

Angenommen, die Klasse1 besitzt eine virtuelle oder abstrakte Methode, die in Klasse2 und Klasse3 überschrieben ist. Wie erbt dann die Klasse4 diese Methode? Offensichtlich gibt es hier Namenskonflikte. In der Tat wird die Mehrfachvererbung auch bei Sprachen wie C++, die sie unterstützen, nicht sehr oft genutzt.

Solche Namenskonflikte treten bei der Mehrfachvererbung nicht auf, wenn die vererbten Methoden abstrakt sind. Die Probleme, welche die Sprachdesigner von C# vermeiden wollten, können bei der Mehrfachvererbung aus rein abstrakten Klassen nicht auftreten.

Zwischen einem Interface[1] und einer rein abstrakten Klasse gibt es in der Tat viele Analogien, aber auch Unterschiede. Beide sind Referenztypen. In einem Interface werden wie in einer rein abstrakten Klassen Methoden deklariert, aber nicht definiert. Diese Methoden müssen so wie die der rein abstrakten Klassen in gewissen Klassen definiert werden. Man sagt dazu, diese Klassen *implementiert* das Interface bzw. Methoden des Interfaces. Dieses kann man sich völlig analog zu dem Ableiten aus einer rein abstrakten Klasse vorstellen. Sogar die Syntax ist die gleiche. Es gibt nur zwei wesentliche Unterschiede:

- Die Methoden eines Interfaces verhalten sich nicht polymorph, es sei denn, sie werden als virtuelle Methoden implementiert. Sie können sogar als abstrakte Methoden implementiert werden.
- Während eine Klasse nur von höchstens einer Basisklasse abgeleitet werden kann, kann eine Klasse mehrere Interfaces implementieren. Ein Interface kann ebenfalls von mehreren Interfaces abgeleitet werden.

Die Analogie zu den abstrakten Klassen geht sogar noch weiter. Obwohl von einer abstrakten Klasse als auch von einem Interface keine Instanzen erzeugt werden können, können geeignete Instanzen in den Typ einer abstrakten Klasse oder eines Interfaces konvertiert werden. Es stehen dann lediglich die Methoden der abstrakten Klasse oder des Interfaces zur Verfügung.

Interfaces erlauben eine erweiternde Typenkonvertierung außerhalb der eventuell vorhandenen Klassenhierarchie. Implizite Konvertierungen sind auch innerhalb von Interfacehierarchien möglich. Es können beispielsweise Arrays vom Typ eines Interfaces oder Übergabeparameter einer Methode vom Typ eines Interfaces definiert werden.

Wenn eine Klasse ein Interface implementiert, dann geht sie in gewisser Weise einen Vertrag ein. Sie garantiert, dass sie die Methoden des Interfaces öffentlich zur Verfügung stellt.

Es ist auch möglich, eine Eigenschaft oder einen Indexer in einem Interface zu deklarieren. Eine Eigenschaft oder ein Indexer wird ja durch Methoden, die Accessoren, realisiert[2]. Diese Methoden werden dann in dem Interface deklariert.

---

[1] Der deutsche Ausdruck für Interface lautet Schnittstelle. Er wird daher im Folgenden synonym verwendet. In gewissen Zusammenhängen wird der Begriff Schnittstelle aber auch noch in einer anderen Bedeutung verwendet, wie etwa „Schnittstelle des Betriebssystems", die durch Klassen der Standardbibliothek und nicht durch Interfaces realisiert sind. Aus dem Zusammenhang ist aber klar, welcher Begriff gemeint ist.

[2] Der Compiler setzt eine Eigenschaft oder einen Indexer in Methoden um. Im IL-Code ist von der ursprünglichen Eigenschaft oder Indexer nichts mehr zu sehen, sondern stattdessen die entsprechenden Methoden.

Beispiel 14.1 (Das Interface IEnumerable)

Wir haben bereits die Klasse `System.Array` kennen gelernt. Mit Hilfe der `foreach`-Anweisung können alle Elemente gelesen werden. Die `foreach`-Anweisung kann nur auf Klassen angewendet werden, welche die Schnittstelle `System.Collections.IEnumer-able`[1] implementieren. In dieser Schnittstelle ist nur eine Methode deklariert, nämlich

```
IEnumerator GetEnumerator();
```

welche die `foreach`-Anweisung intern verwendet. Der Rückgabetyp ist wiederum ein Interface. Klassen, die es implementieren, stellen öffentliche Methoden und Eigenschaften zur Verfügung, mit denen nacheinander alle Elemente einer Auflistung gelesen werden können. Die Elemente des Interface `IEnumerator` sind:

```
object Current {get;}


bool MoveNext();


void Reset();
```

Die erste Eigenschaft ist schreibgeschützt und liefert das aktuelle Element der Auflistung. Die Methode `MoveNext()` gibt `false` zurück, falls es keine weiteren Elemente in der Auflistung gibt. Gibt es noch ein weiteres Element, liefert die Methode den Wert `true` zurück und setzt die Eigenschaft `Current` auf dieses Element. Mit `Reset()` kann man auf den Anfangspunkt vor dem ersten Element zurückspringen.

Weitere Auflistungen oder Kollektionen, die das Interface `IEnumerable` implementieren, sind in dem Namensraum `System.Collections` definiert. Die Elemente dieser Auflistungen oder Kollektionen können daher mit der `foreach`-Anweisung gelesen werden. Die Anzahl der Elemente kann beispielsweise mit der `foreach`-Anweisung bestimmt werden:

```
int anzahl=0;
foreach(object obj in x)
anzahl++;
```

Intern wird in einer `for`-Schleife die Methode `MoveNext()` aufgerufen. Als Beispiel soll nun eine Methode vorgestellt werden, die als Eingabeparameter eine Auflistung erwartet, die

---

[1] Es gibt die Konvention, den Namen einer Schnittstelle mit einem `I` zu beginnen.

das Interface `IEnumerable` implementiert hat. Mit Hilfe einer `for`-Schleife wird die Anzahl der Elemente berechnet und zurückgegeben:

```
int countElements(IEnumerable Coll)
{
int anzahl;
IEnumerator Enum = Coll.GetEnumerator();

for(anzahl=0;Enum.MoveNext();anzahl++);

return anzahl;
}
```

Auf die Klassenzugehörigkeit der Methode sowie auf ihre Zugriffsberechtigung haben wir hier verzichtet.

14.2 Definition

Durch die Definition eines Interfaces wird ein Verweistyp definiert. Ein Interface wird wie eine Klasse definiert, jedoch wird anstelle des Schlüsselwortes `class` das Schlüsselwort `interface` verwendet. Es können Methoden, Eigenschaften oder Indexer deklariert werden. Sie dürfen nicht definiert werden. Weiterhin dürfen keine Variablen oder Konstanten deklariert werden.

Es gibt nur die Zugriffsberechtigung `public`. Daher können in einem Interface keine Zugriffsberechtigungen vergeben werden.

Beispiel 14.2 (Definition eines Interface)

```
interface Flaeche
{
double flaeche();
}
```

Diese Definition ähnelt der Definition einer abstrakten Klasse. Das Interface dient in weiteren Beispielen als Schnittstelle für den Zugriff auf Flächen geometrischer Figuren.

Ein Interface kann auch deklarierte Methoden, Eigenschaften oder Indexer von anderen Interfaces erben. Hier ist im Gegensatz zu Klassen auch Mehrfachvererbung möglich. Die Syntax ist aber die gleiche wie bei den Klassen.

Beispiel 14.3 (Vererbung von Interfaces)

```
interface Interface1
{
double f(double x);
}

interface Interface2
{
double g(double x);
}

interface Interface3 : Interface1, Interface2
{
double h(double x);
}
```

Das dritte Interface besitzt nun die Methoden f, g und h. Eine Klasse, die dieses Interface implementiert, muss daher auch alle drei Methoden implementieren bzw. nicht implementierte Methoden als abstrakt deklarieren.

14.3 Verwendung

Soll ein Interface von einer Klasse implementiert werden, dann erbt die Klasse die deklarierten Methoden. Hier ist auch Mehrfachverhebungen möglich sind, d. h. eine Klasse kann mehrere Interfaces implementieren. Die Syntax ist die gleiche wie bei dem Ableiten von Klassen. Die Interfaces werden nach dem Klassennamen hinter einem Doppelpunkt durch Kommata getrennt aufgelistet.

```
class Klassenbezeichner : [Basisklasse], Interface1, Interface2 ...
{
```

```
}
```

Wird ein Interface von einer nicht abstrakten Klasse verwendet, dann muss es die Funktionalität implementieren. Die Methoden, Eigenschaften und Indexer eines Interfaces sind ja nur deklariert. Insbesondere müssen dann alle Methoden der Interfaces implementiert werden, wenn die Klasse nicht als abstrakt deklariert wird. Eine Methode eines Interfaces kann auch als abstrakte Methode implementiert werden. Sie verhält sich dann in den abgeleiteten Klassen polymorph. Ebenso verhalten sich Methoden eines Interfaces polymorph, die als virtuelle Methoden implementiert sund. Ist eine Methode eines Interface weder abstrakt noch polymorph, dann wird sie in abgeleiteten Klassen von entsprechend überschriebenen Methoden verdeckt.

Die Methoden eines Interface können nur als öffentliche definiert werden. Sie können jedoch in abgeleiteten Klassen von Methoden verborgen werden, die eine andere Zugriffsberechtigung haben.

Beispiel 14.4 (Verwendung eines Interfaces)

Das folgende Beispiel verwendet neben dem Interface `Flaeche` noch die abstrakte Klasse `GeometrischeFigur`. Von der abstrakten Klasse werden zwei konkrete Objekte abgeleitet, welche das Interface implementieren. Weiterhin wird ein konkretes Objekt definiert, welches nur das Interface implementiert. In der Applikationsklasse wird das Verhalten der abstrakten Klasse und des Interfaces vorgeführt.

```
using System;
interface Flaeche
{
double flaeche();
}


abstract class GeometrischeFigur
{
    abstract public double durchmesser();
}


class Kreis : GeometrischeFigur, Flaeche
{
private double radius;
public Kreis(double radius)
```

```csharp
{
   this.radius = radius;
}
public override double durchmesser()
{
return 2*radius;
}


public double flaeche()
{
return Math.PI*radius*radius;
}
}


class Quadrat : GeometrischeFigur,  Flaeche
{
private double seite;
public Quadrat(double seite)
{
this.seite = seite;
}


public override double durchmesser()
{
   //Satz von Pythagoras, sqrt = Wurzel
   return Math.Sqrt(2*seite*seite);
}


public double flaeche()
{
   return seite*seite;
}
}


class Kugel : Flaeche
```

```csharp
{
private double radius;
public Kugel(double radius)
{
this.radius = radius;
}

public double flaeche()
{
return 4*Math.PI*radius*radius;
}
}

class Class1
{
static void Main(string[] args)
{
    Flaeche fl = null;
    GeometrischeFigur gf =null;
    Kreis kreis = new Kreis(2.5);
    Quadrat quadrat = new Quadrat(2.0);
    Kugel  kugel =new Kugel(3.125);

    Console.WriteLine("Kreis:");
    gf = kreis;
    Console.WriteLine("Der Durchmesser: "+ gf.durchmesser());

    fl = kreis;
    Console.WriteLine("Die Flaeche: "+ fl.flaeche());

    Console.WriteLine("Quadrat:");
    gf = quadrat;
    Console.WriteLine("Der Durchmesser: "+ gf.durchmesser());

    fl = quadrat;
```

```
    Console.WriteLine("Die Flaeche: "+ fl.flaeche());

    Console.WriteLine("Kugel:");
    fl = kugel;
    Console.WriteLine("Die Oberflaeche: "+ fl.flaeche());
  }
}
```

Ein Objekt, das ein Interface implementiert, kann in den Typ des Interfaces konvertiert werden. Es kann also eine Referenzvariable vom Typ eines Interface auf ein Objekt einer Klasse verweisen, welche das Interface implementiert. In dem Fall sind natürlich nur die Methoden, Eigenschaften und Indexer des Interfaces zugänglich. Auch in diesem Fall verhält sich ein Interface wie eine abstrakte Klasse. Die Konvertierung ist auch hier erweiternd. Sie wird automatisch vorgenommen. Ebenso ist durch den Cast-Operator eine Rückkonvertierung möglich. Dabei gelten die gleichen Regeln wie bei der einschränkenden Konvertierung von Klassen.

Interfaces sind sehr nützlich, wenn auf das Verhalten von Objekten unterschiedlicher Klassenhierarchien zurückgegriffen werden soll. So stellt der Namensraum `System` das Interface `IComparable` zur Verfügung.

```
public interface IComparable
{
int compareTo(Object o);
}
```

Obwohl ein Interface beliebig implementiert werden kann, gibt es in vielen Fällen Richtlinien bzw. Empfehlungen, wie das geschehen sollte. Dadurch wird die Verwendung des Interfaces oder der es implementierenden Klasse zum Teil erheblich vereinfacht. Durch das Interface `IComparable` sollen die Instanzen einer Klasse angeordnet werden. Zwei Objekte können verglichen werden, ob sie gleich sind oder eines von ihnen kleiner bzw. größer als das andere ist. Das Interface ist in den meisten vordefinierten Typen[1] wie z. B in der Klasse `string` implementiert. Dort liefert `compareTo` einen Wert kleiner als 0 wenn das Objekt kleiner, gleich 0, wenn das Objekt gleich, und größer als 0, wenn das Objekt größer als das übergebene Objekt ist.

---

[1] Es gibt auch Werttypen, die ein Interface implementieren. Wie das zu verstehen ist, lernen Sie in dem Abschnitt 17.1. Alle vordefinierten Werttypen implementieren das Interface `IComparable`. Da sie bis auf den Typ `bool` Zahlen darstellen – auch `char` repräsentiert eine Unicodezahl – werden sie mit ihrer natürlichen Anordnung versehen.

Es gelten folgende Empfehlungen zur Implementierung des Interfaces `IComparable`:

- `A.CompareTo(A)` gibt stets 0 zurück.

- Wenn `A.CompareTo(B)`=0, dann gilt auch `B.CompareTo(A)`=0.

- Wenn `A.CompareTo(B)`=0 und `B.CompareTo(C)`=0, dann gilt auch `A.CompareTo(C)`=0.

- Wenn `A.CompareTo(B)` ungleich 0 ist, dann ist auch `B.CompareTo(A)` ungleich 0, besitzt aber ein umgekehrtes Vorzeichen.

- Wenn `A.CompareTo(B)` und `B.CompareTo(C)` ungleich 0 sind und das gleiche Vorzeichen besitzen, dann ist auch `A.CompareTo(C)` ungleich null und besitzt das gleiche Vorzeichen wie die ersten beiden Vergleiche.

Beispiel 14.5 (Sortieren mit dem Interface IComparable)

Mit Hilfe des Interfaces IComparable ist es möglich, eine Methode zu schreiben, welche die Objekte eines Arrays sortiert. Die Methode kann so allgemein geschrieben werden, dass beliebige Objekte sortiert werden können. Sie müssen lediglich das Interface implementieren.

Bubblesort ist ein Sortieralgorithmus. Unter dem Namen stellt man sich Luftbasen vor, die auf Grund ihres leichteren Gewichtes nach oben steigen. So funktioniert auch der Algorithmus. Die kleineren Elemente werden sukzessive nach vorn verschoben, bis die Auflistung aufsteigend sortiert ist. Benachbarte Elemente werden der Reihe nach verglichen und gegebenenfalls vertauscht. Dieses geschieht in der `for`-Schleife. Diese wird immer wieder von neuem gestartet, bis keine Elemente mehr vertauscht werden müssen. Dafür ist die `while`-Schleife zuständig.

```
void bubbleSort(IComparable[] objects)
{
boolean sorted;
do {
sorted= true;
for(int i = 0; i< objects.Length -1 ; i++)
{
  if(objects[i].compareTo(objects[i+1] > 0)
  {
  Comparable tmp = objects[i];
  objects[i] = objects[i + 1];
  objects[i + 1]=tmp;
  sorted =false;
  }
}
} while(!sorted);
}
```

Beispiel 14.6 (Das Interface IClonable)

Hier wird das ebenfalls wichtige Interface `System.IClonable` vorgestellt. Es enthält nur eine Methode:

```
object Clone();
```

Diese unterstützt das Kopieren von Objekten. Bereits die geschützte Methode

```
protected object MemberwiseClone();
```

der Klasse `object` kopiert Byte für Byte. Diese Methode ist jedoch nicht öffentlich und liefert nur eine flache Kopie.

Die Methode `MemberwiseClone()` kopiert ein Objekt Byte für Byte in einen anderen Speicherbereich. Werttypen werden problemlos kopiert. Wenn ein Objekt Teilobjekte besitzt, dann werden nur Referenzen kopiert, die dann auf die ursprünglichen Teilobjekte verweisen. Solche Kopien nennt man *flache Kopien*. Um eine öffentliche Methode zur Verfügung zu stellen, die eine *tiefe Kopie* liefert, wird das Interface `ICloneable` implementiert[1].

Um eine tiefe Kopie zu erhalten, wird zunächst eine flache Kopie angefertigt. Es wird also die von der Klasse `object` vererbte Methode `MemberwiseClone()` aufgerufen. Falls das Objekt Referenzen besitzt, die auf andere Objekte verweisen, werden anschließend auch diese kopiert. Dabei ist zu berücksichtigen, dass diese Objekte selbst wiederum Referenzen enthalten können.

Als Beispiel wird eine Klasse definiert, die Knoten eines binären Baumes darstellt. Die Knoten können wiederum einen rechten und linken Unterknoten enthalten. Mit diesen Knoten kann es sich wiederum ebenso verhalten. Es liegt hier eine rekursive Definition vor. Die Implementation der Methode `Clone()` erfolgt daher rekursiv.

---

[1] Die Methode `Clone()` kann auch so definiert werden, dass sie nur eine flache Kopie liefert. Sie unterscheidet sich dann von `MemberwiseClone()` dadurch, dass sie öffentlich ist.

```csharp
using System;
class BinTreeNode : ICloneable
{
public String name;
public BinTreeNode leftChild;
public BinTreeNode rightChild;

  public BinTreeNode(String name)
  {
    this.name = name;
    leftChild = null;
    rightChild = null;
  }

public Object Clone()
{
    BinTreeNode newNode =(BinTreeNode) base.MemberwiseClone();

      if (rightChild != null)
      {
        newNode.rightChild =
  (BinTreeNode)this.rightChild.Clone();
      }

      if (leftChild != null)
      {
        newNode.leftChild =
  (BinTreeNode)this.leftChild.Clone();
      }
      return newNode;
    }
  }
```

14.4 Polymorphie

Die Methoden eines Interface können in verschiedenen Klassen unterschiedlich implementiert werden. Instanzen von Klassen, die ein Interface implementieren, können in den Typ dieses Interface konvertiert werden, wie setwa auch Objekte in den Typ einer abstrakten Klasse konvertiert werden können, insofern sie von ihr abstammen. Aus dem Typ des Interface können dann die unterschiedlich implementierten Methoden aufgerufen werden. Daher kann man auch in diesem Fall von einem polymorphen Verhalten der Methoden sprechen. Wird eine Klasse, die ein Interface implementiert, abgeleitet, dann erbt sie die implementierten Methoden. Damit implementiert auch die abgeleitete Klasse das Interface. Falls eine von ihnen überschrieben wird, dann verbirgt sie die implementierte Methode der Basisklasse. Dennoch implementiert die abgeleitete Klasse immer noch das Interface. Wenn sie in dieses konvertiert wird, dann kommt auch die verborgene Methode wieder zum Vorschein.

Beispiel 14.7 (Verbergen einer implementierten Methode)

```
using System;
interface If
{
void F();
}


class Base : If
{
   public void F()
   {
   Console.WriteLine("Base");
   }
}


class Derived : Base
{
   public new void F()
   {
```

```csharp
        Console.WriteLine("Derived");
    }
}


class Application
{
    static void Main(string[] args)
    {
    Derived d= new Derived();
    d.F();

    If f =d;
    f.F();
    }
}
```

Das Programm liefert die Ausgabe:

```
Derived
Base
Press any key to continue
```

Es wird also zuerst die überschriebene Methode aufgerufen. Die Konvertierung in das Interface ist auch in der abgeleiteten Klasse möglich. Dadurch kann erst die implementierte Methode des Interface aufgerufen werden.

Soll in einer abgeleiteten Klasse eine überschriebene Methode eine implementierte Methode eines Interface nicht verbergen, dann muss in dieser abgeleiteten Klasse das Interface erneut implementiert werden.

Beispiel 14.8 (Verbergen durch eine erneute Implementation)

```csharp
using System;
interface If
{
```

```csharp
  void F();
  void G();
}

class Base : If
{
  public void F()
  {
  Console.WriteLine("Base.F()");
  }

  public void G()
  {
    Console.WriteLine("Base.G()");
  }
}

class Derived : Base, If
{
  public new void F()
  {
    Console.WriteLine("Derived.F()");
  }
}

class Application
{
  static void Main(string[] args)
  {
  Derived d= new Derived();
    d.F();
    d.G();

  If f =d;
    f.F();
```

```
        f.G();
    }
}
```

Das Programm liefert die Ausgabe:

```
Derived.F()
Base.G()
Derived.F()
Base.G()
Press any key to continue
```

Eine implementierte Methode eines Interface kann auch virtuell oder abstrakt definiert werden. Dann verhält sie sich auch in den abgeleiteten Klassen polymorph.

Beispiel 14.9 (Implementation als virtuelle Methode)

```
using System;
interface If
{
void F();
void G();
}


class Base : If
{
   public virtual void F()
   {
   Console.WriteLine("Base.F()");
   }


   public void G()
   {
      Console.WriteLine("Base.G()");
   }
}
```

```
class Derived : Base
{
  public override void F()
  {
    Console.WriteLine("Derived.F()");
  }
}


class Application
{
  static void Main(string[] args)
  {
  Derived d= new Derived();
    d.F();
    d.G();

  If f =d;
    f.F();
    f.G();
  }
}
```

Das Programm liefert die Ausgabe:

```
Derived.F()
Base.G()
Derived.F()
Base.G()
Press any key to continue
```

Woran kann man nun erkennen, ob eine Klasse ein vorgegebenes Interface implementiert? Auch wenn Sie sich die Klassendefinition ansehen, können Sie nicht unbedingt alle Interfaces erkennen, welche die Klasse implementiert. Sie kann ja von einer Klasse abgeleitet sein, die ein Interface implementiert.

Mit Hilfe des `is`-Operators kann jedoch bestimmt werden, ob ein Objekt in einen bestimmten Verweistyp konvertiert werden kann. Die Syntax lautet:

```
expression is Type
```

Hier ist *expression* ein Ausdruck, der einen Verweistyp zurückgibt, und *Type* ein Verweistyp. Der `is`-Operator gibt genau dann `true` zrück, wenn *expression* nicht null zurückgibt, und der Rückgabewert in den Typ *Type* konvertiert werden kann.

Beispiel 14.10 (Verwendung des is-Operators)

Es soll getestet werden, ob auf eine beliebige Auflistung die `foreach`-Anweisung angewendet werden kann. Dazu muss sie das Interface `IEnumerable` implementieren.

```
...

if(x is IEnumerable)
foreach(object o in x)
{
...
}
```

Häufig will man nicht nur wissen, ob ein Objekt in den Typ eines Interfaces konvertiert werden kann, sondern es soll dann auch tatsächlich konvertiert werden. Dieses könnte man durch
folgenden Ausdruck realisieren:

```
expression is Type ? (Type) expression : null
```

Unschön ist hier nur, dass *expression* zweimal ausgewertet wird. Es gibt daher in C#
einen Operator, der das gleiche leistet und dabei *expression* nur einmal auswertet. Die
Syntax lautet:

```
expression as Type
```

Beispiel 14.11 (Verwendung des as-Operators)

Das obige Beispiel wird hier mit dem `as`-Operator geschrieben. Es zeigt auch deutlich, dass
die `foreach`-Anweisung eigentlich nur auf dem Typ `IEnumerable` angewendet wird.

```
IEnumerable obj = x as IEnumerable;

if(obj!=0)
foreach(object o in obj)
```

```
{
Console.WriteLine(o.ToString());
}
```

14.5 Explizite Implementation

Zwei Methoden werden beim Aufruf als gleich erachtet, wenn sie in der Signatur und dem Namen übereinstimmen. Der Rückgabetyp ist für die Identifizierung unerheblich. Aus diesem Grund kann in einer Klasse eine Methode mit einer gewissen Signatur und Namen nur einmal definiert werden. Bei der Implementation von Interfaces können hier jedoch Konflikte auftreten.

Einen Ausweg bietet die explizite Implementation. Sie nimmt explizit Bezug auf das Interface, dessen Methode implementiert wird. Die Syntax lautet:

```
Rückgabetyp Interface.Methode(Parameterliste )
{
...
}
```

Eine so definierte Methode ist in der Klasse privat. Erst nach der Konvertierung in das entsprechende Interface ist sie öffentlich zugänglich.

Es kann neben der expliziten Implementation auch eine implizite existieren. Sie implementiert dann die Methode derjenigen Interfaces, deren Rückgabeparameter mit der implementierten Methode übereinstimmen.

Beispiel 14.12 (Explizite Implementierung)

```
using System;
interface Interface1
{
void F();
}


interface Interface2
{
```

```
int F();
}


class Class: Interface1, Interface2
{
public void F()
{
Console.WriteLine("void F().");
}


void Interface1.F()
{
Console.WriteLine("void Interface1.F().");
}


int Interface2.F()
{
   Console.WriteLine("void Interface2.F().");
   return 1;
}
}
```

14.6 Ableiten von Interfaces

Interfaces können genauso wie Klassen abgeleitet werden. Weil Interfaces keine Probleme bei der Mehrfachvererbung verursachen, ist diese hier möglich. Da ein abgeleitetes Interface alle Methoden der Basisinterfaces erbt, sind diese auch in jeder Klasse zu implementieren, die das Interface verwendet.

Beispiel 14.13 (Ableiten von Interfaces)

```
interface If1
{
void m1();
}
```

```
interface If2
{
void m2();
}


interface ifa : If1, If2
{
void m3();
}


class cl : ifa
{
public void m1()
{
System.out.println("m1");
}


public void m2()
{
System.out.println("m2");
}


public void m3()
{
System.out.println("m3");
}
}
```

Auch bei der Mehrfachvererbung von Interfaces ist eine Konvertierung von Objekten in einer der Basisinterfacetypen möglich. Somit stehen alle Möglichkeiten der Polymorphie zur Verfügung.

15 Geschachtelte Klassen

15.1 Grundlagen

In C# ist es möglich, innerhalb einer Klasse Teilklassen zu definieren. Sie heißen auch *innere Klassen*. Dies geschieht etwa folgendermaßen:

```
class OuterClass
{
.  .  .
   class InnerClass
   {
   .  .  .
   }
.  .  .
}
```

Dies kann zweckmäßig sein, wenn Klassen nur lokale Bedeutung haben. Weiterhin können Namenskonflikte, insbesondere mit global verwendeten Interfaces, vermieden werden. Dem steht die Gefahr der Unübersichtlichkeit gegenüber. Solche Teilklassen sollten daher nur dann definiert werden, wenn sie überschaubar klein sind und sie nur in einem lokalen Kontext Bedeutung haben. Zur Motivation soll zunächst ein Beispiel vorgestellt werden.

Beispiel 15.1 (Iteration über eine Auflistung)

Die folgende Klasse kapselt den Namen einer Person sowie ihre Hobbys. Weiterhin gibt es Methoden, welche die Hobbys nacheinander ausgeben, und prüfen, ob die Person noch weitere Hobbys hat. Dieser Vorgang heißt auch Iteration über die Auflistung der Hobbys. Beide Methoden greifen auf eine private Zählvariable zu.

```
using System;
class Person
{
   private String name;
   private String[] hobbies;
   private int i=0;

   public String Name
   {
```

```csharp
      get
      {
        return name;
      }
    }

  public bool hasMoreHobbies()
  {
    if(i < hobbies.Length)
      return true;
    else
      return false;
  }

  public String nextHobby()
  {
    return hasMoreHobbies() ? hobbies[i++]: null;
  }

  public Person(String name, String[] hobbies)
  {
    this.name = name;
    this.hobbies= hobbies;
  }
}

class Class1
  {
    static void Main(string[] args)
    {
    String[] hobbies = {"Tanzen","Segeln","Theater"};
    Person person = new Person("Fritz",hobbies);
    Console.WriteLine(person.Name+" hat folgende Hobbies:");
    while(person.hasMoreHobbies())
    Console.WriteLine(person.nextHobby());
    }
```

```
    }
```

Das Programm gibt folgendes aus:

```
Fritz hat folgende Hobbies:
Tanzen
Segeln
Theater
Press any key to continue...
```

Der Nachteil ist, dass nur einmal die Hobbys ausgegeben werden können. Man könnte zwar mit einer reset-Methode den Zähler wieder auf null setzen, wenn keine weiteren Hobbys mehr vorhanden sind. Die Hobbys könnten auch dann nur hintereinander mehrmals ausgegeben werden. Sollen sie quasi gleichzeitig und unabhängig voneinander geliefert werden[1], dann benötigt man einen anderen Ansatz. Er besteht darin, die Methoden hasMoreHobbies und nextHobby sowie die Zählvariable in einer Klasse zu kapseln. Ein Objekt dieser Klasse kann dann von einer öffentliche Methode der Klasse Person geliefert werden.

```csharp
using System;
class Person
{
  private string name;
  private string[] hobbies;

  public string Name
  {
    get
    {
      return name;
    }
  }

  public Iterator getIterator()
  {
    return new Iterator(hobbies);
  }
```

---

[1] Es kann beispielsweise von zwei Seiten unabhängig voneinander nach dem nächsten Hobby gefragt werden. In diesem Fall könnten Hobbys übersprungen werden. Es werden dann inkonsistente Daten geliefert.

```csharp
    public Person(String name, String[] hobbies)
    {
      this.name = name;
      this.hobbies= hobbies;
    }
}

class Iterator
{
  private int i=0;
  private string[] hobbies;
  public bool hasMoreHobbies()
  {
    if(i < hobbies.Length)
      return true;
    else
      return false;
  }

  public string nextHobby()
  {
    return hasMoreHobbies() ? hobbies[i++]: null;
  }

  public Iterator(string[] hobbies)
  {
    this.hobbies = hobbies;
  }
}

  class Class1
  {
    static void Main(string[] args)
    {
```

```
    string[] hobbies = {"Tanzen","Segeln","Theater"};
    Person person = new Person("Fritz",hobbies);
    Console.WriteLine(person.Name+" hat folgende Hobbies:");
    Iterator it = person.getIterator();
    while(it.hasMoreHobbies())
    Console.WriteLine(it.nextHobby());
    }
  }
```

Das Programm liefert das gleiche Ergebnis. Wenn die Methode `person.getIterator` mehrmals und eventuell auch nahezu gleichzeitig aufgerufen wird, liefert sie unabhängige Instanzen der Klasse `Iterator`. Die Klasse `Iterator` steht hier aber auf der gleichen Ebene wie die Klasse `Person`. Es können auch Interfaces mit dem Namen `Iterator`[1] verwendet werden, so dass es zu Namenskonflikten kommen kann. Man könnte zwar einen anderen Klassennamen wählen. Aber eine standardisierte Namensgebung dient auch der leichteren Lesbarkeit des Quellcodes. Außerdem findet ein Objekt der Klasse `Iterator` nur innerhalb einer Instanz der Klasse `Person` eine sinnvolle Verwendung.

15.2 Innere Klassen

Innere Klassen werden – wie oben beschrieben – innerhalb einer äußeren Klasse definiert. Sie können mit den Zugriffsberechtigungen `public`, `protected` oder `private` versehen werden. Ihre Instanzierung muss innerhalb der äußeren Klasse erfolgen. Dies kann durch eine Methode oder durch einen Konstruktor erfolgen.

Beispiel 15.2 (Ein Iterator als innere Klasse)

Das obige Beispiel wird so umgewandelt, dass die Klasse Iterator als lokale Klasse definiert wird.

```
using System;
class Person
{
   private string name;
   private string[] hobbies;
```

---

[1] Iteratoren werden verwendet, um auf alle Elemente von so genannten *Collections* zuzugreifen. Collections sind Klassen, die mehrere Objekte zusammenfassen. Zu ihnen gehören beispielsweise Arrays, Bäume oder Tabellen.

```csharp
public string Name
{
  get
  {
    return name;
  }
}

public Iterator getIterator()
{
  return new Iterator(hobbies);
}

public class Iterator
{
  private int i=0;
  private string[] hobbies;

  public Iterator(string[] hobbies)
{
  this.hobbies = hobbies;
}


  public bool hasMoreHobbies()
  {
    if(i < hobbies.Length)
      return true;
    else
      return false;
  }

  public String nextHobby()
  {
```

```csharp
      return hasMoreHobbies() ? hobbies[i++]: null;
    }


  }


  public Person(String name, string[] hobbies)
  {
    this.name = name;
    this.hobbies= hobbies;
  }
}


  class Class1
  {
    static void Main(string[] args)
    {
    string[] hobbies = {"Tanzen","Segeln","Theater"};
    Person person = new Person("Fritz",hobbies);
    Console.WriteLine(person.Name +" hat folgende Hobbies:");
    Person.Iterator it = person.getIterator();
    while(it.hasMoreHobbies())
       Console.WriteLine(it.nextHobby());
    }
  }
```

Interessant ist hier die Zeile

```csharp
Person.Iterator it = person.getIterator();
```

Der Typ einer inneren Klasse wird durch den Namen der äußeren Klasse, gefolgt von dem durch einen Punkt getrennten Namen der Inneren Klasse, angegeben. Auf diese Weise ist es möglich, Referenzvariablen zu definieren, die auf die lokale Klasse verweisen.

Bezeichner einer inneren Klasse können Bezeichner der äußeren Klasse überdecken. In dem Fall kann mit dem qualifizierten Namen, d. h. dem Bezeichner wird das Präfix *ÄussereKlasse*.this vorangestellt, auf den Bezeichner der äußeren Klasse zugegriffen werden. Dieses funktioniert entsprechend sukzessive, wenn mehrere Klassen geschachtelt sind. Wird kein qualifizierter Name verwendet, sucht der Compiler zuerst in der inneren Klasse. Wenn er dort nicht fündig geworden ist, in der nächsten äußeren Klasse. Wird er auch dort nicht fündig, durchläuft er sukzessive die umgebenden Klassen, bis er einen passenden Bezeichner gefunden hat.

15.3 Innere Klassen mit einem Interface

Innere Klassen können auch ein Interface implementieren. Die innere Klasse kann dann mit der privaten oder geschützten Zugriffsberechtigung versehen werden, obwohl trotzdem das Interface öffentlich zugänglich ist. Dieses ist nützlich, wenn die Instanzierung einer inneren Klasse nur innerhalb einer Methode der äußeren Klasse (bzw. eines Objektes der äußeren Klasse) erfolgen und ein Verweis auf das Interface zurückgegeben werden soll. Die Methoden des Interface stehen dann öffentlich zur Verfügung, was ja häufig auch Sinn und Zweck einer inneren Klasse ist.

Durch private innere Klassen, die eine öffentliche Schnittstelle implementieren, kann Code an andere Stellen des Programms transportiert werden. Dort ist die private innere Klasse über einen Verweis auf das öffentliche Interface von Außen zugänglich.

Beispiel 15.3 (Ein Iterator als private innere Klasse mit einem öffentlichen Interface)

Es wird wieder das obige Beispiel abgewandelt. Die innere Klasse wird mit der privaten Zugriffsberechtigung versehen. Sie implementiert ein Interface. Eine öffentliche Methode der äußeren Klasse gibt einen Verweis auf das Interface zurück.

```csharp
using System;
interface IIterator
{
   bool hasMoreHobbies();
   String nextHobby();
}


class Person
{
   private string name;
   privatestring[] hobbies;

   public string Name
   {
      get
```

```csharp
  {
    return name;
  }
}

public IIterator getIterator()
{
  return new Iterator(hobbies);
}

private class Iterator : IIterator
{
  private int i=0;
  privatestring[] hobbies;

  public Iterator(string[] hobbies)
  {
    this.hobbies = hobbies;
  }

  public bool hasMoreHobbies()
  {
    if(i < hobbies.Length)
      return true;
    else
      return false;
  }

  public String nextHobby()
  {
    return hasMoreHobbies() ? hobbies[i++]: null;
  }
}

public Person(String name, string[] hobbies)
```

```
    {
        this.name = name;
        this.hobbies= hobbies;
    }
}

class Class1
{
    static void Main(string[] args)
    {
        string[] hobbies = {"Tanzen","Segeln","Theater"};
        Person person = new Person("Fritz",hobbies);
        Console.WriteLine(person.Name +" hat folgende Hobbies:");
        IIterator it = person.getIterator();
        while(it.hasMoreHobbies())
            Console.WriteLine(it.nextHobby());
    }
}
```

Übung: Erweitern Sie das Beispiel 13.2, so dass das Bitarray das Interface IEnumerable implementiert. Versuchen Sie dann, die foreach-Schleife auf eine Instanz anzuwenden.

16 Exceptions

16.1 Grundlagen

Beim Programmieren können sich syntaktische Fehler einschleichen. Diese werden vom Compiler erkannt und können dann korrigiert werden. Auch semantische Fehler sind möglich. Ein semantisch fehlerhaftes Programm lässt sich kompilieren und ausführen, es verhält sich jedoch unerwartet, es liefert beispielsweise falsche Ergebnisse oder hängt etwa in einer Endlosschleife. Es gibt aber noch eine andere Art von Fehlern. Ein syntaktisch und semantisch korrektes Programm kann bei der Ausführung auf eine Ausnahmesituation stoßen. So kann z. B. eine Datei nicht geöffnet werden, da sie nicht existiert, nicht die notwendigen Zugriffsrechte vorhanden sind, oder weil die Festplatte schadhaft ist. Es kann aber auch bei einer Division die Nennervariable nach einer Benutzereingabe irrtümlich mit null belegt werden. Es sind beliebig viele Situationen vorstellbar, nach denen ein Programm nicht sinnvoll weiterarbeiten kann. I. A. liegt dann eine Bereichsüberschreitung vor. Es soll beispielsweise eine Datei geöffnet werden, die nicht existiert, es wird versucht, mit einem zu großen Index auf ein Arrayelement zuzugreifen, oder eine Zeichenkette, die nicht nur Ziffern sondern auch Buchstaben enthält, soll in eine Zahl konvertiert werden. Auch Speicherüberläufe führen zu solchen Bereichsüberschreitungen. Eine sinnvolle weitere Ausführung des Programms ist nicht mehr möglich. Häufig stürzt dann ein Programm ab. Durch so genannte Ausnahmebehandlung kann dieses verhindert werden. Das Programm wird dadurch auf einen vorherigen Stand zurückgesetzt.

Exceptions, oder auch *Ausnahmen* genannt, sind ein relativ neues Merkmal von verschiedenen Programmiersprachen, so auch von der modernen Sprache C#. Exceptions können *abgefangen* werden, so dass das Programm noch sinnvoll weiterarbeiten kann. Diesen Vorgang nennt man *Ausnahmehandlung*. Ausnahmen können auch vom Programmierer gewollt unter gewissen Voraussetzungen *ausgelöst* werden. Man sagt auch, eine Ausnahme wird *geworfen*.

Wenn eine Ausnahme geworfen wird, wird ein Fehlerobjekt erzeugt. Dieses kapselt Informationen über die Art des Fehlers. Fehlerobjekte sind normale Objekte einer Fehlerklasse. Diese Klassen stammen alle von einer gewissen Basisklasse ab, wodurch sie als Fehlerklassen charakterisiert sind. Man kann auch eigene Fehlerklassen ableiten. Trifft eine Methode auf eine Ausnahmesituation, dann wird ein Fehlerobjekt der aufrufenden Stelle übergeben. Diese kann es dann auch weiterleiten. Die Ursache eines Fehlers kann auf der aufrufenden Seite i. A. besser erkannt werden als auf der gerufenen Seite.

16.2 Ausnahmehandlung

Ausnahmen werden mit der `try-catch`-Anweisung behandelt. Die Syntax lautet wie folgt:

```
try
{

Anweisungen

}
catch(Fehlerklasse e)
{

Anweisungen

}
```

In dem `try`-Block werden Anweisungen ausgeführt, die eine Ausnahme vom Typ *Fehler-klasse* auslösen können. Wird sie ausgelöst, dann wird ein Fehlerobjekt erzeugt und der `try`-Block verlassen. Der Methodenaufrufstapel wird zurückgesetzt. Die Ausnahme wird in dem `catch`-Block aufgefangen. Ihm wird das Fehlerobjekt übergeben, auf welches die Variable *e* verweist. In dem anschließenden Block stehen Anweisungen, welche die Ausnahme behandeln.

Beispiel 16.1 (Einige Ausnahmen und ihre Behandlung)

Das folgende Programm führt eine ganzzahlige Division aus. Der Benutzer wird zuerst aufgefordert, Dividenden und Divisor einzugeben. Wenn alles gut geht, wird das Ergebnis der Division ausgegeben.

```
using System;
class App
{
static void Main(string[] args)
{
int zaehler = 0;
int nenner = 1;
int ergebnis = 0;
Console.WriteLine("Geben Sie den Zaehler ein!");
zaehler = int.Parse(Console.ReadLine());
Console.WriteLine("Geben Sie den Nenner ein!");
```

```
nenner = int.Parse(Console.ReadLine());
ergebnis = zaehler / nenner;
Console.WriteLine(zaehler + "/" + nenner + "=" + ergebnis);
}
}
```

Wenn der Benutzer für den Divisor null eingibt, dann ist die Division nicht definiert. Die Programmausführung wird während der Division abgebrochen. Auf dem Bildschirm erscheint:

```
Geben Sie den Zaehler ein!
3
Geben Sie den Nenner ein!
0

Unhandled Exception: System.DivideByZeroException: Attempted
to divide by zero.
   at           App.Main(String[]           args)           in
c:\ownprograms\c#\exceptions\divbynull\class1.c
s:line 15
Press any key to continue
```

Es ist eine Ausnahme vom Typ `System.DivideByZeroException` aufgetreten. Um einen Programmabsturz zu vermeiden, kann die Ausnahme abgefangen werden. Dazu wird die Division in einem `try`-Block ausgeführt. Im `catch`-Block wird die Ausnahme `System.DivideByZeroException` abgefangen und durch die Methode `toString` des Fehlerobjektes eine Fehlermeldung ausgegeben. Anschließend wird das Programm hinter dem `catch`-Block fortgeführt.

```
using System;
class App
{
static void Main(string[] args)
{
int zaehler = 0;
int nenner = 1;
int ergebnis = 0;

  try
  {
    Console.WriteLine("Geben Sie den Zaehler ein!");
```

```
    zaehler = int.Parse(Console.ReadLine());
    Console.WriteLine("Geben Sie den Nenner ein!");
    nenner = int.Parse(Console.ReadLine());
    ergebnis = zaehler / nenner;
    Console.WriteLine(zaehler + "/" + nenner + "="
+ ergebnis);
  }
  catch(DivideByZeroException e)
  {
Console.WriteLine(e.ToString());
Console.WriteLine("{0}   /   {1}   =   {2}",zaehler,   nenner,
int.MaxValue);
  }
}
}
```

Nach einer Division durch null erscheint auf dem Bildschirm folgender Text:

```
Geben Sie den Zaehler ein!
1
Geben Sie den Nenner ein!
0
System.DivideByZeroException: Attempted to divide by zero.
   at App.Main(String[] args) in
c:\ownprograms\c#\exceptions\divbynull\class1.c
s:line 18
1 / 0 = 2147483647
Press any key to continue
```

Hier wird wiederum die Art der Ausnahme angezeigt. Man könnte die `try-catch`-Anweisung sicherlich sinnvoller programmieren. Der Benutzer könnte nochmals aufgefordert werden, einen neuen Divisor einzugeben. Aber man sieht an dem Beispiel, dass das Programm nicht abstürzt. Es wird noch die Zeile

```
1 / 0 = 2147483647
```

ausgegeben. Das Ergebnis ist der größte Wert des Datentyps `int`.

Dieses Programm kann auch noch über einen anderen Laufzeitfehler stolpern. Versuchen Sie einmal an Stelle einer ganzen Zahl eine Zeichenkette einzugeben, die nicht nur aus Vorzeichen und Ziffern besteht. Auf der Konsole erhalten Sie dann die Meldung:

```
Geben Sie den Zaehler ein!
<sdfvg

Unhandled Exception: System.FormatException: Input string was
not in a correct f
ormat.
   at System.Number.ParseInt32(String s, NumberStyles style,
NumberFormatInfo in
fo)
   at System.Int32.Parse(String s)
   at App.Main(String[] args) in
c:\ownprograms\c#\exceptions\divbynull\class1.c
s:line 15
Press any key to continue
```

Auch diese Ausnahme können wir abfangen und behandeln, indem wir dem ersten catch-
Block einen zweiten anhängen:

```
catch(FormatException e)
{
Console.WriteLine(e.ToString());
}
```

In diesem Beispiel wäre auch eine Ausnahme vom Typ OverflowException möglich.
Diese tritt ein, wenn der Bereich des Datentyps int überschritten wird, also wenn der Benutzer eine zu kleine oder zu große Zahl eingibt. Auch hier ist es sehr sinnfällig, dass Ausnahmen i. A. etwas mit Bereichsüberschreitungen zu tun haben.

Da die Ausnahmeklassen DivideByZeroException und OverflowException
beide von der Ausnahmeklasse ArithmeticException abstammen, können beide Ausnahmen auch in einem catch-Block behandelt werden:

```
catch(ArithmeticException e)
{
...
}
```

Eine differenziertere Ausnahmebehandlung ist jedoch eher möglich, wenn diese beiden Feh-
lertypen in zwei verschiedenen catch-Blöcken behandelt werden.

In einem `try`-Block können mehrere Ausnahmen geworfen werden. Daher sind mehrere hintereinander geschriebene `catch`-Blöcke möglich. Jede Ausnahme wird von genau einem `catch`-Block abgefangen. Weil der `try`-Block nach dem ersten Auftreten einer Ausnahme verlassen wird, wird jeweils nur eine Ausnahme behandelt. Die `catch`-Blöcke werden von oben nach unten durchlaufen, bis ein geeigneter Ausnahmetyp gefunden wird. Nur dieser entsprechende `catch`-Block wird ausgeführt. Die anderen `catch`-Blöcke werden übersprungen.

Beispiel 16.2 (Bereichsüberprüfung von Indizes eines Arrays)

Ein nicht unerhebliches Merkmal der Sprache C# ist die Bereichsüberprüfung von Indizes eines Arrays. Wird versucht, durch einen zu großen oder negativen Index auf ein Element eines Arrays zuzugreifen, wird die Ausnahme `IndexOutOfRangeException` geworfen.

Hier wird das obige Beispiel etwas abgewandelt. Nach der Division wird das Ergebnis an einer falschen Stelle einem Array zugewiesen. Die Ausnahme `IndexOutOfRangeException` wird im zweiten `catch`-Block abgefangen. Wenn nun eine Division durch null durchgeführt werden soll, dann tritt die `IndexOutOfRangeException` gar nicht auf, sondern es wird die `ArithmeticException` geworfen.

```csharp
using System;
class App
{
static void Main(string[] args)
{
int zaehler = 0;
int nenner = 1;
int [] ergebnis = new int[1];

    try
    {
        Console.WriteLine("Geben Sie den Zaehler ein!");
        zaehler = int.Parse(Console.ReadLine());
        Console.WriteLine("Geben Sie den Nenner ein!");
        nenner = int.Parse(Console.ReadLine());
        ergebnis[1] = zaehler / nenner;
        Console.WriteLine(zaehler + "/" + nenner + "=" +
        ergebnis[0]);
```

```
    }
  catch(ArithmeticException    e)
  {
     Console.WriteLine(e.ToString());
  }

  catch(IndexOutOfRangeException e)
  {
  Console.WriteLine(e.ToString());
   }
 }
 }
```

Die catch-Blöcke werden in der Reihenfolge ihres Auftretens durchsucht. Wenn dabei ein geworfenes Fehlerobjekt in einer catch-Klausel auf eine zuweisungskompatible Fehlerklasse trifft, wird dieser catch-Block ausgeführt, und das Programm fährt nach dem try-catch-Block fort. Da Fehlerklassen in einer Vererbungshierarchie stehen, können sie Objekte mehrerer Fehlerklassen sein. Daher müssen zuerst die konkreteren Fehler vor den allgemeineren Fehlern in einer Vererbungslinie abgefangen werden

Vor dem Verlassen eines try-catch-Blockes sind eventuell noch Aufräumarbeiten durchzuführen. Es können dann z. B. noch Dateien geschlossen werden. Für diesen Zweck gibt es in C# die optionale finally-Klausel. Sie steht am Ende des try-catch-Blockes und wird immer dann ausgeführt, wenn der try-Block betreten wurde, unabhängig davon, wie er verlassen wurde. Es gibt vier Möglichkeiten, einen try-Block zu verlassen.

- Durch ein fehlerfreies Beenden
- Durch eine Ausnahme, die von einem catch-Block abgefangen wurde
- Durch eine Ausnahme, die nicht in einem catch-Block behandelt wurde
- Durch eine Sprunganweisung wie break, continue oder return.

Da im letzten Fall das Programm nicht mehr notwendigerweise unmittelbar nach dem try-catch-Block fortfährt, ist hier eine finally-Anweisung notwendig, falls noch Anweisungen ausgeführt werden sollen. Es wäre auch unökonomisch und ein schlechter Programmierstil, diese Anweisungen sowohl in den try- als auch in den catch-Block zu schreiben. Insbesondere können und sollten hier Ressourcen freigegeben werden. So werden Dateien oder Datenbankverbindungen häufig in einem finally-Block geschlossen.

Beispiel 16.3 (Fehlerbehandlung mit einem finally-Block)

Sowohl ArithmeticException als auch IndexOutOfRangeException sind unmittelbare Nachfahren der Klasse SystemException. Wir ersetzen in dem obigen Beispiel in der zweiten catch-Klausel IndexOutOfBoundsException durch SystemException. Diese catch-Klausel kann nicht an der ersten Stelle stehen, da ArithmeticException ebenfalls eine SystemException ist.

Weiterhin wird eine finally-Anweisung hinzugefügt.

```csharp
using System;
class App
{
static void Main()
{
int zaehler = 0;
int nenner = 1;
int ergebnis;

  try
  {
    Console.WriteLine("Geben Sie den Zaehler ein!");
    zaehler = int.Parse(Console.ReadLine());
    Console.WriteLine("Geben Sie den Nenner ein!");
    nenner = int.Parse(Console.ReadLine());
    ergebnis = zaehler / nenner;
    Console.WriteLine(zaehler + "/" + nenner + "=" +
    ergebnis);
  }
  catch(SystemException  e)
  {
    Console.WriteLine(e.ToString());
  }

  finally
  {
  Console.WriteLine("Hier ist der finally-Block");
```

```
    }
  }
}
```

Da der `finally`-Block immer zum Schluss ausgeführt wird, kann man gegebenenfalls an den vorangegangenen Fehlermeldungen erkennen, dass sie vom Programm und nicht von der Laufzeitumgebung abgefangen wurden.

`try-catch`-Blöcke können geschachtelt werden. Wird in einem inneren Block eine dort aufgetretene Ausnahme nicht behandelt, wird sie an den nächsten äußeren Block weitergeleitet. Eine Ausnahme kann auch mit der `throw`-Anweisung in einem `catch`-Block an den nächsten Block oder den Aufrufer einer Methode weitergeleitet werden. Die Syntax lautet wie folgt:

```
throw [Ausnahmeobjekt];
```

Soll die Ausnahme an den Aufrufer weitergeleitet werden, dann muss nach `throw` kein Ausnahmeobjekt angegeben werden. Es kann aber auch ein neues Ausnahmeobjekt erzeugt und geworfen werden.

Beispiel 16.4 (Weiterreichen von Ausnahmen)

Betrachten Sie nochmals das obige Beispiel! Die Methode `int.Parse(string s)` kann drei Ausnahmen werfen, nämlich:

Ausnahmeklasse	Bedingung
ArgumentNullException	s ist eine null-Referenz.
FormatException	s stellt keine ganze Zahl dar. s darf nur aus Ziffern und eventuell einem führenden Vorzeichen bestehen.
OverflowException	s stellt eine Zahl dar, die kleiner als `MinValue` oder größer als `MaxValue` ist.

Alle drei Ausnahmen stammen von `SystemException` ab. Sie werden also in dem vorangegangenen Beispiel abgefangen. In dem `catch`-Block wird dann ein Fehlertext ausgegeben. Zusätzlich soll nun der Benutzer auch darüber informiert werden, ob bei der Wertzuweisung des Zählers oder des Nenners eine `FormatException` geworfen wurde. Dazu wird einem `catch`-Block ein neues Fehlerobjekt erzeugt und geworfen. Dem Konstruktor werden ein zusätzlicher Fehlertext sowie das bereits abgefangene Fehlerobjekt übergegeben. Letzteres wird in dem neuen Fehlerobjekt gekapselt.

```csharp
using System;
class App
{
static void Main()
{
int zaehler = 0;
int nenner = 1;
int ergebnis;

   try
   {
      Console.WriteLine("Geben Sie den Zaehler ein!");
      try
      {
         zaehler = int.Parse(Console.ReadLine());
      }
      catch(FormatException e)
      {
      throw new FormatException("ungültiger Zählerwert",e) ;
      }

      Console.WriteLine("Geben Sie den Nenner ein!");

      try
      {
         nenner = int.Parse(Console.ReadLine());
      }
      catch(FormatException e)
      {
      throw new FormatException("ungültiger Nennerwert",e) ;
      }

      ergebnis = zaehler / nenner;
```

```
    Console.WriteLine(zaehler + "/" + nenner + "=" +
    ergebnis);
  }
  catch(SystemException  e)
  {
    Console.WriteLine(e.ToString());
  }

  finally
  {
  Console.WriteLine("Hier ist der finally-Block");
  }
}
}
```

16.3 Die Klasse System.Exception

Alle Ausnahmeklassen stammen von `System.Exception` ab. Sie befinden sich jedoch nicht ausschließlich in dem Namensraum `System`, sondern in denjenigen Namensräumen, wo entsprechende Ausnahmen auftreten können. Die abgeleiteten Klassen besitzen häufig keine zusätzlichen Member. Sie dienen lediglich einer differenzierten Fehlerbehandlung in unterschiedlichen `catch`-Blöcken.

Die wichtigste Eigenschaft ist

```
public virtual string StackTrace {get;}
```

Sie beschreibt die Stelle in dem Aufrufstapel, wo die Ausnahme aufgetreten ist, durch den Methodennamen. Im Debugmodus wird zusätzlich noch die Zeilennummer im Quellcode angegeben. Die Methode `ToString` liefert neben dem StackTrace den vollqualifizierten Fehlernamen und gegebenenfalls einen Fehlertext und den Namen der inneren Ausnahmeklasse. Der Fehlertext ist auch der Wert der Eigenschaft

```
public virtual string Message {get;}
```

sowie die innere Ausnahmeklasse der Wert der Eigenschaft

```
public Exception InnerException {get;}
```

Innere Ausnahmen sind nützlich, wenn eine Ausnahme von einer aufrufenden Stelle mit zusätzlichen Informationen über den Fehler weitergereicht werden soll. Die bereits existierende Ausnahme kann dann in einer neuen Fehlerinstanz gekapselt werden.

Die Klasse besitzt drei öffentliche Konstruktoren:

```
public Exception();

public Exception(string message );

public Exception( string message, Exception innerException );
```

Dem zweiten Konstruktor wird ein Fehlertext übergeben, mit welchem die Eigenschaft Message initialisiert wird. Wird in einem catch-Block erneut eine Ausnahme erzeugt, dann kann in ihr die bereits existierende Ausnahme gekapselt sowie ein Fehlertext übergeben werden. Die Eigenschaft

```
public Exception InnerException {get;}
```

wird gesetzt.

In den abgeleiteten Ausnahmeklassen existieren i. A. ebenfalls derartige drei Konstruktoren. Sie rufen auch diese drei in einem Initialisierer auf.

Unmittelbar von Exception ist SystemException abgeleitet. Diese Ausnahmen werden von der Laufzeitumgebung geworfen. Zu ihnen gehören etwa alle in diesem Abschnitt behandelten Ausnahmen.

Ebenfalls direkt von Exception abgeleitet ist ApplicationException. Diese Ausnahmen werden nicht von der Laufzeitumgebung, sondern von einer Anwendung geworfen. Eigene Ausnahmeklassen, die in selbst geschriebenen Applikationen geworfen werden können, sollten von dieser Klasse abgeleitet werden.

16.4 Das Werfen von Ausnahmen

Kann eine Methode auf eine Ausnahmesituation treffen, dann kann an dieser Stelle eine Ausnahme instanziert und geworfen werden. Die dafür notwendige Syntax lautet:

```
throw new Ausnahme(. . .);
```

Diese Ausnahme kann nun von dem Aufrufer in einem passenden catch-Block behandelt werden. Kann sie auf der aufrufenden Seite nicht abgefangen werden, wird sie an den nächsten übergeordneten Aufrufer weitergeleitet. Dieser Vorgang kann sich mehrmals wiederholen. Da der Aufrufer der Main-Methode die Laufzeitumgebung ist, ist sie die letzte Instanz, wel-

che Ausnahmen abfängt. Sie gibt den Wert der Eigenschaft StackTrace auf der Konsole
aus und beendet das Programm.

Beispiel 16.5 Werfen von Ausnahmen)

Die folgende Klasse enthält eine statische[1] Methode, die prüft, ob eine übergebene natürliche
Zahl Primzahl ist oder nicht. Wird null oder eine negative Zahl übergeben, dann wird eine
Ausnahme geworfen.

```
class PrimeNumer
{
public static bool isPrime(int n)
{
        if(n<= 0)
        throw new
        ArgumentOutOfRangeException("Parameter <= 0");
        {
         if(n==1)
         return false;

         for(int i= 2; i<=n/2; i++)
         {
         if(n%i == 0)
   return false;
 }


 return true;


}
}
```

Interessant ist hier die Zeile

```
throw new ArgumentOutOfRangeException("Parameter <= 0");
```

---

[1] Es ist hier unerheblich, ob die Methode statisch ist oder eine Instanzmethode.

Hier wird ein Objekt instanziert, ohne es einer Referenzvariable zuzuweisen. Es wird durch die `throw`-Anweisung geworfen. Die Zuweisung erfolgt gegebenenfalls erst in einer `catch`-Klausel, nachdem die Methode in einem `try`-Block aufgerufen wurde.

Beispiel 16.6 (Stacktrace und Zurücksetzen des Stapels)
`StackTrace` ist auch eine statische Eigenschaft der Klasse `System.Environment`. Sie lässt sich also auch bei normalem Programmablauf ausgeben, was in diesem Beispiel geschieht. Weiterhin wird eine Methode definiert, deren einziger Zweck das Werfen einer Ausnahme ist. Es wird illustriert, wie die Ausnahme von `Main`, wo sie nicht abgefangen wird, an die Laufzeitumgebung weitergeleitet wird. Das Programm wird dann abgebrochen und *StackTrace* auf der Konsole ausgegeben.

```csharp
using System;
  class Class1
  {
    static void F()
    {
    Console.WriteLine(Environment.StackTrace);
      throw new ApplicationException("Ausnahme in F.");
    }

    static void Main()
    {
      Console.WriteLine(Environment.StackTrace);
      Console.WriteLine("Vor dem Aufruf von F.");
      F();
      Console.WriteLine("Nach dem Aufruf von F.");
      Console.WriteLine(Environment.StackTrace);
    }
  }
```

16.5 Die Schlüsselwörter checked und unchecked

Arithmetische Operationen von Ganzzahltypen und Typenkonvertierungen können zu einem Speicherüberlauf führen. Das Programm kann auf zweierlei Art und Weise darauf reagieren. Zum einen kann eine System.`OverflowException` geworfen werden. Zum anderen können überflüssige Bytes abgeschnitten werden. Eine arithmetische Operation verhält sich dann zyklisch, etwa so wie die Stunden einer Uhr. Dann ergibt 11 h + 2 h = 1 h.

Wie das Programm sich verhält, kann durch die Anweisungen `checked` und `unchecked` gesteuert werden. Es gibt zwei Syntaxen:

```
checked  Block
```

```
checked(Ausdruck)
```

In diesen Fällen wird wie oben beschrieben gegebenenfalls eine Ausnahme ausgelöst. Sie kann auch dann ausgelöst werden, wenn der Compilerschalter /checked gesetzt ist. Soll trotzdem keine Überlaufüberprüfung stattfinden, dann kann entsprechend das Schlüsselwort `unchecked` verwendet werden.

Übungen:

1. Schreiben Sie eine Klasse `Input`, die statische Methoden besitzt, welche die vordefinierten Werttypen aus der Konsole einlesen und zurückgeben. Gibt der Benutzer eine Zeichenkette ein, die nicht in den gewünschten Typ konvertiert werden kann, dann soll er während der Ausnahmebehandlung zu einer erneuten Eingabe aufgefordert werden.

17 Strukturen, Enumerationen und Boxing

17.1 Strukturen

Strukturen haben mit Klassen sehr vieles gemeinsam. In C++ wird zwischen den beiden Datentypen noch nicht einmal unterschieden[1]. Dort sind Klassen nämlich nicht notwendigerweise Verweistypen, sie können auch auf dem Stack abgelegt werden. Aber auch in C++ unterliegen die Objekte, die auf dem Stack abgelegt sind, einer Beschränkung. Polymorphie kann nur mit Objekten realisiert werden, die auf dem Heap gespeichert sind. Somit sind auch Gemeinsamkeiten und Unterschiede von Klassen und Strukturen in C# zumindest vage skizziert.

Strukturen werden auf dem Stack abgelegt. Sie können die gleichen Member mit denselben Zugriffsberechtigungen wie Klassen besitzen. Es sind auch statische Member möglich. Eine Struktur kann auch Konstruktoren besitzen. Sie werden aber etwas anders als die von Klassen verwendet. Es muss ja auch nicht mit dem new-Operator Speicherplatz auf dem Heap reserviert werden. Instanzen von Strukturen müssen trotzdem initialisiert werden.

Während sich in C++ durch Objekte, die auf dem Stack abgelegt sind, keine Polymorphie realisieren lässt, besitzen Strukturen in C# ein radikaleres Merkmal. Sie können gar nicht erst abgeleitet werden. Insbesondere gibt es auch keine abstrakten Strukturen oder virtuelle Methoden von Strukturen.

Um Strukturen verwenden zu können, müssen zwei Fragen geklärt werden:

1. Wie werden Strukturen definiert?
2. Wie werden sie initialisiert?

Alles andere verhält sich genauso wie bei den Klassen. So kann beispielsweise auf öffentliche Member mit der Punktsyntax zugegriffen werden.

Der wichtigste Unterschied zwischen der Definition einer Klasse und einer Struktur besteht darin, dass ihr nicht das Schlüsselwort class sondern struct vorangestellt ist. Es darf weiterhin keine Basisklasse angegeben werden. Jedoch können Schnittstellen implementiert werden.

---

[1] Es gibt aber in diesem Zusammenhang unwesentliche Unterschiede zwischen den Strukturen in C++ und denen in C#, wie es ja auch Unterschiede zwischen den Klassen in C++ und C# gibt.

Die Syntax lautet also wie folgt:

```
[Zugriffsberechtigung] struct Name [: Schnittstellen]
{
......
}
```

Beispiel 17.1 (Eine Struktur Color)
Hier wird eine Struktur beschrieben, deren Instanzen eine Farbe mit ihren RGB-Werten beschreibt. Diese können durch eine ganze Zahl vom Typ byte dargestellt werden. Der Rot-, Grün- und Blauanteil ist jeweils durch eine Zahl zwischen 0 und 255 bestimmt.

In der Main-Methode ist eine Variable White des Typs Color definiert. Diese wird anschließend initialisiert. Würde dieses unterbleiben, dann könnten die Variablen nicht verwendet werden. Im Gegensatz zu den Variablen von Klassen werden den Variablen keine Standardwerte zugewiesen.

Anschließend werden die Rot-, Grün- und Blauanteile in hexadezimaler Form ausgegeben.

```csharp
using System;
struct Color
{
public byte Red;
public byte Green;
public byte   Blue;
}
   class Class1
   {

      static void Main(string[] args)
      {
      Color White;
      White.Red=255;
      White.Green =255;
      White.Blue =255;

      Console.WriteLine(
"{0:X},{1:X},{2:X}",White.Red,White.Green,White.Blue);
      }
   }
```

Widmen wir uns nun der zweiten Frage, wie Strukturen initialisiert werden können. Insofern die Variablen öffentlich sind, können ihnen wie in Beispiel 17.1 Werte zugewiesen werden. Dieses Verfahren ist aber nicht nur umständlich, sondern versagt auch, wenn die Variablen privat sind. Hier kommen nun die Konstruktoren von Strukturen ins Spiel.

Zunächst soll eine Standardinitialisierung vorgenommen werden. Sollen die Variablen mit ihren Standardwerten initialisiert werden, dann kann der Standardkonstruktor verwendet werden. Jede Struktur besitzt einen Standardkonstruktor, der die Variablen mit ihren Standardwerten belegt. Sie haben daher auch nicht die Möglichkeit, einen eigenen Standardkonstruktor zu schreiben. Dieses würde der Compiler Ihnen mit einer Fehlermeldung quittieren. Sie können jedoch parametrisierte Konstruktoren definieren.

Die Syntax für den Aufruf von Konstruktoren ist die gleiche wie bei den Klassen. Es wird auch das Schlüsselwort new verwendet. Hier bezeichnet es jedoch keinen Operator, der auf dem Heap Speicherplatz reserviert, sondern eine Instanz einer Struktur wird mit diesem Schlüsselwort initialisiert. Dieselbe Instanz kann auf die gleiche Art später erneut initialisiert werden. Somit gewinnt dieses Schlüsselwort hier auch einen eigenen Sinn.

Beispiel 17.2 (Das Beispiel 17.1 wird mit einem Konstruktor angereichert)

Hier wird ein Konstruktor definiert, dem drei Bytes für die Rot-, Grün- und Blauwerte übergeben werden. In der Main-Methode wird zuerst der Standardkonstruktor verwendet. Anschließend wird die selbe Instanz mit dem anderen Konstruktor erneut initialisiert.

```
using System;
struct Color
{
public byte Red;
public byte Green;
public byte Blue;

    public Color(byte Red,byte Green,byte Blue)
    {
    this.Red = Red;
    this.Green = Green;
    this.Blue = Blue;
    }
}

    class Class1
    {
        static void Main(string[] args)
        {
        Color White = new Color();
```

```
    Console.WriteLine(
"{0:X},{1:X},{2:X}",White.Red,White.Green,White.Blue);

    White = new Color(255,255,255);

    Console.WriteLine(
"{0:X},{1:X},{2:X}",White.Red,White.Green,White.Blue);
    }
  }
```

Wir können uns nun auch einen erweiterten Blick auf die vordefinierten Datentypen erlauben. Insofern sie Werttypen sind, sind sie Strukturen[1]. So haben sie einen Standardkonstruktor, der eine Instanz mit dem Standardwert initialisiert. Die direkte Zuweisung des Standardwertes ist jedoch i. A. kürzer. Es gibt weiterhin die öffentliche Methode ToString, die eine Zeichenkettenrepräsentation des Wertes liefert. Die statische Methode Parse, die wir schon öfters verwendet haben, ist in gewisser Weise die Umkehrung von ToString.

Strukturen können effizienter als Klassen sein, wenn sie sehr klein sind, sie also nur wenige Daten kapseln. Dieses ist z. B. bei den vordefinierten Werttypen der Fall. In diesem Fall kann es performanter sein, sie direkt auf dem Stack abzulegen, anstatt auf dem Heap eine Instanz zu erzeugen, und auf dem Stack einen Verweis auf diese Instanz abzulegen. Wenn aber die Datenmenge relativ groß ist, dann muss auch auf dem Stack entsprechend viele Bytes reserviert werden. Bei umfangreichen Stackoperationen kann dieses sogar öfter notwendig sein. Es ist dann ökonomischer, auf dem Stack Verweise abzulegen, nachdem das Objekt einmal auf dem Heap erzeugt worden ist. Auch bei der Parameterübergabe by Value an eine Methode wird ja eine Kopie auf dem Stack abgelegt. Eine Struktur wird dabei als Ganzes kopiert, während ein Objekt einer Klasse unverändert auf dem Heap verharrt. Es wird nur ein Verweis kopiert.

17.2 Enumerationen

Insofern ein Werttyp keine Struktur ist, ist er eine Enumeration. Enumerationen stellen Auflistungen von Konstanten eines Ganzzahltyps außer des Typs char dar. Es können keine weiteren Member definiert werden. Sie sind eigene Typen und können nicht implizit in den Ganzzahltyp konvertiert werden. Damit stehen auch die arithmetischen Operationen nicht zur Verfügung. Eine explizite Umwandlung in einen Ganzzahltyp ist jedoch möglich.

---

[1] Alle vordefinierten Werttypen sind Strukturen. Es können aber auch Enumerationen definiert werden, die ebenfalls Werttypen, aber keine Strukturen sind. Sie haben jedoch mit den letzteren viel gemeinsam, so dass alle Werttypen in C# als „Klassen" charakterisiert werden können, die statt auf dem Heap auf dem Stack abgelegt werden. (Siehe auch den nächsten Abschnitt)

Die Syntax zur Definition einer Enumeration sieht wie folgt aus:

```
[Zugriffsberechtigung] enum Bezeichner [:Grundtyp]
{
Liste der Konstanten (durch Komma getrennt)
}
```

Wird kein Grundtyp angegeben, sind die Konstanten vom Typ int. Die Namen der Konstanten sind frei gewählte Bezeichner. Sie werden durch Kommata getrennt. Sind ihnen keine Werte zugewiesen, dann erhält die erste Konstante den Wert 0, die zweite den Wert 1, usw. Jeder Konstanten kann aber auch ein beliebiger Wert des Grundtyps zugewiesen werden. Insbesondere ist auch eine negative Zahl möglich. Wird der folgenden Konstante kein Wert zugewiesen, dann erhöht sich ihr Wert um eins bezüglich des Wertes der unmittelbar vorangegangenen Konstanten.

Es können zwar keine eigenen Methoden definiert werden, es stehen aber vordefinierte Methoden zur Verfügung. Sehr wichtig ist die Methode ToString. Sie liefert die Bezeichnung einer Konstanten als Zeichenkette.

Beispiel 17.3 (Wochentage)

Hier wird eine Enumeration Week definiert. Ihre Konstanten repräsentieren die Wochentage. In der Main-Methode wird die Verwendung der Enumeration illustriert. Eine Variable dieses Typs wird initialisiert. Die Werte der Enumeration können so wie statische Konstanten verwendet werden.

```csharp
using System;
enum Week
{
Sun,
Mon,
Tue,
Wed,
Thu,
Fri,
Sat,
}

class Class1
{

  static void Main(string[] args)
  {
    Week myWeek = Week.Mon;
```

```
    Console.WriteLine(myWeek);
  }
}
```

Enumerationen können auch als Bitfelder verwendet werden. D. h. auf ihnen sind die bitweisen Operationen möglich. Sie sind bezüglich der Operationen abgeschlossen. Es gehören also alle ganzzahligen Werte zu einer Enumeration, welche durch die bitweisen Operationen aus den Konstanten gewonnen werden können. Falls ein so erhaltener Wert keiner Konstanten entspricht, dann liefert die Methode ToString die Zahl als Zeichenkette zurück. In Kapitel 19 und insbesondere in Beispiel 19.3 werden wir sehen, wie sich dieses Verhalten der Methode ToString ändern lässt.

Enumerationen bieten nicht nur Möglichkeiten zur exklusiven Wahl an, sondern in gewissen Fällen will man mehrere Alternativen wählen. Zu diesem Zweck wird die bitweise Oder-Verknüpfung verwendet.

Beispiel 17.4 (Enumeration als Bitfeld)

Hier wird eine Enumeration definiert, deren Konstanten 5 Fälle repräsentieren. Ihnen sind Zweierpotenzen zugeordnet. Damit ist die bitweise Oder-Verknüpfung umkehrbar, d. h das Ergebnis einer Oder-Verknüpfung kann in seine Bestandteile zerlegt werden. Die Umkehrung wird durch die bitweise Und-Verknüpfung realisiert.

Es wird weiterhin eine Methode F definiert, welche bitweise Oder-Verknüpfungen rückgängig macht. Sie liefert ein Array der Länge 5 zurück. Wenn eine der Konstanten ausgewählt worden ist, dann wird diese an der entsprechenden Stelle dem Array zugewiesen. Ist eine Konstante nicht ausgewählt, dann wird 0 zugewiesen. 0 ist auch ein Wert der Enumeration, da sie durch eine bitweise Operation erhalten werden kann, beispielsweise durch:

```
MehrereFälle.Fall1 & MehrereFälle.Fall21
```

Hier folgt nun die Definition der Enumeration:

```
enum MehrereFälle : byte
{
Fall1 = 1,
Fall2 = 2,
```

---

[1] 0 gehört stets zu einer Enumeration. Sei c eine Konstante einer Enumeration, dann haben wir:
$0 = c \ \& \ {\sim}c;$

```
Fall3 = 4,
Fall4 = 8,
Fall5 = 16
}
```

Und hier ist die Methode F definiert:

```
MehrereFälle [] F(MehrereFälle mf)
{
MehrereFälle [] m = new MehrereFälle[5];

m[0] = MehrereFälle.Fall1 & mf;
m[1] = MehrereFälle.Fall2 & mf;
m[2] = MehrereFälle.Fall3 & mf;
m[3] = MehrereFälle.Fall4 & mf;
m[4] = MehrereFälle.Fall5 & mf;

return m;
}
```

17.3 Boxing

Eine Struktur oder eine Enumeration besteht wie eine Klasse aus einer Zusammenfassung von Variablen und Methoden. Der wesentliche – wenn auch nicht der einzige – Unterschied ist der, dass eine Instanz einer Struktur oder einer Enumeration nicht auf dem Heap, sondern auf dem Stack abgelegt wird. Theoretisch ist es vorstellbar, eine Instanz eines Werttyps auf den Heap zu kopieren. Würde man dann nicht ein Objekt einer Klasse erhalten? Aber welcher Klasse? Sie würde aber auf jeden Fall von der Klasse object abstammen. Durch eine implizite Typenkonvertierung könnte dann ein Werttyp in den Typ object konvertiert werden. Der Vorteil wäre ein einheitliches Typensystem. Alle Typen, also auch Werttypen, würden dann von der Klasse object abstammen. Einer Methode beispielsweise, die einen Übergabeparameter vom Typ object erwartet, könnte dann auch eine Instanz eines Werttypes übergeben werden. Weiterhin stünden dann einem Werttyp auch die Methoden der Klasse object zur Verfügung, so z. B. die virtuellen Methoden ToString und Equals.

In der Tat ist eine Umwandlung von einem Werttyp in einen Verweistyp möglich. Dieses geschieht durch eine implizite Typenumwandlung in den Typ object. Es stehen dann aber nur die Methoden der Klasse object zur Verfügung. Der wesentliche Vorteil besteht nun darin, dass die virtuellen Methoden in einer Struktur überschrieben werden können. Da diese überschriebenen Methoden i. A. auf die Daten eines Objektes zugreifen, werden sie dann auch auf den Heap kopiert.

Bildlich gesprochen werden die Daten auf den Heap kopiert und in ein Objekt eingepackt. Dieser Vorgang heißt daher auch Boxing. Die Daten werden auch dazu gebraucht, um diesen

Vorgang wieder Rückgängig zu machen. Dieser inverse Vorgang heißt Unboxing. Er wird durch eine explizite Typenumwandlung bewerkstelligt. Ist diese explizite Umwandlung nicht möglich, dann wird eine `InvalidCastException` geworfen.

Beispiel 17.5 (Boxing und Unboxing)

Hier wird ein Integer in einen Verweistyp konvertiert. Durch das anschließende Unboxing wird wieder ein Integer erhalten. Die Variable n erhält dann wieder den Wert 7.

```
int n = 7;
object o = n;
n = 8;
n = (int)o;
Console.WriteLine("Der Wert von n: {0}",n);
```

Interessant ist hier die letzte Zeile. Hier findet nämlich ein implizites Boxing statt. Für den Platzhalter {0} wird laut Syntax ein Objekt erwartet, dessen `ToString`-Methode an dieser Stelle aufgerufen wird. Die Variable n von einem Werttyp wäre hier fehl am Platz. Passender wäre an dieser Stelle die Variable o nach dem Boxing. Der Compiler führt hier aber ein implizites Boxing durch.

Wenn sSe hintereinender mehrere Methoden mit einen Werttyp füttern wollen, die eigentlich den Typ object erwarten, dann findet jedes Mal ein implizites Boxing statt. Es ist in dieser Situation vorteilhafter, zuvor einmal explizit zu boxen.

Eine Struktur kann auch Schnittstellen implementieren. Diese sind ja bekanntlich Verweisty-pen. Daher findet auch ein Boxing statt, wenn eine Instanz eines Werttyps in eine Schnittstelle konvertiert wird. Durch eine explizite Typenumwandlung kann das Boxing wieder rückgän-gig gemacht werden.

18 Streams und Dateioperationen

18.1 Einführung

Durch Datenströme können Informationen von einem Ort zu einem anderen transportiert werden. Diese können etwa durch Netzwerke geschickt werden. Häufig werden sie aber von einem Programm zu peripheren Ausgabegeräten wie Drucker, Festplatte oder Bildschirm, bzw. von peripheren Eingabegeräten, wie Tastatur, Maus oder Festplatte zu einem Programm geleitet. Sie können auch innerhalb desselben Programms oder zwischen verschiedenen Programmen versendet werden. Einer der wichtigsten Anwendungen von Datenströmen ist zweifelsohne das Schreiben und Lesen von Dateien.

Einem Programm wird während seiner Ausführung vom Betriebssystem Prozessorzeit zugewiesen. Außerdem ist ihm ein gewisser Bereich im Arbeitsspeicher reserviert. Alleine mit diesen Voraussetzungen verhält sich ein Programm sehr „autistisch". Eine Kommunikation mit dem Anwender ist so kaum möglich. Sie geschieht mittels peripherer Geräte. Häufig werden aber außerdem Daten aus dem Programm heraus in eine Datei geschrieben oder aus einer Datei gelesen. Damit ein Programm Daten verarbeiten kann, was ja seine einzige Daseinberechtigung ist, muss es solche von Eingabegeräten empfangen und auch wieder an Ausgabegeräte verschicken können. Ohne Streams – oder einen passenden Ersatz[1] – läuft gar nichts. Es ist daher auch kein Wunder, dass Sie bis jetzt bereits, ohne es zu bemerken, mit Streams hantiert haben. Jede Konsoleanwendung macht von der Klasse `Console` Gebrauch. Diese Klasse stellt bekanntlich Methoden zum Schreiben und Lesen bereit. Diese schreiben in den Standardeingabe- bzw. lesen aus dem Standardausgabestream.

In allen gängigen Plattformen ist ein Byte die kleinste Einheit, in der Informationen dargestellt werden können. Datenströme bestehen daher aus einer Folge von Bytes. Damit können sehr komplexe Informationen dargestellt werden. Sogar Objekte sehr unfangreicher Klassen lassen sich beispielsweise als Folge von Bytes in einer Datei abspeichern bzw. aus ihr lesen.

Da Datenströme Informationen von bzw. zu peripheren Geräten transportieren, wird durch das Konzept der Streamklassen eine logische Schicht über die peripheren Geräte gelegt. Modellhaft kann ein Datenstrom als Bytesequenz aufgefasst werden. Wie diese nun physisch, etwa in einem Speichermedium, dargestellt ist, bleibt unerheblich. Eine Streamklasse besitzt i. A. Methoden, um aus den Bytefolgen zu lesen, in sie zu schreiben oder zu einer bestimmten Stelle zu gelangen.

---

[1] Ein solcher Ersatz könnten die API-Methode (API = Application Programming Interface) des Betriebsystems sein. Der Zugriff auf periphere Geräte wird auf jeden Fall durch das Betriebssystem bewerkstelligt. Die Streamklassen legen aber eine abstrakte Schicht über die API-Methoden, so dass ein einheitlicher und einfacher Zugriff auf periphere Geräte möglich ist.

Einen Bytestrom kann man mit einem Zeileneditor vergleichen. Ein Zeileneditor besteht aus einer endlichen Folge von Zeichen. Dieser können beliebig viele Zeichen hinzugefügt werden. Weiterhin besitzt er einen Cursor, der zwischen der Anfangsposition und der Stelle hinter dem letzten Zeichen positioniert werden kann. Weiterhin kann an der Stelle des Cursors ein neues Zeichen geschrieben oder das dort vorhandene gelesen werden. Ein Bytestrom besteht nicht aus einer Folge von Zeichen, sondern von Bytes. Ebenso gibt es einen imaginären Cursor, der zwischen dem Anfang und hinter dem letzten Byte positioniert werden kann. An dieser Position kann ein Byte geschrieben oder gelesen werden. Es ist sogar möglich – wieder in Analogie zu einem Zeileneditor – ein Array von Bytes zu schreiben oder zu lesen.

Der Vergleich mit einem Zeileneditor geht sogar noch weiter. Wenn ein Zeichen mit einem Byte codiert wäre, dann könnte man einen Bytestrom sogar als ein Modell eines Zeileneditors auffassen. Ein Zeichen belegt aber im Unicodezeichensatz zwei Bytes. Will man Zeichen in Streams schreiben bzw. aus ihnen lesen, müssen sie zunächst in zwei Bytes codiert bzw. aus zwei Bytes decodiert werden. Es gibt für diesen Zweck Klassen, die sich als zusätzliche Abstraktionsschicht über einen Stream legen. Sie kapseln einen Stream und stellen Methoden zum Schreiben und Lesen von Texten bereit. Auch für die anderen elementaren Datentypen gibt es Klassen, die einen Stream kapseln und die Methoden zum Schreiben und Lesen dieser Typen zur Verfügung stellen. Auch diese müssen also nicht in eine Folge von Bytes codiert oder decodiert werden.

18.2 Die Klasse Stream

Byteströme werden in Klassen gekapselt, die alle von einer Basisklasse abstammen. Diese ist die abstrakte Klasse `System.IO.Stream.`. Auch dadurch können sie weitgehend einheitlich und unabhängig von den unterliegenden peripheren Geräten behandelt werden.

Aus Datenströmen soll gelesen oder in sie hinein geschrieben werden. Dabei soll auch die aktuelle Position in der Bytefolge verändert werden können. In einigen Klassen stehen nicht alle drei Funktionalitäten zur Verfügung. So kann beispielsweise in gewisse Datenströme, die über weite Distanzen in einem Netzwerk verschickt werden, entweder nur geschrieben oder nur aus ihnen gelesen werden. Teilweise werden Streamklassen in Ein- und Ausgabeströme unterteilt.

Die Klasse `Stream` besitzt eine virtuelle Methode, mit der ein Byte in die aktuelle Position geschrieben werden kann:

```
public virtual void WriteByte(byte value);
```

Wenn in einer abgeleiteten Klasse kein Schreiben möglich ist, dann wird eine Ausnahme vom Typ `NotSupportException` geworfen.

Weiterhin gibt es eine virtuelle Methode, die das Byte an der aktuellen Position einliest und als Integer zurückgibt:

```
public virtual int ReadByte();
```

Wenn in einer abgeleiteten Klasse kein Lesen möglich ist, dann wird eine Ausnahme vom Typ NotSupportException geworfen.

Warum ist nun der Rückgabetyp int und nicht byte, was ja auf den ersten Blick nahe liegend wäre? Nun, wenn kein Byte gelesen werden kann, etwa weil das Ende des Streams erreicht ist, oder weil zunächst noch gewartet werden muss, bis weitere Bytes übertragen werden, wird der Wert -1 zurückgegeben.

Beispiel 18.1 (Kopieren von Streams)

Hier wird eine statische Methode vorgestellt, die ein Stream in einen anderen Stream kopiert. Als Übergabeparameter werden Quell- und Zielstream erwartet. Da alle Streamklassen von der abstrakten Klasse Stream abstammen, können damit beliebige Streams kopiert werden. Es wird hier nur vorausgesetzt, dass sie Lese- und Schreibzugriff gestatten, andernfalls wird eine Ausnahme vom Typ NotSupportException geworfen.

```
using System;
using System.IO;

class Class1
{
static void copy(Stream source, Stream destination)
{
int n=0;

  while((n = source.ReadByte()) != -1)
  {
  destination.WriteByte((byte)n);
  }
}
}
```

Solange source.ReadByte() nicht -1 zurückgibt, wird Byte für Byte eingelesen und in den Zielstream geschrieben. Man müsste hier noch berücksichtigen, dass der Lese- und Schreibvorgang ab der aktuellen Position vorgenommen wird.

Wie kann nun also das Positionieren vorgenommen werden. Es gibt eine abstrakte Methode, mit der man positionieren kann:

```
public abstract long Seek(long offset, SeekOrigin origin );
```

Der erste Parameter gibt die Anzahl der Bytes an, um welche die Positionierung verrückt werden soll. Ist der Wert positiv, dann wird nach vorne, andernfalls nach hintern positioniert. Der zweite Parameter gibt an, ab welcher Position umpositioniert werden soll. `SeekOrigin` ist eine Enumeration mit den Werten `Begin`, `Current` und `End`. Mit ihnen wird der Anfang, die aktuelle Position und das Ende des Streams angegeben. Wird das Positionieren in einer abgeleiteten Klasse nicht unterstützt, dann wird eine `NotSupportException` geworfen. Der Rückgabewert ist die neue Position innerhalb des Streams.

Alternativ kann zum Positionieren auch eine Eigenschaft verwendet werden:

```
public abstract long Position {get; set;}
```

Gegebenenfalls kann die Eigenschaft auch eine `NotSupportException` werfen.

Ob das Lesen, Schreiben oder Positionieren in einer Streamklasse oder auch nur in einer Instanz unterstützt wird, kann an Hand von drei Eigenschaften ermittelt werden:

```
public abstract bool CanRead {get;}

public abstract bool CanSeek {get;}

public abstract bool CanWrite {get;}
```

Diese drei Eigenschaften sind schreibgeschützt, so dass ihr Wert nicht willkürlich verändert werden kann. Da hinter ihnen entsprechende Eigenschaften peripherer Geräte stehen, ist dieses auch sehr sinnvoll. Man würde vielleicht sogar vermuten, dass diese Klasseneigenschaften sind. Sie müssten dann auch als statische Eigenschaften definiert werden. Diese Eigenschaften können sich aber in der Tat von Instanz zu Instanz ein und derselben Streamklasse unterscheiden.

Ein unmittelbarer Nachfahre der Klasse `Stream` ist die Klasse `FileStream`. Sie ermöglicht einen Dateizugriff. Nun kann beispielsweise eine Datei schreibgeschützt sein bzw. die notwendige Berechtigung nicht erteilt werden. Die Werte dieser Eigenschaften in den einzelnen Instanzen hängen von derartigen Eigenschaften ab.

Beschäftigen wir uns noch mal mit dem Lesen und Schreiben! Da die Klasse `Stream` abstrakt ist, gibt es auch noch nichts zum Lesen oder Schreiben. Von dieser Überlegung her müssten die beiden Methoden `ReadByte` und `WriteByte` abstrakt und nicht nur virtuell sein. Diese beiden Methoden machen aber Gebrauch von zwei abstrakten Methoden. Diese realisieren dann in den konkreten abgeleiteten Klassen den Schreib- und Lesezugriff auf periphere Geräte. Mit ihnen ist es nicht nur möglich, ein einzelnes Byte zu lesen oder zu schreiben. Man kann mit ihnen Array von Bytes lesen und schreiben. Gelesen oder geschrieben wird jeweils ab der aktuellen Position, die zuvor mit `Seek` festgelegt werden kann. Wenn das Lesen oder das Schreiben nicht unterstützt wird, dann lösen diese Methoden ursprünglich die `NotSupportException` aus. Die Methoden `ReadByte` und `WriteByte` leiten die

Ausnahme nur weiter. Falls die Verbindung zu dem peripheren Gerät unterbrochen wird, wird Ausnahme vom Typ `IOException` geworfen.

Betrachten wir zunächst die Methode zum Lesen:

```
public abstract int Read( byte[] buffer, int offset, int
count);
```

Die gelesenen Bytes werden in ein Array gestellt, der als erster Parameter übergeben wird. Der zweite Parameter gibt die nullbasierte Position in dem Array an, ab der die gelesenen Bytes dort hineingestellt werden sollen. Der dritte Parameter gibt die maximale Anzahl der Bytes an, die gelesen werden sollen. Da die Anzahl der tatsächlich gelesenen Bytes geringer sein kann, wird ihre Anzahl zurückgegeben. Dieses ist der Fall, wenn weniger Bytes zur Verfügung stehen oder wenn die Länge des Array nicht ausreicht.

Die Methode zum Schreiben ist ähnlich aufgebaut:

```
public abstract void Write( byte[] buffer, int offset, int
count);
```

Als erster Parameter wird ein Array von Bytes übergeben. Der zweite Parameter gibt die nullbasierte Position an, ab der die Bytes in den Stream kopiert werden. Die maximale Anzahl an Bytes, die in den Stream geschrieben werden sollen, gibt der dritte Parameter an.

Die Methode `Write` ist in vielen Streamklassen so implementiert, dass die geschriebenen Bytes zunächst zwischengepuffert werden. Dadurch werden Systemressourcen gespart. Andernfalls müssten bei jedem Schreibvorgang Bytes an das periphere Gerät geschickt werden. Es ist ökonomischer, die Bytes erst einmal zu sammeln, und dann auf einmal an das periphere Gerät zu senden. Eine Entleerung des Puffers bewirkt einen Aufruf der Methode

```
public abstract void Flush();
```

Da ein Bytestrom Systemressourcen, wie Netzwerk-, Datenbankverbindungen oder geöffnete Verbindungen zu einer Datei verbraucht, sollte er geschlossen werden, wenn er nicht mehr benötigt wird. Dieses bewerkstelligt die Methode

```
public virtual void Close();
```

Die Methode sollte in einer abgeleiteten Klasse so implementiert werden, dass `Flush` aufgerufen wird, bevor der Stream geschlossen wird. Ist er bereits geschlossen, werden bei Lese- und Schreibversuchen Ausnahmen geworfen.

18.3 Die Klasse FileStream

Durch Instanzen dieser Klasse kann auf Dateien zugegriffen werden. Die vererbten abstrakten Methoden zum Lesen, Schreiben und Positionieren werden überschrieben und können sinngemäß aufgerufen werden. Eine Datei wird i. A. im wahlfreien Zugriff geöffnet. Das bedeutet, dass die Eigenschaft `CanSeek` auf `true` gesetzt ist.

Um diese Klasse zu verwenden, müssen Sie noch wissen, wie Instanzen erzeugt werden. In den Konstruktoren – es gibt mehrere überladene Konstruktoren – wird die eine Instanz mit einer physischen Datei verknüpft.

Es gibt insgesamt 9 Konstruktoren. Da sie in der Onlinehilfe dokumentiert sind, sollen hier nicht alle besprochen werden. Es wird lediglich eine repräsentative Auswahl getroffen. Allen ausgewählten Konstruktoren müssen Dateinamen und Pfad als String übergeben werden. Es werden jedoch auch noch weitere Parameter erwartet, wie etwa der Erstellungsmodus:

```
public FileStream(string path, FileMode mode);
```

Der Erstellungsmodus gibt beispielsweise an, ob nur eine vorhandene Datei geöffnet oder ob gegebenenfalls eine Datei neu erstellt werden soll. Er ist in der folgenden Enumeration definiert.

```
public enum FileMode
```

Die Werte sind wie folgt aufgelistet:

Name	Erstellungsmodus
Append	Eine vorhandene Datei wird geöffnet und die Position des Streams an das Ende gesetzt. Wenn die Datei nicht existiert, dann wird sie erzeugt.
Create	Eine vorhandene Datei wird überschrieben. Wenn die Datei nicht existiert, dann wird sie erzeugt.
CreateNew	Die Datei soll neu erstellt werden. Wenn sie bereits existiert, wird eine `IOException` geworfen.
Open	Eine vorhandene Datei soll geöffnet werden. Sie wird aber nicht notwendigerweise überschrieben. Ist die Datei nicht vorhanden, wird eine `FileNotFoundException` geworfen.
OpenOrCreate	Ein vorhandene Datei wird geöffnet. Sie wird aber nicht notwendigerweise überschrieben. Wenn sie nicht vorhanden ist, dann wird sie erzeugt.
Truncate	Eine vorhandene Datei soll geöffnet und abgeschnitten werden, so dass ihre Größe 0 Bytes beträgt.

Die Modi existieren nicht ganz unabhängig voneinander. So bedeutet `Create`, dass `Truncate` verwendet wird, wenn die Datei bereits existiert, andernfalls, dass `CreateNew` verwendet wird. Dagegen verwendet `Open` nicht `Truncate`. `OpenOrCreate` verwendet nicht `Truncate`, sondern `Open`.

Um einen Pfad als Zeichenkette darzustellen, ist zu beachten, dass das Backslash ein Escapezeichen ist. Dieses können Sie durch das @-Zeichen unterdrücken oder ein doppeltes Backslash verwenden. Es gibt aber noch eine dritte Möglichkeit. Sie können auch die Unix-Schreibweise verwenden und anstelle des Backslash ein Slash schreiben.

Beispiel 18.2 (Schreiben in und Lesen aus einer Datei)

Mit Hilfe des oben beschriebenen Konstruktors wird eine Datei geöffnet bzw. neu angelegt. Wenn kein absoluter, sondern nur ein relativer Pfad übergeben wird, dann bezieht er sich relativ zu dem aktuellen Pfad. Dieser ist der Pfad zu der ausführbaren Datei.

Es werden zunächst alle möglichen Bytezustände in eine Datei geschrieben und anschließend wieder ausgelesen. Nach dem Schreiben wird der Puffer, über den ein Filestream verfügt, zunächst geleert. Dadurch werden die Daten tatsächlich in die Datei geschrieben. Vor dem Lesevorgang wird die Position mit der Methode `Seek` auf den Anfang des Streams gesetzt.

Mit Hilfe eines externen Texteditors können Sie auch sehen, dass die entsprechenden Werte tatsächlich in die physische Datei geschrieben wurden.

```csharp
using System;
using System.IO;

class Class1
{
   static void Main()
   {
FileStream file = new
FileStream("MyFile.txt",FileMode.OpenOrCreate);

      Byte [] bytes = new Byte[256];

        for(int b=0; b<= 255; b++)
        {

          bytes[b] = (byte)b;
        }
```

```csharp
file.Write(bytes,0,256);

file.Flush();

for(int b=0; b<= 255; b++)
{

   bytes[b]=(byte)0;
}


file.Seek(0,SeekOrigin.Begin);

file.Read(bytes,0,256);

file.Close();

foreach(Byte b in bytes)
   Console.WriteLine(b);
  }
}
```

Um ein Gefühl für die verschiedenen Erstellungsmodi zu bekommen sollten Sie sie in dem
Beispielprogramm ändern und ausprobieren. Es sei abschließend noch bemerkt, dass die Da-
teizugriffe mit einer entsprechenden Ausnahmebehandlung versehen werden sollten (siehe
dazu die Übung). Aus Gründen der Übersicht haben wir sie hier weggelassen. Beim Transfer
von Daten zu oder von peripheren Geräten können immer Fehler, etwa Hardwarefehler auftreten. Es ist daher dringend empfohlen, diese abzufangen.

Wie an dem Beispiel zu sehen ist, wird mit diesem Konstruktor eine Datei für den Schreib-
und Lesezugriff geöffnet. Will man aber die Art des Zugriffs steuern, dann steht eine zweite
überladene Version des Konstruktors zur Verfügung:

```csharp
public FileStream(string path, FileMode mode,
FileAccess access)
```

Als drittes Argument wird die Enumeration `FileAccess` erwartet. Sie besitzt die Werte
`Read`, `ReadWrite` und `Write`, die wohl selbsterklärend sind. Es sind nicht alle diese Werte in Kombination mit allen Zugriffsmodi verträglich. Einige Zugriffsmodi wie etwa `Trun-
cate` ergeben nur mit der Schreibberechtigung Sinn. Es werden die Eigenschaften `CanRead`
und `CanWrite` entsprechend gesetzt.

Wenn eine Datei aus einem Programm heraus geöffnet wird, dann kann es unerwünscht sein,
dass von einem anderen Programm aus auf diese zugegriffen werden kann. Das wird wohl
insbesondere dann der Fall sein, wenn in die Datei geschrieben werden soll. Es ist dann aber

eventuell unerheblich, ob von einem anderen Programm aus die Datei nur gelesen wird. Standardmäßig wird eine Datei so geöffnet, dass sie von anderen Benutzern gelesen, aber nicht in sie hineingeschrieben werden kann. Für viele Zwecke ist das sicherlich hinreichend. Will man aber anderen Benutzern eine andere Zugriffsberechtigung gewähren, dann steht für diesen Zweck ein weiterer überladener Konstruktor zur Verfügung:

```
public FileStream(
    string path,
    FileMode mode,
    FileAccess access,
    FileShare share )
```

Das vierte Argument ist ebenfalls eine Enumeration. Durch sie kann bestimmt werden, ob andere Benutzer die geöffnete Datei ebenfalls zum Lesen oder Schreiben öffnen dürfen. Die Werte der Enumeration sind in folgender Tabelle aufgelistet.

Name	Zugriffsberechtigung
None	Die Datei wird mit exklusiver Berechtigung geöffnet. Die Datei kann dann nicht mehr durch ein anderes oder dasselbe Programm geöffnet werden.
Read	Die geöffnete Datei kann anschließend zum Lesen geöffnet werden.
ReadWrite	Die geöffnete Datei kann anschließend zum Lesen und Schreiben geöffnet werden.
Write	Die geöffnete Datei kann anschließend zum Schreiben geöffnet werden.

18.4 Die Klassen TextWriter und Streamwriter

Nehmen wir einmal an, wir wollen eine Textdatei erstellen. Diese Aufgabe reduziert sich darauf, Zeichenfolgen in einen Bytestrom zu schreiben. Nun belegt ein Zeichen im Unicodezeichensatz bekanntlich zwei Bytes. Zu jedem Zeichen könnte man dann die entsprechenden zwei Bytes bestimmen, etwa durch folgende Methode:

```
void CharToByte(char c,out byte b1,out byte b2)
    {
        int unicode = c;

        b2=(byte) unicode;
```

```
    b1=(byte)(unicode >> 8);
}
```

Diese zwei Bytes könnten dann in einen Bytestrom geschrieben werden. Da nun das Schreiben von Text in Byteströme keine seltene Angelegenheit ist, gibt es bereits eine Klasse, die entsprechende Methoden zur Verfügung stellt. Die Klasse `System.IO.StreamWriter` kapselt einen Strom, in den sie Text schreiben kann. Sie stammt von der abstrakten Klasse `System.IO.TextWriter` ab. Diese stellt bereits alle Methoden zum Schreiben zur Verfügung. Daher werden wir sie zuerst behandeln.

Es gibt 17 überladene Versionen der Methode `Write`. Die zwei grundlegendsten sind:

```
public virtual void Write( char value );
```

```
public virtual void Write( string value);
```

Die erste schreibt ein Zeichen und die zweite eine Zeichenkette.

Weiterhin gibt es überladene Versionen für alle vordefinierten NET-Typen. Sie schreiben ebenfalls eine Zeichenkette, nämlich diejenige, welche die Methode `ToString` zurückliefert. Dieses Verhalten kennen sie sicherlich schon von der gleichnamigen Methode der Klasse `Console`. Die Ähnlichkeit ist nicht zufällig, wie bereits bemerkt worden ist. Sie geht sogar noch weiter, so dass das Folgende auch zu einem vertieften Verständnis der Klasse `Console` beiträgt.

Von der Klasse `Console` ist ihnen bereits bekannt, dass eine Zeichenfolge als Übergabeparameter Platzhalter besitzen kann. Diese stehen für Objekte, die als zusätzliche Parameter angefügt werden. Diejenige Überladung von `Write`, die das leistet, sieht wie folgt aus:

```
public virtual void Write(
    string format,
    params object[] arg);
```

In diesem Zusammenhang ist auch die statische Methode

```
public static string Format(
    string format,
    params object[] args
);
```

der Klasse `string` interessant. Sie verhält sich fast genauso, nur schreibt sie nicht in einen Stream, sondern liefert stattdessen eine Zeichenkette. In der Onlinehilfe ist diese Methode beschrieben. Daher erhalten Sie in der Onlinehilfe auch alle wesentlichen Informationen darüber, wie Sie Zeichenketten formatieren können, die in einen Stream geschrieben werden sollen.

Die Klasse stellt außerdem noch entsprechend überladene Methoden `WriteLine` zur Verfügung. Sie verhalten sich wie die überladenen Methoden `Write`, es wird aber noch ein Zeilenendezeichen angefügt. Dieses steht nicht statisch fest, sondern kann der Eigenschaft

```
public virtual string NewLine {get; set;}
```

zugewiesen werden. Standardmäßig wird jedoch `"\r\n"` verwendet.

Wenden wir uns nun der Klasse `StreamWriter` zu! Da sie einen Bytestrom kapselt, wird der Bytestrom dem Konstruktor übergeben. Der einfachste Konstruktor sieht daher wie folgt aus:

```
public StreamWriter(Stream stream );
```

Es stehen weiterhin die Methoden `Close` und `Flush` zur Verfügung. Durch den Aufruf von `Flush` werden alle vorhandenen Puffer entleert und ihr Inhalt an das zugrunde liegende periphere Gerät geschickt. `Close` schließt den Streamwriter und den unterliegenden Bytestrom.

Erstaunlich ist nun, dass die Unicodezeichen nicht als solche kodiert werden, wie das folgende Beispiel zeigt:

Beispiel 18.3 (Verwendung der Klasse StreamWriter mit der Standardkodierung)

Hier wird ein Filestream und ein dazu passender Streamwriter erzeugt. Die Dateizugriffsoperationen werden in einem `try-catch`-Block geschrieben, um mögliche Fehler beim Dateizugriff abzufangen. Damit die Datei auf jeden Fall geschlossen wird, geschieht das in dem `finally`-Block. Nachdem ein Text in die Datei geschrieben wurde, werden die Bytes mit dem Filestream wieder ausgelesen. Die Werte der Bytes werden dann auf der Konsole ausgegeben.

```csharp
using System;
using System.IO;

  class Class1
  {

    static void Main(string[] args)
    {
      StreamWriter sw = null;
      byte [] bytes = null;

      try
      {
```

```csharp
            FileStream fs = new
            FileStream("Test.txt",FileMode.OpenOrCreate);

            sw = new StreamWriter(fs);

            sw.WriteLine("Hello World");

            sw.Flush();

            fs.Seek(0,SeekOrigin.Begin);

            bytes = new byte[fs.Length];

            fs.Read(bytes,0,(int)fs.Length);

            foreach(byte b in bytes)
            Console.WriteLine( b);

        }
        catch(Exception e)
        {
            Console.WriteLine(e.Message);
        }
        finally
        {
        if(sw!=null)
        sw.Close();
        }
    }
  }
```

Das Programm liefert folgende Ausgabe:

```
72
101
108
108
111
32
87
111
114
108
100
13
10
Press any key to continue
```

Deutlich zu sehen sind hier die ASCII-Zahlen 13 für das Zeichen ' \r ' und 10 für das Zeichen ' \n '. Aber auch die anderen Zeichen sind nicht im Unicode, sondern im ASCII-Code dargestellt. Sie belegen jeweils ein Byte. Wie ist dieses erstaunliche Ergebnis zu verstehen?

Durch die Standardkodierung werden die Zeichen offensichtlich nicht im Unicode in den Bytestrom geschrieben. Es wird nämlich die *UTF-8 Kodierung* verwendet.

Die UTF-8 Kodierung stellt die Zeichen der gängigsten Sprachen Platz sparend dar. Insbesondere werden die ASCII-Zeichen, welche die ersten 7 Bits belegen[1], nur mit einem Byte dargestellt, und zwar entsprechend der ASCII-Konvention. Dadurch wird eine gewisse Kompatibilität zu dem ASCII-Zeichensatz hergestellt, der aus historischen Gründen sehr weit verbreitet ist. Da nur die 7 Bits belegt werden, ist das höchste Bit nicht gesetzt. Dadurch wird gekennzeichnet, dass das Zeichen nur ein Byte belegt. Ist das höchste Bit gesetzt, dann werden mehr Bits zur Kodierung des Zeichens benötigt. Wie viele Bytes gebraucht werden, wird durch die nächsten niederen Bits angezeigt. Gebräuchlich sind zur Zeit bis zu drei Bytes. Mit ihnen können alle Unicodezeichen dargestellt werden. Folgende Tabelle gibt einen Überblick:

Von	Bis	Byte	Darstellung
\u0000	\u007F	1	0nnnnnnn
\u0080	\u07FF	2	110nnnnn 10nnnnnn
\u0800	\uFFFF	3	1110nnnn 10nnnnnn 10nnnnnn

Beispiel 18.4 (UTF-8 Kodierung)

Das Beispiel 18.3 wird etwas abgewandelt, so dass ein Text mit Umlauten in die Datei geschrieben wird. Die Bytes werden dann hexadezimal dargestellt.

```csharp
using System;
using System.IO;

class Class1
{
static void Main(string[] args)
{
StreamWriter sw = null;
byte [] bytes = null;
```

---

[1] Ursprünglich belegte der ASCII-Zeichensatz auch nur 7 Bits. Dadurch konnten alle Zeichen des angelsächsischen Sprachraums dargestellt werden und noch gewisse Sonderzeichen wie Steuerzeichen. Aber Sonderzeichen einiger europäischer Sprachen wie z. B. Umlaute konnten nicht dargestellt werden. Um diese ebenfalls darzustellen, wurde der ASCII-Zeichensatz auf 8 Bits erweitert. In der UTF-8 Kodierung werden für diese dann zwei Bytes benötigt.

```csharp
try
{
FileStream fs = new
FileStream("Test.txt",FileMode.OpenOrCreate);

sw = new StreamWriter(fs);

sw.WriteLine("Ein störrischer Esel äßt in der Steppe");

sw.Flush();

fs.Seek(0,SeekOrigin.Begin);

bytes = new byte[fs.Length];

fs.Read(bytes,0,(int)fs.Length);

foreach(byte b in bytes)
Console.WriteLine("{0:x}", b);

}
catch(Exception e)
{
Console.WriteLine(e.Message);
}
finally
{
if(sw!=null)
sw.Close();
}
}
}
```

Die Anwendung schreibt die folgenden Bytes in die Datei. Sie sind hier hexadezimal dargestellt.

45 69 6E 20 73 74 C3 B6 72 72 69 73 63 68 65 72 20 45 73 65 6C 20 C3 A4 C3 9F 74 20 69
6E 20 64 65 72 20 53 74 65 70 70 65 D A

Ein Vergleich mit der obigen Tabelle ergibt, dass folgende zwei Bytes ein Zeichen darstellen:
C3 B6, C3 A4, C3 9F. Dies sind die Umlaute ‚ö', ‚ä' und 'ß'. Die anderen Zeichen sind
ASCII-Zeichen und werden mit einem Byte dargestellt. Einfach zu erkennen ist z. B., dass
das Leerzeichen durch den ASCII-Kode 20 hexadezimal (dezimal: 32) dargestellt ist.

Man ist jedoch nicht an die Standardkodierung gebunden. Der Namensraum `System.Text` besitzt mehrere Klassen zur Kodierung von Zeichenketten. U. A. ist auch eine Kodierung im Unicodezeichensatz möglich. Um eine von der Standardkodierung abweichende Kodierung zu wählen, ist eine Instanz dieser Klassen an geeignete überladene Versionen des Konstruktors zu übergeben, etwa folgendem Konstruktor:

```
public StreamWriter(Stream stream, Encoding encoding ;
```

Um sich hier nicht weiter in Details zu verlieren, sei der Leser an die Onlinedokumentation verwiesen.

Es soll allerdings noch ein Konstruktor erwähnt werden, der sehr einfach einen Streamwriter erzeugt, mit dem in eine Datei geschrieben werden kann:

```
public StreamWriter(string path );
```

Es ist der Dateiname einschließlich ihres Pfades als Zeichenkette zu übergeben.

18.5 Die Klassen TextReader und StreamReader

Diese Klassen sind die Gegenparts zu den oben beschriebenen Klassen. Die Klasse `Stream-Reader` stammt von der abstrakten Klasse `TextReader` ab. Diese stellt Methoden zum Lesen bereit. Es gibt zwei überladene Methoden `Read`. Die Methode

```
public virtual int Read();
```

liefert die Unicodezahl des nächsten Zeichens und verschiebt die Leseposition unmittelbar hinter dieses Zeichen. Falls kein Zeichen gelesen werden konnte, wird -1 zurückgegeben.

Will man mehrere Zeichen gleichzeitig einlesen und in ein Array stellen, dann verwendet man:

```
public virtual int Read(
    char[] buffer,
    int index,
    int count );
```

Er werden *count* Zeichen eingelesen und ab der Stelle *index* in das Array *buffer* gestellt. Die Anzahl der tatsächlich eingelesenen Zeichen wird zurückgegeben.

Durch die Methode

```
public virtual string ReadLine();
```

kann eine Zeile gelesen werden. Das Zeilenende wird durch das Wagenrücklaufzeichen `'r'` oder das Zeilenumbruchzeichen `'n'` gekennzeichnet. Diese Zeichen werden selbst nicht gelesen, sondern übersprungen. Die gelesene Zeile wird als Zeichenkette zurückgegeben.

Auch die Klasse `Console` verfügt über solche Methoden zum Lesen. Sie verwendet dabei intern auch einen Textwriter.

Um die Klasse `StreamReader` zu verwenden, ist zu klären, wie Instanzen erzeugt werden können. Hier gibt es eine Analogie zu der Klasse `StreamWriter`. Beide Klassen besitzen Konstruktoren, denen der zugrunde liegende Bytestrom übergeben werden muss. Zusätzlich kann noch ein `Encoding`-Parameter übergeben werden. Es gibt in beiden Klassen noch überladene Versionen, die anstelle des Bytestroms einen Dateipfad als Zeichenkette erwarten.

Beispiel 18.5 (Internetzugang)
Dieses Beispielprogramm startet eine http-Anfrage an einen Server im Internet. Die Antwort wird in Form eines Bytestroms zur Verfügung gestellt. Um ihn legen wir einen Streamreader, um mit ihm den HTML-Code auszugeben.

Der Namensraum `System.Net` stellt Klassen für den Netzwerkzugriff, und damit auch für den Internetzugriff zur Verfügung. Die abstrakte Klasse `System.Net.WebRequest` ist die Basisklasse für Anfragen[1] an einen Server in einem Netzwerk. Diese besitzt die statische Methode

```
public static WebRequest Create(string request);
```

Der Rückgabetyp ist die abstrakte Klasse selbst. Da von ihr keine Instanzen erzeugt werden können, ist das nur möglich, wenn eine Instanz einer abgeleiteten Klasse zurückgeliefert wird. Beginnt die Zeichenkette *request* mit *http://*, dann wird ein Objekt der Klasse `System.Net.HttpWebRequest` zurückgegeben. Wenn die Anfrage nicht gestellt werden konnte, wird eine Ausnahme geworfen.

Konnte die Anfrage erfolgreich gestellt werden, dann erhält man ein Objekt des Typs `WebRequest`. Die Methode

```
public virtual WebResponse GetResponse();
```

liefert dann die Antwort. Sie ist in einer Instanz der Klasse `WebResponse` gekapselt. Wir interessieren uns für den Bytestrom der Antwort. Dieser wird von der Methode

```
public virtual Stream GetResponseStream();
```

---

[1] Dieses ist so zu verstehen, dass die abgeleiten Klassen Schnittstellen für Anfragen zur Verfügung stellen.

der Klasse WebResponse[1] geliefert.

```csharp
using System;
using System.IO;
using System.Net;

class Class1
{

   static void Main(string[] args)
   {
   HttpWebRequest myHttpWebRequest = null;
   Stream myStream= null;
   StreamReader myStreamReader = null;

      try
      {
         myHttpWebRequest = (HttpWebRequest)
WebRequest.Create("http://www.joergitte.de");

         myStream =
myHttpWebRequest.GetResponse().GetResponseStream();

         myStreamReader = new StreamReader(myStream);

         char [] line = new char[80];
         int count=0;

         do
         {
            count = myStreamReader.Read(line,0,80);
            Console.WriteLine(line);
         }while(count !=0);
      }
      catch(Exception e)
      {
         Console.WriteLine(e.Message);
      }
      finally
      {
         if(myStreamReader != null)
            myStreamReader.Close();
      }
```

---

[1] Diese Klasse ist ebenfalls abstrakt. Hier haben wir es mit der abgeleiteten Klasse System.Net.HttpWebResponse zu tun.

```
    }
}
```

18.6 Die Klasse FileInfo und DirectoryInfo

Eine Instanz der Klasse `System.IO.FileInfo` beschreibt eine Datei. Diese kann – aber sie muss nicht – wirklich existieren. Sie kann sogar durch eine Methode erst erstellt werden. Die Eigenschaften dieser Klasse beschreiben die Eigenschaften einer Datei. Ihre Methoden stehen für Dateioperationen, wie Erstellen, Öffnen, Kopieren, Löschen und Verschieben. Die Klasse `System.IO.DirectoryInfo` beschreibt in analoger Weise ein Verzeichnis. Beide Klassen stammen von `System.IO.FileSystemInfo` ab. Gemeinsame Eigenschaften und Methoden beider Klassen können Sie unter dieser Klasse in der Onlinedokumentation einsehen.

Es gibt nur einen Konstruktor der Klasse `FileInfo`, nämlich:

```
public FileInfo(string fileName );
```

Das übergebene Argument muss einen vollständigen Dateipfad einschließlich des Dateinamens darstellen. Falls es keinen gültigen Pfad oder Dateinamen repräsentiert, dann wird eine Ausnahme geworfen. Ebenso wird eine Ausnahme geworfen, wenn der Verzeichnispfad nicht gefunden werden konnte oder der Benutzer nicht die erforderliche Berechtigung besitzt. Um nähere Informationen zu erfahren, sei auf die Onlinehilfe verwiesen.

Beispiel 18.6 (Konstruktor und einige Eigenschaften der Klasse FileInfo)
In diesem Beispiel wird eine Instanz der Klasse `FileInfo` erzeugt. Wenn die Datei noch nicht existiert, wird sie angelegt. Anschließend werden der Zeitpunkt des letzten Zugriffs und die Dateigröße beispielhaft ausgegeben.

```csharp
using System;
using System.IO;

class Class1
{
    static void Main(string[] args)
    {
    string fileName = @"C:\Temp\Test.txt";

    FileInfo myFile = null;

        try
        {
        myFile = new FileInfo(fileName);

        if(!myFile.Exists)
```

```csharp
    myFile.Create();

  Console.WriteLine("Letzter Dateizugriff:");
  Console.WriteLine( myFile.LastAccessTime);

  Console.WriteLine("Größe der Datei:");
  Console.WriteLine(myFile.Length);
  }
  catch(Exception e)
  {
  Console.WriteLine(e.Message);
  }

  }
}
```

Die Klasse `FileInfo` besitzt mehrere Methoden, die ein `FileStream`-Objekt bzw. einen Textwriter oder Textreader zurückgeben (siehe Onlinedokumentation).

Beispiel 18.7 (Schreiben in eine Textdatei)
Dieses Beispielprogramm erstellt eine Textdatei. Wenn sie bereits vorhanden ist, wird der Benutzer gefragt, ob er sie überschreiben will oder ob der Text angehängt werden soll. Dazu hat er einen booleschen Wert einzugeben. Die dafür notwendige Eingabeüberprüfung wird in einer eigenen statischen Methode ausgelagert. Dadurch wird das Programm nicht nur übersichtlicher, sondern die Eingabeüberprüfung wird später noch einmal benötigt.

Je nach Wahl des Benutzers wird die Instanzmethode `CreateText` oder `AppendText` der Klasse `FileInfo` aufgerufen. Die erstere liefert einen Textwriter zurück, nachdem sie die Datei neu angelegt hat. Falls sie bereits existiert, wird die alte zuvor gelöscht. Die letztere liefert ebenfalls einen Textwriter zurück. Mit ihm kann der Text an die vorhandene Datei angehängt werden.

Den Text kann der Benutzer zeilenweise eingeben. Nach jeder Zeileneingabe wird er gefragt, ob er eine weitere Zeile eingeben will. Dazu hat er wiederum einen booleschen Wert einzugeben. Hier wird erneut die Eingabeüberprüfung benötigt.

```csharp
using System;
using System.IO;

class Class1
{

   static void Eingabeüberprüfung(ref bool b)
   {
      while(true)
```

```csharp
        {
            try
            {
                b = bool.Parse(Console.ReadLine());
                break;
            }
            catch(Exception e)
            {
                Console.WriteLine("Wiederholen Sie die Eingabe!");
            }
        }
    }

    static void Main(string[] args)
    {
        string fileName = @"C:\Temp\myTxt.txt";

        FileInfo myTextFile;

        StreamWriter sw = null;

        bool b = true;

        try
        {
            myTextFile = new FileInfo(fileName);

            if(myTextFile.Exists)
            {
                Console.WriteLine("Die Datei existiert bereits.");
                Console.WriteLine(
"Soll sie überschrieben oder der Text angehängt werden?");
                Console.WriteLine(
"Geben Sie 'TRUE' für überschreiben und" +
 "'FALSE' für anhängen ein! ");


                Eingabeüberprüfung(ref b);

                if(b)
                    sw = myTextFile.CreateText();
                else
                    sw = myTextFile.AppendText();

            }
            else
            {
                sw = myTextFile.CreateText();
```

```
        }

        b = false;

        do
        {
        Console.WriteLine("Geben Sie eine Textzeile ein!");
        sw.WriteLine(Console.ReadLine());
        Console.WriteLine(
"Möchten Sie eine neue Zeile eingeben?(TRUE/FALSE)");
        Eingabeüberprüfung(ref b);

        }while(b);


    }
    catch(Exception e)
    {
        Console.WriteLine(e.Message);
    }
    finally
    {
    if(sw != null)
        sw.Close();
    }
  }
}
```

Beispiel 18.8 (Lesen aus einer Textdatei)

Die in Beispiel 18.7 erzeugte Textdatei soll hier ausgelesen werden. Dazu wird wieder ein
FileInfo-Objekt erzeugt. Durch die Eigenschaft LastWriteTime wird der Zeitpunkt
der letzten Änderung ermittelt. Die Methode OpenText liefert einen Textreader, mit dessen
Hilfe dann der Inhalt der Datei ausgelesen wird.

```
using System;
using System.IO;

class Class1
{

  static void Main(string[] args)
  {
    string fileName = @"C:\Temp\myTxt.txt";
```

```csharp
    FileInfo myTextFile;

    StreamReader sr = null;

    string s = string.Empty;

    try
    {
    myTextFile = new FileInfo(fileName);
    Console.WriteLine(
"Zeitpunkt der letzten Änderung der Datei:");
    Console.WriteLine(myTextFile.LastWriteTime);
    Console.WriteLine(string.Empty);
    sr = myTextFile.OpenText();

        while((s=sr.ReadLine())!=null)
        {
        Console.WriteLine(s);
        }
    }
    catch(Exception e)
    {
    Console.WriteLine(e.Message);
    }
    }
}
```

Mit Hilfe der Klasse `FileInfo` können Dateien angelegt werden. Allerdings muss der entsprechende Verzeichnispfad existieren. Wenn er nicht vorhanden ist, wirft die Methode `Create` ein Ausnahme. Er kann dann aber mit einer Instanz der Klasse `DirectoryInfo` angelegt werden. Sie verfügt ebenfalls über eine Methode `Create`.

Die Klasse `DirectoryInfo` besitzt wie die Klasse `FileInfo` nur einen Konstruktor:

```csharp
public DirectoryInfo(string path);
```

Mit dieser Klasse können Verzeichnisse erstellt oder verschoben oder auf ihre Unterverzeichnisse oder Dateien zugegriffen werden. Weiterhin werden Eigenschaften von Verzeichnissen zugänglich gemacht. Die Verwendungsweise soll hier nur an Hand eines Beispiels illustriert werden. Weitere Informationen entnehmen Sie bitte der Onlinedokumentation.

Beispiel 18.9 (Kopieren eines Verzeichnisses)
Hier wird eine statische Methode vorgestellt, die ein Verzeichnis in ein anderes kopiert. Sie heißt `copyDirectory`. Ihr sind zwei Zeichenketten zu übergeben, die erste bezeichnet das Quellverzeichnis, die zweite das Zielverzeichnis. Es werden mit diesen Argumenten zwei Instanzen der Klasse `DirectoryInfo` erzeugt, eine für das Quellverzeichnis und eine für

das Zielverzeichnis. Mit der Methode `GetFiles` werden die Dateien des Quellverzeichnisses ermittelt. Diese stehen in Form eines Arrays vom Typ `FileInfo` zur Verfügung. Diese Klasse besitzt die Instanzmethode `CopyTo`, mit der die Dateien in das Zielverzeichnis kopiert werden. Nun müssen noch die Unterverzeichnisse kopiert werden. Diese liefert die Methode `GetDirectories`. Für jedes Unterverzeichnis wird dann die Methode `copyDirectory` erneut aufgerufen. Dieses ist ein Beispiel eines rekursiven Methodenaufrufs. Da Verzeichnisbäume endlich sind, terminiert diese Rekursion, d. h. es findet keine unendliche Rekursion statt.

Die Verzeichniszugriffe werden in `try-catch`-Blöcken eingefasst. Die möglichen Fehlerquellen fangen bereits bei dem Übergabeparameter an. Sie müssen einen Verzeichnispfad darstellen, dürfen also keine unerlaubten Zeichen enthalten. Das Quellverzeichnis sollte auch vorhanden sein, und für beide Verzeichnisse sollten die passenden Zugriffsberechtigungen existieren. In den `catch`-Blöcken werden die Ausnahmen mit zusätzlichen Informationen an den Aufrufer der Methode `copyDirectory` weitergereicht.

```csharp
using System;
using System.IO;

class Class1
{

    static void copyDirectory(string source, string destination)
    {
    DirectoryInfo src = null, dest = null;

        try
        {
        src = new DirectoryInfo(source);
        }
        catch(Exception e)
        {
        throw new ArgumentException(
        "Fehler im ersten Argument",source,e);
        }

        try
        {
            dest = new DirectoryInfo(destination);
        }
        catch(Exception e)
        {
            throw new ArgumentException(
        "Fehler im zweiten Argument",destination,e);
        }
```

```csharp
  if(!src.Exists)
     throw new ArgumentException("Der Quellpfad " + source +
" existiert nicht");

  try
  {
    if(!dest.Exists)
       dest.Create();
  }
  catch
  {
  throw new IOException("Der Zielpfad " + destination +
" kann nicht angelegt werden.");
  }

  FileInfo [] files = src.GetFiles();

  foreach(FileInfo file in files)
  {
  file.CopyTo(destination +"/"+ file.Name);
  }

  DirectoryInfo [] dirs = src.GetDirectories();

  foreach(DirectoryInfo dir in dirs)
  {
  copyDirectory(dir.FullName,destination + "/"+src.Name);
  }

 }

 static void Main(string[] args)
 {
   try
   {
     copyDirectory("C:/Temp","C:/Test");
   }
   catch(Exception e)
   {
   Console.WriteLine(e.Message);
   }
 }
}
```

18.7 Die Klassen BinaryReader und BinaryWriter

Sie haben vielleicht schon von der Unterscheidung in Text- und Binärdateien gehört. Allgemeiner lassen sich Datenströme in Text- und Binärströme unterscheiden. In der Sprache JAVA wird diese Unterscheidung sogar durch unabhängige Ableitungshierarchien der Streamklassen zum Ausdruck gebracht. Im Gegensatz dazu sind in C# alle Streamklassen von der abstrakten Klasse `Stream` abgeleitet. Um Text in einen Bytestrom zu schreiben, steht die Klasse `StreamWriter` zur Verfügung. Eine Instanz dieser Klasse „umhüllt" einen Bytestrom. Analog kann mit der Klasse `Streamreader` Text aus einem Bytestrom gelesen werden. Es können nicht nur Zeichen und Zeichenketten geschrieben und gelesen werden, sondern auch Objekte in ihrer textuellen Form, indem die Methode `ToString` aufgerufen wird. Daten liegen aber in einem Programm in binärer Form vor. Ein Integer beispielsweise belegt 4 Bytes. Sein Wert ist durch den Zustand dieser 4 Bytes eindeutig bestimmt. In solcher binärer Form sollen häufig auch Daten in einen Bytestrom geschrieben oder aus ihm gelesen werden. Die Klassen `BinarWriter` und `BinaryReader` stellen die dafür notwendigen Methoden bereit. Deren Konstruktoren ist daher auch ein entsprechender Bytestrom zu übergeben. Zusätzlich kann auch – wie Sie es bereits von den Klassen `StreamWriter` und `Streamreader` – kennen eine Instanz der Klasse `System.Text.Encoding` übergeben werden. Es können ja auch Zeichen und Zeichenketten übergeben werden. Standardmäßig wird die UTF-8 Kodierung verwendet.

Es stehen folgende Konstruktoren zur Verfügung:

```
public BinaryWriter(Stream);

public BinaryWriter(Stream, Encoding);

public BinaryReader(Stream);

public BinaryReader(Stream, Encoding);
```

Diese zwei Klassen legen eine zusätzliche Abstraktionsschicht über die rohen Byteströme. Sie stellen Methoden zum Schreiben und Lesen von Daten zur Verfügung. Ohne diese Methoden müsste etwa ein Integer als ein Bytearray der Länge 4 dargestellt werden. Betrachten wir zunächst die Methoden zum Schreiben der Klasse `BinaryWriter`! Sie liegen alle in Form von überladenen Versionen der Methode `Write` vor. Diese besitzen den Rückgabetyp `void`. Als Übergabeparameter kommen alle elementaren Datentypen in Frage, also der Typ `bool`, alle Ganzzahltypen (einschließlich des Typs `char`), alle Gleitkommatypen und der Typ `decimal`. Von dem Typ `byte` und `char` können auch Arrays übergeben werden. Weiterhin kann der Datentyp `string` übergeben werden. Es wird dann die Länge der Zeichenkette vorangestellt. Diese ist notwendig, um sie wieder zu lesen. Alle anderen Datentypen besitzen eine vordefinierte Größe. Wenn ihre Anfangsposition in dem Bytestrom bekannt ist, dann ist auch bekannt, welcher Abschnitt in der Folge der Bytes des Stroms den entsprechenden Wert darstellt. Da die Länge einer Zeichenkette nicht festgelegt ist, muss sie auch in den Bytestrom geschrieben werden.

Nach jedem Schreibvorgang wird die aktuelle Position um die Anzahl der geschriebenen Bytes nach vorne versetzt. Diese kann mit der Methode `Seek` verändert werden.

Es stehen weiterhin die Methoden `Flush` und `Close` zur Verfügung. Sie verhalten sich so, wie die entsprechenden Methoden der Klasse `StreamWriter`.

Zu jeder der überladenen `Write`-Methoden stellt die Klasse `BinaryReader` eine entsprechende Lesemethode zur Verfügung. Diese eignen sich nur zum Vorwärts lesen. Aus diesem Grund müssen die Daten in der Reihenfolge eingelesen werden, in der sie zuvor geschrieben worden sind.

Die Lesemethoden sind in gewisser Weise symmetrisch zu den Schreibmethoden aufgebaut. Die Eingangsparameter der Schreibmethoden entsprechen den Rückgabewerten der Lesemethoden, Während die Schreibmethoden keine Werte zurückgeben, erwarten die Lesemethoden keine Eingangsparameter. Die Parameterliste der Lesemethoden ist daher leer. Aus diesem Grund kann es auch keine überladenen Lesemethoden geben, da sich überladene Methoden in der Parameterliste unterscheiden müssen. Es gibt aber eine gewisse Namenskonvention. Der Name einer Lesemethode besteht aus der Bezeichnung `Read` gefolgt von der Typenbezeichnung. Es wird allerdings nicht der C#-Typname verwendet, sondern der NET-Name. So liest folgende Methode ein Integer, also eine 32 Bit Ganzzahl ein:

```
public virtual int ReadInt32();
```

Es gibt aber zwei Ausnahmen von der Konvention. Die Methoden zum Lesen von Byte- und Characterarrays sind wie folgt definiert:

```
public virtual byte[] ReadBytes(int count);

public virtual char[] ReadChars(int count);
```

Beispiel 18.10 (Speichern eines Objekts in einer Datei und Wiederherstellen des Objekts)

Der Zustand eines Objekts ist durch die Werte ihrer Variablen eindeutig bestimmt. Häufig wird auch der Gleichheitsoperator `==` entsprechend überladen. Diese Variablen können von einem Konstruktor initialisiert werden. Um nun ein Objekt in einer Datei zu sichern, genügt es, die Werte dieser Variablen zu speichern. Dieses geschieht hier durch eine Instanzmethode, die von der Klasse `BinaryWriter` Gebrauch macht.

Aber wie kann nun das Objekt aus der Datei wieder hervorgeholt werden? Eine Instanzmethode kann dazu nicht verwendet werden, da das Objekt noch gar nicht existiert. Also geschieht dieses durch eine statische Methode. Mit den Methoden der Klasse `BinaryReader` werden die Daten gelesen. Diese werden dann dem Konstruktor übergeben, der eine Instanz erzeugt. Ein Verweis auf sie wird zurückgegeben.

```csharp
using System;
using System.IO;

class myClass
{
private string name;
private int nummer;

public string Name
{
   set
   {name = value;}
   get
   {return name;}
}

public int Nummer
{
   set
   {nummer = value;}
   get
   {return nummer;}
}

public void save(string filename)
{
FileStream fs = null;
BinaryWriter bw = null;

   try
   {
     fs = new FileStream(filename,FileMode.Create);
     bw = new BinaryWriter(fs);
     bw.Write(name);
     bw.Write(nummer);
   }
   catch(Exception e)
   {
     throw new Exception(
"Das Objekt konnte nicht gesichert werden!",e);
   }
   finally
   {
   if(bw!=null)
   bw.Close();
   }
}
```

```
public myClass(String name, int nummer)
{
this.name = name;
this.nummer = nummer;
}

static public myClass retrieve(string filename)
{
FileStream fs = null;
BinaryReader br = null;
string s;
int n;
   try
   {
   fs = new FileStream(filename,FileMode.Open);
   br = new BinaryReader(fs);
   s = br.ReadString();
   n = br.ReadInt32();
   }
   catch(Exception e)
   {
      throw new Exception(
   "Das Objekt konnte nicht hergestellt werden!",e);
   }
   finally
   {
      if(br!=null)
         br.Close();
   }

   return new myClass(s,n);
}
}
```

18.8 Die Klassen BufferedStream und MemoryStream

Die Klasse `BufferedStream` stammt von der Klasse `Stream` ab. Einer Instanz liegt jedoch kein peripheres Gerät zugrunde, sondern ein anderer Bytestrom. In ihn kann geschrieben und aus ihm gelesen werden. Die Bytes werden jedoch im Arbeitsspeicher zwischengepuffert. Dadurch werden die aufwendigen Zugriffe auf die peripheren Geräte reduziert. Man gewinnt einen Performanzvorteil.

Den Konstruktoren ist ein Bytestrom zu übergeben. Es kann zusätzlich noch die Puffergröße übergeben werden. Die zwei Konstruktoren sehen wie folgt aus:

```
public BufferedStream(Stream stream );
```

```
public BufferedStream(Stream stream, int bufferSize );
```

Viele Byteströme, wie z. B. die Klasse `FileStream`, besitzen bereits einen internen Puffer. Netzwerkströme besitzen dagegen keine Puffer. Einige Klassen des Namensraums `System.NET` besitzen Methoden, die Netzwerkströme zurückgeben. Um diese kann dann eine Instanz der Klasse `BufferedStream` gelegt werden.

Beispiel 18.11 (Internetzugriff mit gepufferten Bytestrom)
Dieses Beispiel ist ähnlich wie das Beispiel 18.5 aufgebaut. Es wird jedoch die Klasse `WebClient` verwendet. Diese macht dann von den Klassen `WebClient` und `WebClient` Gebrauch. Die Methode `OpenRead` liefert einen Bytestrom. Dieser wird gepuffert. Über den Puffer wird dann noch ein Streamreader gelegt.

```csharp
using System;
using System.IO;
using System.Net;


class Class1
{
   static void Main(string[] args)
   {
     StreamReader sr = null;
     string s = string.Empty;
     try
     {
       WebClient myClient = new WebClient();
       BufferedStream bs = new
BufferedStream(myClient.OpenRead(
"http://www.joerg-witte.de"));
       sr = new StreamReader(bs);

       while((s=sr.ReadLine())!=null)
       Console.WriteLine(s);
     }
     catch(Exception e)
     {
     Console.WriteLine(e.Message);
     }
     finally
     {
     if(sr != null)
       sr.Close();
     }
   }
}
```

Auch die Klasse `MemoryStream` beansprucht Platz im Arbeitsspeicher, um die Folge der Bytes dort abzulegen. Dieses ist aber auch der einzige Sinn und Zweck dieser Klasse. Durch sie kann ein Sicherungsspeicher erstellt werden. Da ein Bytestrom im wesentlichen aus einer Sequenz von Bytes besteht, kann mit ihnen auch auf Arrays und dynamische Listen von Bytes einheitlich zugegriffen werden.

So wird etwa durch den Konstruktor

```
public MemoryStream(int capacity);
```

eine Instanz mit einer Anfangskapazität erstellt. Diese ist die Größe des internen Puffers. Dieser kann jedoch bei Bedarf vergrößert werden. Da auch Zeichenketten und elementare Typen in Byteströme geschrieben oder aus ihnen gelesen werden können, haben wir mit der Klasse `MemoryStream` auch die Möglichkeit, dynamische Listen und Tabellen zu   erzeugen.

Beispiel 18.12 (Tabelle als Bytestrom)

Dieses Beispielprogramm öffnet eine Excel-Tabelle und stellt sie im Arbeitsspeicher als eine Instanz der Klasse `MemoryStream` dar. Als Beispieltabelle habe ich folgende Mitarbeitertabelle zugrunde gelegt:

MitarbeiterNr.	Nachname	Vorname	Geburtdatum	Gehalt
1	Müller	Maria	31.12.1961	5000.-
2	Maier	Fritz	12.03.1950	4500,-

Von Excel aus muss diese Tabelle als csv-Datei[1] gespeichert werden. Als Verzeichnis ist hier „C:\Temp" gewählt worden. Eine csv-Datei ist eine Textdatei, in welcher Tabellen gespeichert werden. Datensätze werden durch einen Zeilenumbruch getrennt, je zwei benachbarte Felder eines Datensatzes durch ein Semikolon.

Die Datensätze der Textdatei werden nahe liegender Weise zeilenweise eingelesen. Dazu wird ein Streamreader verwendet, der über einen Filestream gelegt ist. Jede Zeile wird dann in die einzelnen Felder zerlegt. Dieses geschieht durch die Instanzmethode `Split` der Klasse `string`. Ihr ist das Trennzeichen, in diesem Fall das Semikolon, zu übergeben. Zurückgegeben wird ein Array des Typs `string`.

---

[1] Wählen sie im Menü „Datei" den Punkt „speichern unter".

Die Werte der Felder liegen nun in textueller Form vor. Diese müssen nun in ihren „eigentlichen" Typ konvertiert werden, etwa in den Typ int oder decimal. Es wird zu diesem Zweck die Ihnen bereits bekannte statische Methode Parse verwendet. Falls die Zeichenkette nicht das richtige Format besitzt, wird eine FormatException geworfen. In diesem Fall wird der Datensatz übersprungen. Es wird auf diese Art auch das Datumsformat überprüft, obwohl es als Zeichenkette in den Memorystream geschrieben wird. Solche Formatüberprüfungen – und auch eventuell weitere Konsistenzprüfungen - spielen bei der Datenübernahme in ein Programm sehr häufig eine wichtige Rolle. Daher spiegelt dieses Programm durchaus das „wirkliche Leben" wider.

Mit einem Binarywriter werden die Felder in der richtigen Reihenfolge in den Memorystream geschrieben. Die Tabelle steht nun dem Programm als Bytefolge zur weiteren Verarbeitung zur Verfügung. In unserem Beispiel werden die Felder wieder durch einen Binaryreader ausgelesen und auf der Konsole angezeigt. Bei Datenbankanwendungen werden solche Byteströme mit der Möglichkeit des Vorwärtslesen tatsächlich verwendet, so dass auch hier das Beispiel aus dem „wahren Leben" gegriffen ist.

```csharp
using System;
using System.IO;


class Class1
{
    static void Main(string[] args)
    {

    FileStream fs = null;
    StreamReader sr = null;
    string s = string.Empty;
    string [] ds = null;
    MemoryStream ms = null;
    BinaryWriter bw = null;
    long pos =0;

        try
        {
        fs = new
FileStream(@"C:\Temp\Mitarbeiter.csv",FileMode.Open,
FileAccess.Read);
        sr = new StreamReader(fs);

        ms = new MemoryStream(1024);
        bw = new BinaryWriter(ms);

            while((s=sr.ReadLine())!=null)
            {
```

```csharp
      pos = bw.BaseStream.Position;
      ds = s.Split(';');
         try
         {
         s = ds[0];
         bw.Write(int.Parse(s));

         s = ds[1];
         bw.Write(s);

         s = ds[2];
         bw.Write(s);

         s = ds[3];
         DateTime.Parse(s);
         bw.Write(s);

         s = ds[4];
         bw.Write(Decimal.Parse(s));
         }
         catch(FormatException e)
         {
            Console.WriteLine("{0} hat das falsche Format", s
         );
            Console.WriteLine(
      "Der Datensatz wird übersprungen");
            bw.Seek((int)pos,SeekOrigin.Begin);
         }
      }
}
catch(Exception e)
{
   Console.WriteLine(e.Message);
}
finally
{
   if(sr != null)
   {
      sr.Close();
   }
}

BinaryReader br = new BinaryReader(ms);

br.BaseStream.Position = 0;

while(br.BaseStream.Position < br.BaseStream.Length)
{
```

```
    Console.WriteLine("{0} \t {1} \t {2} \t {3} \t {4} ",
br.ReadInt32(), br.ReadString(),
br.ReadString(),br.ReadString(), br.ReadDecimal());
    }
  }
}
```

Übung:

1. Erweitern Sie das Programm in Beispiel 18.2 so, dass die Dateioperationen mit geeigneten Ausnahmebehandlungen versehen sind.

2. Schreiben Sie ein Programm, das aus dem Internet eine HTML-Seite anfordert und sie in einer Datei speichert.

3. Sie wollen Sicherheitskopien ihrer C#-Quellcodedateien erstellen. Wenn Sie mit einer Entwicklungsumgebung arbeiten, werden für jedes Projekt auch noch diverse andere Dateien und Unterverzeichnisse erstellt. Auf diese können Sie jedoch verzichten, um möglichst Platz sparende Sicherheitskopien zu erstellen. Das Projekt kann schließlich jederzeit neu erstellt werden. Schreiben Sie also ein Programm, dass aus einem Verzeichnisbaum alle C#-Quellcodedateien in einen entsprechenden zweiten Verzeichnisbaum kopiert.

4. Ändern Sie das Programm aus der vorangegangenen Übung so, dass eine Sicherheitskopie aktualisiert werden kann. Es sollen nur diejenigen Dateien kopiert werden, die nach der letzten Sicherheitskopie verändert wurden.

5. Erweitern Sie das Programm in Beispiel 18.12 so, dass die Überschriftenzeile beim Einlesen der Tabelle übersprungen wird.

6. Nachdem Sie die vorangegangene Übung absolviert haben, also nachdem nun die Überschriftenzeile übersprungen wird, ändern Sie das Programm so, dass bei einem Formatierungsfehler der Benutzer aufgefordert wird, diesen eventuell zu verbessern, damit der Datensatz nicht übersprungen werden muss.

19 Attribute

19.1 Metadaten

Ein Programm enthält neben Anweisungen auch Deklarationen. Sie enthalten Informationen
darüber, wie Variablen, Objekte oder Methoden verwendet werden können. In C++ werden
dieses Informationen häufig auch in einer gesonderten Datei untergebracht, der so genannten
Headerdatei. Der eigentliche Quellcode wird nur in kompilierter Form ausgeliefert, während
der Anwender etwa einer Programmbibliothek alle nötigen Informationen aus der Headerdatei
gewinnen kann. Dieses ist aber nicht nur eine Dokumentation, wie sie etwa durch Kommentare im Quellcode dargestellt werden können. Auch der Compiler erhält alle relevanten Informationen, etwa wieviel Speicherplatz auf dem Stack zu reservieren ist. In einer solchen Headerdatei können sogar noch zusätzliche Anweisungen an den Compiler untergebracht werden.

Informationen über ein Programm bzw. eine Programmbibliothek werden in vielen Programmiersprachen aus dem Quellcode ausgelagert und in einer eigenen Datei untergebracht. Solche Informationen heißen auch *Metadaten*. Die Metadaten eines C#-Programms werden dagegen nicht in einer eigenen Datei untergebracht, sondern in der Assembly gespeichert, also
nicht getrennt vom Programm dargestellt. Sie können dadurch auch dynamisch zur Laufzeit
abgerufen werden und das Laufzeitverhalten beeinflussen.

Beispiel 19.1 (dynamischer Zugriff auf einige Metadaten)

Die Klasse `object` besitzt die Instanzmethode `GetType`. Sie liefert ein Objekt der Klasse
`System.Reflection.Type`. Dieses Objekt kapselt Informationen über den Typ, etwa
über die öffentlichen Methoden. Diese Methoden sollen hier als Zeichenkette dargestellt werden. Es wird zu diesem Zweck eine statische Methode definiert, die ein Array des Typs
`string` zurückgibt. Jede einzelne Zeichenkette beschreibt eine öffentliche Methode. Es
werden der Rückgabetyp, der Name der Methode und die Übergabeparameter dargestellt. Als
Übergabeparameter wird ein beliebiges Objekt erwartet.

Der Namensraum `System.Reflection` stellt Klassen bereit, mit denen ein Zugriff auf
Metadaten möglich sind. Er wird daher mit der `using`-Klausel eingebunden. Eine dieser
Klassen ist `MethodInfo`. Eine Instanz dieser Klasse kapselt Informationen über eine Me-
thode. Ein Array dieses Typs ist der Rückgabetyp der Methode `GetMethods` der Klasse
`Type`. Sie liefert für jede öffentliche Methode ein Objekt des Typs `MethodInfo`. Aus ihm
werden Zeichenketten erstellt, die die Methode mit dem Rückgabetyp, ihren Namen und den
Typen der Übergabeparameter beschreiben.

In der `Main`-Methode wird die die hier erstellte statische Methode aufgerufen. Ihr wird eine Instanz der Klasse `object` übergeben. Sie sollten die Methode aber auch mit anderen Objekten ausprobieren. Interessant ist hierbei, wie öffentliche Eigenschaften dargestellt werden. Die Accessoren werden nämlich als öffentliche Methoden behandelt. Ihre Namen sind aus dem Präfix `set` bzw. `get` gefolgt von einem Unterstrich und dem Eigenschaftsnamen zusammengesetzt:

set_Eigenschaftsname

und

get_Eigenschaftsname

Diese Bezeichnungen können daher nicht noch einmal für eine Methode mit gleicher Signatur überladen werden. Es wird andernfalls ein Kompilierfehler gemeldet. Hier sehen Sie auch, dass Metainformationen nicht nur aus zusätzlichen Kommentaren bestehen, sondern auch den Kompiliervorgang beeinflussen können,

```csharp
using System;
using System.Reflection;

class Class1
{

static public string [] getMethods(object o)
{
Type type = o.GetType();
MethodInfo [] methods = type.GetMethods();
string s;
string [] M = new string[methods.Length];
int i=0;

    foreach(MethodInfo m in methods)
    {
    s=m.ReturnType.FullName;
    s+=" "+m.Name + "(";
    ParameterInfo [] parameters =  m.GetParameters();
        int n=0;
        foreach(ParameterInfo p in parameters )
        {
            s+= p.ParameterType.FullName;
            if(++n<parameters.Length)
            {
                s+=", ";

            }
        }
    }
```

```
        s+=")";
        n=0;
        M[i++]=s;
    }
return M;
}

static void Main(string[] args)
{
   object o = new object();
   string [] methods =getMethods(o);
   foreach(string method in methods)
   Console.WriteLine(method);
}
}
```

19.2 Verwendung von Attributen

Sie haben die Möglichkeit, die Metainformationen ihrer Assembly beliebig durch Attribute anzureichern. Attribute werden von dem NET-Framework durch die abstrakte Klasse `Sys-tem.Attribute` zu Verfügung gestellt. Sie müssen also eine abgeleitete Klasse verwenden. Sie können auch selbst eine eigene Klasse von `Attribute` ableiten. Ein Attribut bezieht sich immer auf ein bestimmtes Element des Quellcodes. Dieses kann die gesamte Assembly, eine Klasse oder auch ein Member einer Klasse wie etwa eine Methode sein. Über dieses Element liefert ein Attribut zusätzliche Metainformationen. Das Attribut ist diesem Element voranzustellen. Da ein Attribut nicht unmittelbar ausführbaren Code liefert, weicht die Syntax zur Initialisierung etwas von der üblichen Syntax ab. Ein Konstruktor eines Attributes wird in eckigen Klammern vor das Element geschrieben, auf welches es sich bezieht. Wir haben folgende Syntax:

[Konstruktor (Parameterliste)]

Hier sind die eckigen Klammern Bestandteil der Syntax und bezeichnen keinen optionalen Teil. Es können aber optional noch zusätzliche Werte übergeben werden, mit denen öffentliche Eigenschaften oder Felder initialisiert werden. Diese Parameter können nicht durch ihre Position in der Parameterliste identifiziert, sondern müssen als benannte Parameter übergeben werden. Ihre Syntax sieht wie folgt aus:

...,Bezeichner = Wert,....

Sollen einem Attribut keine Parameter übergeben werden, dann können die Klammern auch weggelassen werden. Es reicht, den Namen des Attributes anzugeben.

Attributnamen enden gewöhnlich mit dem Postfix `Attribute`. Dieser Postfix kann bei der Verwendung auch weggelassen werden.

Beispiel 19.2 (Bedingte Kompilierung)

Durch ein Attribut kann die Kompilierung von Methoden von gewissen Voraussetzungen abhängig gemacht werden. Diese Methoden werden nur dann übersetzt, wenn ein geeignetes Symbol definiert ist. Dieses kann durch die *Präprozessordirektive* `#define` definiert werden. Sie ist an den Anfang der betreffenden Quellcodedatei zu schreiben. Alternativ kann das Symbol auch durch den Compilerschalter `/define:` definiert werden.

Das Attribut `System.Diagnostics.ConditionalAttribute` ist der Methode, die bedingt kompiliert werden soll, voranzustellen. An die Methode ist noch eine zusätzliche Voraussetzung zu stellen. Sie muss den Rückgabetyp `void` haben. Andernfalls wären Zuweisungen möglich, die dann nur bedingt erfolgen würden. Dem Konstruktor ist das Symbol als Zeichenkette unter Berücksichtigung der Groß- und Kleinschreibung zu übergeben.

Bedingte Kompilierung wird häufig zu Testzwecken bzw. zum Debuggen verwendet. Die dafür notwendigen Methoden werden für den endgültigen Produktivbetrieb nicht mehr benötigt. Der Namensraum `System.Diagnostics` stellt Klassen zur Ablaufverfolgung und zum Protokollieren bereit. Einige von ihnen werden beispielsweise nur dann ausgeführt, wenn das Symbol `DEBUG` definiert ist. Wenn Sie mit einer geeigneten Entwicklungsumgebung arbeiten, und ein Programm im Debugmodus ausführen, wird automatisch das Symbol `DEBUG` definiert.

Hier wird nun eine Klasse mit einer öffentlichen Eigenschaft definiert. Wenn ihr ein neuer Wert zugewiesen wird, dann wird auch eine Methode aufgerufen, welche den neuen Wert auf der Konsole zum Zweck der Ablaufverfolgung ausgibt. Dieses geschieht aber nur, wenn das Symbol `DEBUG` definiert ist.

In der `Main`-Methode wird eine Instanz der Klasse erzeugt und der Eigenschaft ein Wert zugewiesen. Diesen zeigt das Programm auf der Konsole an. Sie sollten die Präprozessordirektive einmal auskommentieren, um zu sehen, dass der Wert dann nicht mehr angezeigt wird. Wenn Sie mit einer geeigneten Entwicklungsumgebung arbeiten, dann starten Sie das Programm im Debugmodus. Sie werden sehen, dass das Symbol dann automatisch definiert wird.

```
#define DEBUG
using System;
using System.Diagnostics;

public class Class2
```

```
{
private int n;

   public int Nunber
   {
      set
      {n=value;
      F(n);
      }
      get
      {return n;}
   }

   [ConditionalAttribute("DEBUG")]
   protected void F(int n)
   {
   Console.WriteLine(n);
   }
}

class Class1
{

   static void Main(string[] args)
   {
   Class2 c = new Class2();
      c.Nunber = 5;
   }
}
```

Beispiel 19.3 (Das Flags-Attribut)

Das Attribut `System.FlagsAttribute` wird auf Enumerationen angewendet. Dieses ist von Relevanz, wenn die Enumeration als Bitfeld verwendet werden soll. Auf die Konstanten einer Enumeration kann auf jeden Fall die bitweise Oder-Verknüpfung angewendet werden. Das Flags-Attribut wirkt sich aber auf die Methode `ToString` aus. Ist ein Wert einer Enumeration das Ergebnis einer bitweisen Oder-Verknüpfung der Konstanten, dann gibt die Methode `ToString` eine Auflistung der Namen der Konstanten zurück. Andernfalls wird eine Zeichenkettenrepräsentation der resultierenden Zahl geliefert.

Betrachten Sie als Beispiel folgendes Programm:

```
using System;

[Flags]
enum myEnum:byte
{
```

```
const1=1,
const2=2,
const3=4,
const4=8
}

class Class1
{
   static void Main(string[] args)
   {
   string s = ( myEnum.const2|myEnum.const3).ToString();
   Console.WriteLine(s);
   }
}
```

Das Programm liefert die Ausgabe:

```
const2, const3
Press any key to continue
```

Wird das Flags-Attribut auskommentiert, dann erhalten Sie:

```
6
Press any key to continue
```

Beispiel 19.4 (Aufruf einer DLL)
Mit Hilfe eines Attributes und des Schlüsselwortes `extern` können Sie Funktionen einer
DLL verwenden. Um sie dem Programm bekannt zu machen, muss die Methode deklariert
werden. Dabei ist das Attribut voranzustellen. Als Parameter ist der Name der DLL anzugeben. Wie verträgt sich nun die Verwendung einer DLL mit dem Klassenkonzept? Diese
Funktion einer DLL kann nur als statische Methode deklariert werden. Der Methodenrumpf,
d. i. der Anweisungsteil, kann weggelassen werden, wenn die Methode mit dem Schlüsselwort `extern` deklariert wird.

Die DLL `user32.dll` stellt einige Windows API-Funktionen bereit. Als Beispiel verwenden wir hier eine sehr einfache Funktion, die das Betriebssystem anweist, einen Warnton
auszugeben. Sie heißt `MessageBeep`.

```
using System;
   class Class1
   {
[System.Runtime.InteropServices.DllImport("user32.dll")]
   public  static extern void MessageBeep(uint sound);


      static void Main(string[] args)
```

```
     {
   MessageBeep(0);
     }
 }
```

Der Methode kann auch ein eigener Name vergeben werden. In diesem Fall ist dem Attribut
zusätzlich ein optionaler Parameter zu übergeben, nämlich den Einstiegspunkt in der DLL.
Dieser ist der Name der Funktion.

```
[System.Runtime.InteropServices.DllImport("user32.dll",
EntryPoint = "MessageBeep")]
public  static extern void Beep(uint sound);
```

20 Delegaten und Ereignisse

20.1 Einführung und Motivation

Sie kennen nun zwei Möglichkeiten, bereits existierende Klassen zu verwenden. Eine Klasse
kann von einer existierenden abgeleitet werden. In dieser stehen dann Methoden der Basisklasse zur Verfügung. Durch Vererbung wird also vorhandener Code wieder verwendet. Zum
anderen können Objekte bzw. Verweise Bestandteile von Klassen sein. Man spricht von
Komposition oder *Aggregation,* wenn eine Klasse aus anderen Klassen zusammengesetzt ist.
Dieses ist Ihnen bereits bekannt und stellt noch nichts Besonderes dar. Wir wollen hier jedoch
einen neuen Aspekt behandeln. Aufgaben einer Klasse können an andere Klassen *delegiert*
werden. Dieses kann in gewisser Weise schon durch die Komposition geschehen. Sie ist jedoch für viele Fälle etwas zu starr. Häufig will man dynamisch, also zur Laufzeit, die Methode festlegen, die eine Aufgabe bewältigen soll. Sind die in Frage kommenden Methoden in
Klassen definiert, die außerhalb der Vererbungslinie stehen oder aus einer statischen Methode
heraus aufgerufen werden sollen, dann bietet es sich etwa an, sie in einem Interface zu deklarieren.

Beispiel 20.1 (Interface als Methodenverweis):
Die Klasse Array besitzt eine überladene statische Methode Sort. Wie der Name schon an-
kündigt, werden die Elemente eines Arrays sortiert. Es gibt jedoch verschiedene Kriterien,
nach denen sortiert werden kann. Diese hängen davon ab, wie die Elemente untereinander
verglichen werden. Das Interface `System.Collections.IComparer` deklariert eine
Methode `Compare`. Ihr werden zwei Argumente vom Typ `object` übergeben. Der Rückgabewert ist eine ganze Zahl vom Typ `int`. Sie ist kleiner als null, wenn das erste Argument kleiner als das zweite ist, gleich null, wenn beide gleich sind, und größer als null, wenn
das erste Argument größer als das zweite ist. Sind die beiden Argumente nicht vergleichbar,
dann soll eine Ausnahme vom Typ `ArgumentException` geworfen werden. Dieses kann
etwa dann der Fall sein, wenn sie von unterschiedlichen Typen sind. Auf diese Art und Weise
können Werte eines Typs angeordnet werden. Da das Interface beliebig implementiert werden
kann, können die Werte eines Typs nun frei angeordnet werden. Eine überladene Version der
Methode `Sort` erwartet nun als einen Übergabeparameter einen Verweis auf dieses Interface.
Das für das Sortieren notwendige Vergleichen wird also an ein Objekt einer Klasse delegiert,
die das Interface implementiert.

Es gibt eine Standardimplementierung `System.Collections.Comparer`. Die elementaren Datentypen werden dort in kanonischer Form angeordnet. So werden die Zahltypen
entsprechend ihrer natürlichen Ordnung verglichen. Zeichenketten werden alphabetisch angeordnet. Dabei wird die Groß- und Kleinschreibung berücksichtigt. Will man diese nicht berücksichtigen, dann steht auch die Klasse `Sytem.Collections.CaseInsensitive-
Comparer` zur Verfügung. Des Weiteren können beim Vergleichen von Zeichenketten

kulturspezifische Besonderheiten berücksichtigt werden (siehe dazu die Onlinedokumentation).

Diese Vorgehensweise funktioniert sehr gut. Jedoch gibt es zwei Nachteile, die hier noch nicht sehr gravierend sind, sich jedoch in anderen Zusammenhängen schwerwiegender auswirken. Soll das Vergleichen an eine Methode `Compare` delegiert werden, dann muss sie das Interface `IComparer` implementieren. Sie kann somit auch keine statische Methode sein. Statt eines Interface könnte man an dieser Stelle auch einen Verweis auf die entsprechende Methode verwenden. In der Tat kann man ein Interface auch als Methodenverweis betrachten. In diesem Sinn wird hier ein Interface auch verwendet. Was ist nun unter einem Methodenverweis zu verstehen? Bislang kennen wir nur Verweise auf Objekte, die auf dem Heap abgelegt wurden. Die Verweisvariablen werden auf dem Stack abgelegt. Es gibt in dem Speicherbereich, welcher für das Programm reserviert wird, noch einen dritten Bereich. In ihm wird das ausführbare Programm abgelegt. Insbesondere liegen dort die Methoden – entweder im *IL-Code* oder *native Code*[1] vor. Sie besitzen also auch eine Speicheradresse. Ein Methodenverweis enthält eine solche Speicheradresse. In C# ist es nicht möglich, direkt mit Methodenverweisen zu arbeiten, einen solchen Datentyp gibt es in der Sprache nicht. Stattdessen werden sie – wenn wundert es? – in Klassen gekapselt. Eine derartige Klasse heißt Delegat.

Bevor wir Delegaten genauer unter die Lupe nehmen, betrachten wir noch ein wichtiges Anwendungsgebiet. Stellen Sie sich einmal folgendes Szenario vor! Aus einem Objekt heraus wird eine Methode eines anderen Objekts aufgerufen, diese Methode oder auch eine andere Methode dieses Objekts wiederum ruft eine Methode des aufrufenden Objekts auf. Solche Methoden heißen *Callbackmethoden*. Sie spielen in der Client-Server-Architektur eine sehr wichtige Rolle und sind aus der Windowsprogrammierung nicht wegzudenken.

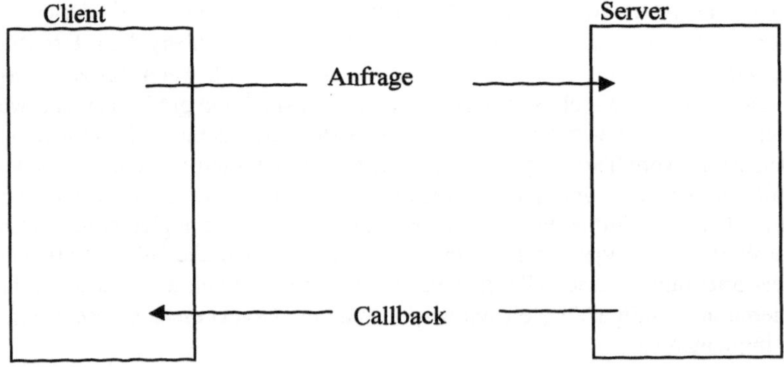

---

[1] Die Methoden liegen vor dem ersten Aufruf in IL-Code vor. Wird eine Methode aufgerufen, dann wird sie vom JIT-Compiler in den Maschinencode übersetzt. Dieser heißt auch native Code.

Hier sind Client und Server als Objekte im Sinne der OOP aufzufassen. Eine oder mehrere Clients stellen an den Server eine Anfrage, die er durch eine Callbackmethode beantwortet. Die Anfrage besteht sehr häufig in einer Registrierung des Clients. Wenn dann ein gewisses Ereignis eintritt, ruft der Server die Callbackmethode auf. Ereignisse können beispielsweise Benutzereingaben oder Zeitereignisse sein.

In der Windowsprogrammierung werden Steuerelemente verwendet, die solche Ereignisse auslösen. Denken Sie etwa an ein Button. Wird er gedrückt, dann wird eine Methode ausgeführt. Das Ereignis ist hier eine Benutzereingabe in Form eines Mausklick. Damit das Programm reagiert, wenn der Button gedrückt wird, muss die Callbackmethode bei einem Buttonobjekt registriert werden. Diese Ereignisbehandlungsmethode[1] befindet sich i. A. nicht in der Buttonklasse, sondern in einer anderen. Dieses ist sogar häufig ein Gebot guten Programmierstils und moderner Softwarekonzeption. Eine Buttonklasse soll ja auch für die unterschiedlichsten Windowsprogramme zur Verfügung stehen. Der Programmierer kann dann die verschiedensten Ereignisbehandlungsmethoden schreiben und registrieren. Es können theoretisch sogar mehrere Objekte mit einem Methodenaufruf auf das Drücken eines Buttons reagieren.

Callbackmethoden können auch durch Schnittstellen realisiert werden. Man kann ja eine Schnittstelle auch als Methodenverweis auffassen. Wie ist dieses nun zu verstehen? Durch eine Schnittstelle ist zunächst ein Verweis auf ein Objekt gegeben und nicht auf eine Methode. Dieses Objekt ist eine Instanz einer Klasse, welche die Schnittstelle implementiert. Über die Schnittstelle sind jedoch nur die Methoden desselben zugänglich. In diesem Sinn kann eine Schnittstelle auch als Methodenverweis verwendet werden. Eine Schnittstelle ist daher nur scheinbar ein Methodenverweis. Aus diesem Grund ist mit Delegaten ein eleganterer Umgang mit Methodenverweisen möglich. Durch Delegaten kann auch – und das ist zweifelsohne einer der wichtigsten Vorteile – auf Methoden verwiesen werden, die keine Schnittstelle implementieren. Die Sprache JAVA, die keine Delegaten oder etwas Gleichwertiges kennt, benutzt in der Tat Schnittstellen zur Realisation von Callbackmethoden in der Programmierung graphischer Benutzeroberflächen. In dem nun folgenden Beispiel wird gezeigt, wie eine Callbackmethode durch eine Schnittstelle realisiert werden kann. Das trägt sicherlich zum Verständnis der Delegaten bei. Anschließend werden wir sehen, wie diese Programmieraufgabe durch Delegaten sehr viel eleganter gelöst werden kann. Diese können dadurch erst richtig gewürdigt und geschätzt werden.

Beispiel 20.2 (Sender-Empfänger-Modell mit Schnittstellen):

Hier werden zwei Klassen definiert, Sender und Empfänger. Instanzen des Empfängers können sich bei einem Sender registrieren. Dieser kann dann durch eine Callbackmethode Nachrichten an die Empfänger senden.

---

[1] In der Windowsprogrammierung spricht man von Ereignisbehandlungsmethoden. Darunter versteht man genau die Callbackmethoden, die beim Eintreten eines Ereignisses wie Mausklick oder Tastatureingabe aufgerufen werden.

```csharp
using System;
using System.Collections;

public interface Sendung
{
void F(Sender s, string message);
}

class Empfänger : Sendung
{
private string name;
public Empfänger( string name)
   {
this.name = name;
   }

public void F(Sender s, string message)
   {
Console.WriteLine(„Der  Sender  {0}  sendete  die  Nachricht:",
s.Name);
Console.WriteLine(message);
Console.WriteLine(„ an den Empfänger {0}. „, name);
   }
}

public class Sender
  {
private string name;
public string Name
    {
get
      {
return name;
      }
    }
```

```
public Sender(string name)
    {
this.name = name;
    }


private ArrayList Empfänger = new ArrayList();
public void add_Empfänger(Sendung s)
    {
Empfänger.Add(s);
    }


public void remove_Empfänger(Sendung s)
    {
Empfänger.Remove(s);
    }


public void senden(string message)
    {
foreach(Sendung sendung in Empfänger)
        {
sendung.F(this , message);
        }
    }
}
```

Die Empfänger werden in einer Instanz der Klasse `System.Collections.ArrayList` gespeichert. Diese Klasse stellt ein dynamisches Array dar, d. h. es können zur Laufzeit beliebig viele Empfänger registriert werden. Das geschieht durch die Methode `Add`. Mit der Methode `Remove` kann ein Eintrag wieder aus der Auflistung entfernt werden. Nähere Informationen entnehmen Sie bitte der Onlinedokumentation.

Wir haben gesehen, wie durch Methodenverweise[1] Aufgaben an andere Klassen dynamisch delegiert werden können, die nicht in der gleichen Vererbungslinie stehen wie die Klassen der aufrufenden Objekte. Andererseits werden aber auch durch das polymorphe Verhalten einer virtuellen oder abstrakten Methode Aufgaben an abgeleitete Klassen delegiert. In der Tat wird die Polymorphie intern durch Methodenverweise realisiert. Der Ausdruck *dynamisches Bin-*

---

[1] Diese haben wir durch Schnittstellen dargestellt.

den erfährt dadurch eine neue Bedeutung. Zur Laufzeit – also dynamisch – wird ein Methodenverweis an eine passende Methode gebunden. Im nächsten Abschnitt werden wir sehen, wie Polymorphie durch Delegaten realisiert werden kann.

20.2 Definition und Verwendungsweise eines Delegaten

Ein Delegat ist eine Klasse, die einen Methodenverweis oder eine Auflistung von Methodenverweisen kapselt. Alle Delegaten stammen von der Klasse System.Delegate ab. Von dieser Klasse kann jedoch nicht explizit abgeleitet werden. Diese Eigenheit hat sie mit der Klasse System.Array gemeinsam. Der Typ eines Arrays ist beispielsweise durch den Typ seiner Elemente und der Dimension eindeutig gegeben. Ähnlich kann man durch eine eigens dafür vorgesehene Syntax den Typ eines Delegaten definieren. Es wird dann – ähnlich wie bei einem Array – implizit eine Delegatklasse abgeleitet. Da ein Delegat auf eine oder mehrere Methoden verweist, ist der Typ eines Delegaten schon eindeutig durch den Typ der entsprechenden Methode gegeben. Was ist nun aber der Type einer Methode? Um ihn sinnvoll zu definieren, überlegen wir uns zunächst, welchem Zweck ein Typ dient. Durch den Typ eines Wertes ist zur Kompilierzeit bekannt, wieviel Speicherplatz für ihn auf dem Stack reserviert werden muss sowie auf welche Art er verwendet werden kann. Das erstere ist bei einer Methode durch die Typen der Übergabeparameter gegeben. Bei jedem Methodenaufruf werden die Übergabeparameter auf dem Stack abgelegt. Die Verwendungsweise wird durch die Reihenfolge der Übergabeparameter und den Rückgabetyp gekennzeichnet. Die Reihenfolge gibt etwa an, wie eine Methode aufgerufen werden kann, der Rückgabetyp, welchen Variablen der Rückgabewert zugewiesen werden kann, oder welchen Operationen bzw. anderen Methoden er übergeben werden kann. Die folgende Definition ist nun gut motiviert:

Der Typ eines Delegaten ist durch den Typ einer Methode bestimmt, auf den er verweisen kann. Der Typ einer Methode ist durch ihre Signatur und den Rückgabetyp hinreichend charakterisiert.

Die Syntax zur Definition eines Delegattypen macht von dem Schlüsselwort delegate Gebrauch und sieht wie folgt aus:

```
[Zugriffsberechtigung] delegate Rückgabetyp Bezeichner (Parameterliste);
```

Es sei noch bemerkt, dass der Bezeichner einen Typ bezeichnet. Dieses hat eine wichtige Konsequenz: zwei Delegatklassen mit gleicher Parameterliste und gleichem Rückgabetyp, aber verschiedenen Bezeichner stellen auch zwei unterschiedliche Typen dar. Etwa bei Zuweisungen spielt dieser Sachverhalt eine Rolle.

Ein Delegat kann überall dort definiert werden, wo auch andere Klassen definiert werden können. Insbesondere können sie innerhalb einer anderen Klasse definiert werden. Dieses geschieht sogar sehr häufig, da sie vielfach auch nur innerhalb einer Klasse benötigt werden.

Wie wird nun ein Delegat instanziert? Oder anders gefragt: Welche Konstruktoren stehen zur Verfügung? Da sie die Delegatklassen nicht explizit ableiten, schreiben sie auch keine Konstruktorenlogik. Lassen Sie uns aber trotzdem überlegen, was ein solcher Konstruktor leisten sollte. Ein Delegat kapselt einen Methodenzeiger. Von einem Konstruktor würde man also erwarten, dass durch ihn dem Methodenzeiger eine entsprechende Methode zugewiesen wird. In C# haben Sie nicht die Möglichkeit, einen solchen Konstruktor zu schreiben, da es – im Gegensatz zu etwa C++ – den Datentyp des Methodenzeigers nicht gibt. Ein Delegat soll ja in gewisser Weise einen solchen zur Verfügung stellen. Einem Konstruktor ist daher eine passende Methode zu übergeben. Hierbei ist eine Fallunterscheidung vorzunehmen: Ist die Methode eine statische oder eine Instanzmethode? Im letzteren Fall kapselt der Delegat außer einem Methodenzeiger auch noch einen Objektverweis. Dieser ist notwendig, da eine Instanzmethode nur aus einem Objekt heraus aufrufbar ist. So kann eine Instanzmethode – im Gegensatz zu einer statischen Methode – auf die privaten Member zugreifen. In diesem Zusammenhang ist es interessant, wie eine Instanzmethode aufgerufen wird. Es wäre sicherlich sehr unökonomisch, wenn für jedes Objekt die Instanzmethoden erneut im Arbeitspeicher angelegt würden. Für jede Klasse werden die Instanzmethoden – genauso wie die statischen Methoden – nur einmal im Arbeitsspeicher abgelegt. Die Parameterliste einer Instanzmethode wird jedoch um einen Parameter vom Compiler erweitert, nämlich um einen Verweis auf das entsprechende Objekt.

Eine Delegatklasse erbt von `System.Delegate` zwei schreibgeschützte Eigenschaften, nämlich `Method` und `Target`. `Method` beschreibt die Methode[1]. Die zweite Eigenschaft ist vom Typ `object` und liefert einen Verweis auf das Objekt einer Instanzmethode. Handelt es sich um eine statische Methode, so erhält die Eigenschaft den Wert `null`. Genau diese beiden Eigenschaften sollen bei der Instanzierung geeignet initialisiert werden. Da die Klasse `System.Delegate` abstrakt ist, besitzt sie auch keine öffentlichen Konstruktoren. Jedoch stellt die Klasse zwei geschützte Konstruktoren zur Verfügung, durch welche die zwei Eigenschaften initialisiert werden können.

Vielleicht fragen Sie sich, welchen Sinn geschützte Konstruktoren haben, da sie doch nicht vererbt werden. Diese können dennoch aus dem Konstruktor einer abgeleiteten Klasse heraus in dem Initialisierer aufgerufen werden. Genau dieses ist der einzige Sinn eines geschützten Konstruktors in einer abstrakten Klasse.

Die zwei Konstuktoren sehen wie folgt aus:

```
protected Delegate(object, string);
```

---

[1] Der zugrunde liegende Typ `MethodInfo` beschreibt Methoden.

und

```
protected Delegate(Type, string);
```

Der Name der Methode wird jeweils als Zeichenketten im zweiten Argument angegeben. Im Falle einer Instanzmethode wird das Objekt dem ersten Konstruktor als erstes Argument übergeben. Der zweite Konstruktor wird nur für eine statische Methode benötigt[1].

Wenn Sie nun eine Instanz einer Delegatklasse erzeugen wollen, müssen Sie diese Argumente jedoch nicht in dieser Form dem Konstruktor übergeben. Es gibt dafür eine eigene Syntax, die von der üblichen Syntax etwas abweicht, aber dafür eleganter zu handhaben ist. Der Compiler erzeugt dann Code, welcher einen der beiden obigen Konstruktoren aufruft.

Eine Instanzmethode wird dem Konstruktor durch folgende Syntax übergeben:

```
Instanzverweis.Methodenbezeichner
```

Und eine statische Methode wie folgt:

```
Klassenbezeichner.Methodenbezeichner
```

Die Syntax ist deshalb ungewohnt, weil kein Parameter von einem C#-Typ dem Konstruktor übergeben wird. Vom Compiler wird der Übergabeparameter jedoch richtig aufgelöst.

Beispiel 20.3 (Einfache Verwendung eines Delegaten):

Hier wird ein Delegat mit einer Instanzmethode und einer statischen Methode initialisiert.

```
using System;

delegate void myDelegate();

    class Class1
    {
```

---

[1] Type ist eine Klasse, welche andere Klassen beschreibt. Sie ist beispielsweise der Rückgabetyp der Methode GetType. Siehe auch das Kapitel 19.

```
static void f()
{
Console.WriteLine("Das ist eine statische Methode.");
}

void g()
{
Console.WriteLine("Das ist eine Instanzmethode.");
}

static void Main(string[] args)
{
myDelegaste d1,d2;

    d1 = new myDelegate(Class1.f);

    Class1 c =new Class1();

    d2 = new myDelegate(c.g);

    d1();

    d2();
  }
}
```

Dieses Beispiel zeigt auch, wie eine Methode, auf die ein Delegat verweist, aufgerufen werden kann. Der Delegatbezeichner wird in dem Fall genauso verwendet wie der Methodenbezeichner. Die Syntax zum Aufruf eines Delegaten lautet:

```
Delegatbezeichner(var1,var2,...);
```

wobei *var1, var2,...* für geeignete Variablen stehen.

Durch diese Syntax können aber auch mehrere Methoden aufgerufen werden. Ein wesentliches Merkmal von Delegaten ist es, dass sie miteinander verkettet werden können. Zu diesem

Zweck ist der Additionsoperator + überladen. Das Ergebnis ist wiederum ein Delegat. Ein Delegat kapselt daher eine *Aufrufliste*. Beim Aufruf eines Delegaten werden die Methoden in der Aufrufliste der Reihe nach aufgerufen. Lediglich der letzte Rückgabewert wird auch vom Delegaten zurückgegeben. Wird eine Ausnahme geworfen, dann wird die Abarbeitung der Aufrufliste unterbrochen, und die Ausnahme an den Aufrufer des Delegaten weitergegeben[1].

Die Möglichkeit der Verkettung von Delegaten verdanken sie der Klasse `System.MulticastDelegate`. Die Delegatklassen, die sie erzeugen, stammen nämlich nicht direkt von `System.Delegate` ab, sondern von dieser ist zunächst `MulticastDelegate` abgeleitet, die nun unmittelbarer Vorfahr aller Delegatklassen ist. Ein Delegat, das mehrere Methodenverweise kapselt, heißt auch Multicastdelegat, während eines, welches nur eine Methode kapselt, Singlecastdelegat heißt.

Mitunter müssen Delegaten aus der Aufrufliste auch wieder entfernt werden. Zu diesem Zweck ist der Subtraktionsoperator − überladen. Der überladene Additions- und Subtraktionsoperator kann auch − wie immer in solchen Fällen − mit dem Zuweisungsoperator = kombiniert werden.

Beispiel 20.4 (Verknüpfung von Delegaten):

Hier wird eine Delegatklasse des Typs `double(double)`[2] definiert. Die Klasse `Math` besitzt viele wichtige mathematische Methoden dieses Typs. Hier werden lediglich der Sinus und der Kosinus verwendet.

```
using System;

delegate double Function(double x);

   class Class1
   {
      static void Main(string[] args)
      {
      Function f = new Function(Math.Sin);
```

---

[1] Um für jede Methode in einer Aufrufliste den Rückgabewert zu verarbeiten oder die Ausnahmen abzufangen, gibt es noch die Möglichkeit, jede einzelne Methode aus der Aufrufliste unabhängig von den anderen aufzurufen (siehe dazu die Onlinedokumentation). Callbackmethoden besitzen aber in der Regel den Rückgabetyp `void`, so dass hier der Rückgabewert keine Rolle spielt.

[2] Hier sehen sie eine Schreibweise, um den Typ einer Methode zu kennzeichnen. In den Klammern steht die Parameterliste und davor der Rückgabetyp.

```
Function g = new Function(Math.Cos);

Function h = f+g;
Console.WriteLine(h(0.0));
h-=g;
Console.WriteLine(h(0.0));
}
}
```

An der Ausgabe auf der Konsole sehen Sie, dass nur der letzte Rückgabewert angezeigt wird.

Auf der rechten Seite des Zuweisungsoperators += muss nicht notwendigerweise eine Verweisvariable stehen, es kann etwa auch der new-Operator sein, wenn er einen entsprechenden Verweis auf ein neu erzeugtes passendes Delegat zurückliefert. Dieses ist sogar eher der häufigere Fall. Aber wie kann ein solcher Delegat wieder aus der Aufrufliste entfernt werden, wenn kein Verweis auf ihn vorhanden ist? In diesem Fall erzeugt man einen Verweis. Auch auf der rechten Seite des Zuweisungsoperators -= kann der new-Operator stehen. Was geht aber nun vor? Schließlich soll ein alter Delegat entfernt und kein neuer erzeugt werden. An dieser Stelle ist es sinnvoll, die Bedeutung des Vergleichsoperators == bei Delegaten zu untersuchen. Dieser Operator ist bereits in der Klasse Delegaten überschrieben. Zwei Singlecastdelegate sind genau dann gleich, wenn ihre Eigenschaften Method und Target gleich sind. Bei Multicastdelegaten ist zusätzlich noch die Gleichheit der Aufruflisten zu fordern. Soll nun ein Delegat aus der Aufrufliste entfernt werden, dann wird sie solange durchsucht, bis ein Delegat gefunden wird, welches mit dem zu entfernenden im Sinne des Vergleichsoperators übereinstimmt. Wird kein Delegat gefunden, dann geschieht gar nichts. Auf diese Weise ist es auch möglich, eine Nullreferenz zu erzeugen, was man gelegentlich beachten sollte.

Beispiel 20.5 (Sender-Empfänger-Modell mit Delegaten):

Das Beispiel 20.2 wird nun so abgewandelt, dass anstelle von Interfaces Delegaten verwendet werden.

```
using System;

public delegate void Sendung(Sender s, string message);

public class Empfänger
{
  private string name;

  public Empfänger( string name)
  {
```

```csharp
      this.name = name;
  }
  public void F(Sender s, string message)
  {
    Console.WriteLine("Der Sender {0} sendete die Nachricht:",
s.Name);
    Console.WriteLine(message);
    Console.WriteLine(" an den Empfänger {0}. ", name);
  }
}

public class Sender
{
  private string name;
  private Sendung sendung;
  public string Name
  {
    get
    {
      return name;
    }
  }

  public Sender(string name)
  {
    this.name = name;
  }

  public void add_Empfänger(Empfänger e )
  {
    if(sendung== null)
    sendung = new Sendung(e.F);
    else
      sendung += new Sendung(e.F);
  }

  public void remove_Empfänger(Empfänger e)
  {
      if(sendung != null)
        sendung -= new Sendung(e.F);
  }

  public void senden(string message)
  {

    sendung(this , message);
  }
}
```

Es können sich beliebig viele Empfänger bei einem Sender registrieren oder auch die Registrierung wieder rückgängig machen. Der eigentliche Delegat ist als privat deklariert. Die Registrierung bzw. die Deregistrierung erfolgt mit öffentlichen Methoden. Dadurch wird etwa verhindert, dass ein Client gleich die gesamte Aufrufliste löscht, indem er das Delegat auf `null` setzt – mit anderen Worten: Die Datenintegrität wird gewahrt. Im nächsten Abschnitt werden wir sehen, wie durch Ereignisse eine sehr komfortable Syntax für dieses Vorgehen zur Verfügung gestellt wird. Die nun folgende `Main`-Methode illustriert die Verwendung der beiden Klassen:

```
using System;

  class Class1
  {
    static void Main(string[] args)
    {
    Empfänger empfänger1 = new Empfänger("Empfänger1");
    Empfänger empfänger2 = new Empfänger("Empfänger2");
    Empfänger empfänger3 = new Empfänger("Empfänger3");
    Empfänger empfänger4 = new Empfänger("Empfänger4");
    Empfänger empfänger5 = new Empfänger("Empfänger5");

    Sender sender = new Sender("Sender");

    sender.add_Empfänger(empfänger1);
    sender.add_Empfänger(empfänger2);
    sender.add_Empfänger(empfänger3);
    sender.add_Empfänger(empfänger4);
    sender.add_Empfänger(empfänger5);

    sender.senden("Hello World");
    }
  }
```

Die Aufrufliste wird der Reihe nach abgearbeitet, was die Ausgabe auf der Konsole zeigt:

```
Der Sender Sender sendete die Nachricht:
Hello World
 an den Empfänger Empfänger1.
Der Sender Sender sendete die Nachricht:
Hello World
 an den Empfänger Empfänger2.
Der Sender Sender sendete die Nachricht:
Hello World
 an den Empfänger Empfänger3.
Der Sender Sender sendete die Nachricht:
Hello World
```

```
 an den Empfänger Empfänger4.
Der Sender Sender sendete die Nachricht:
Hello World
 an den Empfänger Empfänger5.
Press any key to continue
```

Beispiel 20.6 (Nullstellenbestimmung durch Intervallschachtelung):

In den Naturwissenschaften, der Technik oder Wirtschaftswissenschaften müssen Gleichungen gelöst werden. Dieses Problem kann man häufig darauf zurückführen, die Nullstellen gewisser Funktionen zu bestimmen. Sind diese Funktionen stetig, dann können Nullstellen näherungsweise durch die so genannte Intervallschachtelung bestimmt werden. Da keine mathematischen Kenntnisse vorausgesetzt werden und diese an dieser Stelle auch nicht vermittelt werden sollen, wird hier nur ein intuitives Verständnis dafür gegeben, was stetige Funktionen sind. Diese Funktionen ordnen jeder reellen Zahl eine andere reelle Zahl zu. Die Zuordnung kann man sehr häufig graphisch in einem ebenen Koordinatensystem darstellen. Kann man den Verlauf der Funktion in einem Zug zeichnen, ohne abzusetzen, also ohne Sprünge, dann ist die Funktion stetig. Mit anderen Worten: Zwischen zwei Werten, die eine stetige Funktion annimmt, wird auch jeder beliebige Zwischenwert angenommen. Wird ein Wert dagegen übersprungen, dann ist die Funktion nicht stetig. Beispiele für wichtige stetige Funktionen sind etwa die trigonometrischen Funktionen (Kosinus, Sinus, Tangens) oder die Exponentialfunktion oder der Logarithmus. Betrachten wir dagegen etwa eine Funktion, die eine reelle Zahl in üblicher Weise rundet, dann ist das Ergebnis immer ganzzahlig. Alle nicht ganzzahligen Werte werden also übersprungen. Diese Funktion ist dann nicht stetig.

Dieses Zwischenwertprinzip stetiger Funktionen wird bei der Intervallschachtelung verwendet. Gegeben sei eine stetige Funktion f, ein Intervall mit der unteren Grenze a und der oberen Grenze b. Falls nun $f(a) > 0$ und $f(b) < 0$, dann besitzt f zwischen a und b eine Nullstelle. Analoges gilt auch für den Fall $f(a) < 0$ und $f(b) > 0$.

Durch das Prinzip der Intervallschachtelung kann nun die Nullstelle näherungsweise bestimmt werden. Im ersten Schritt halbieren wir das Intervall. Falls an diesem Mittelwert eine Nullstelle vorhanden ist, sind wir fertig. Andernfalls bestimmen wir, ob die Funktion dort größer oder kleiner als null ist.

Falls die Funktion in dem unteren halben Teilintervall das Vorzeichen wechselt, dann befindet sich dort die Nullstelle. Mit diesem unteren Teilintervall kann dann so wie mit dem ursprünglichen Intervall verfahren werden. Mit dem oberen wird gegebenenfalls analog verfahren. Wir benötigen noch eine Abbruchbedingung, andernfalls halbieren wir i. A. ein Intervall unendlich oft. Wir wollen mit der Intervallhalbierung dann aufhören, wenn die Intervallgröße eine gewisse Größe unterschritten hat.

Anstelle der reellen Zahlen benutzen wir den Gleitkommatyp `double`. Zunächst definieren wir einen Delegattyp `double(double)`. Die eigentliche Intervallhalbierung wird in einer statischen Methode realisiert, die wir `Nullstelle` nennen. Als erstes Argument wird ein Delegat des obigen Typs übergeben[1]. Weiterhin benötigt die Methode noch die untere und obere Intervallgrenze u und o, die als die nächsten zwei Parameter übergeben werden, dann wird die Präzision angegeben. Wenn das Intervall kleiner ist als diese, dann wird die Intervallhalbierung abgebrochen.

Wenn gewisse Voraussetzungen an die Übergabeparameter nicht erfüllt sind, dann wird eine `ArgumentException` geworfen. So muss die untere Intervallgrenze kleiner als die obere sein. Weiterhin muss die stetige Funktion in dem übergebenen Intervall einen Vorzeichenwechsel erfahren. Dieser ist gegeben, wenn `f(u)` ein anderes Vorzeichen als `f(o)` hat. Dieses ist genau dann der Fall, wenn ihr Produkt negativ ist. Ist es positiv, dann wird eine Ausnahme geworfen.

In einer Schleife wird das Intervall solange halbiert, bis entweder der Mittelwert zufällig eine Nullstelle ist oder bis die Intervalllänge kleiner als die vorgegebene Präzision ist.

In der `Main`-Methode wird die Methode `Nullstelle` benutzt, um π näherungsweise zu bestimmen. Dazu nutzten wir aus, dass

$$Cos(\pi/2) = 0.$$

Wir bestimmen also eine entsprechende Nullstelle des Kosinus und multiplizieren sie mit 2. Die Nullstelle liegt in dem Intervall *[1.5,1.6]*, was wir hier an Vorkenntnissen über π voraussetzen. Wenn wir π bis auf 10 Stellen hinter dem Komma genau haben wollen, dann geben wir als Präzision 10^{-11} ein. Ein Vergleich mit der Konstanten `Math.PI` bestätigt unsere Überlegungen.

```
using System;

class Class1
{
delegate double Function(double x);

    static double Nullstelle(Function f,double u, double o, double precision)
    {
```

---

[1] Der Delegat sollte nicht nur von diesem Typ sein, sondern auch eine stetige Funktion repräsentieren. Da die reellen Zahlen mit dem Typ `double` nur unvollständig dargestellt werden können, kann auch Stetigkeit einer Funktion nicht mit Mitteln der Sprache C# ausgedrückt werden. Dieser Umstand ist zu beachten, da die Intervallhalbierungsmethode nur für stetige Funktionen funktioniert, für andere geht sie schief. Mit anderen Worten, der Delegat sollte nur auf solche Methoden verweisen, die stetige Funktionen darstellen.

```
   if(u>=o) throw new ArgumentException(
"Die untere Grenze muss kleiner als die obere sein");

   if(f(u)*f(o) >0) throw new ArgumentException(
"Zwischen unterer und oberer Grenze muss ein" +
 "Vorzeichenwechsel stattfinden");

   double m=0.0;


     do
     {
        m= (u+o)/2;
      if(f(u)*f(m) <0)
         o=m;
      else
         u=m;
     }while(f(m)!=0 && o-u>=precision);

   return m;

   }


   static void Main(string[] args)
   {
   double x= Nullstelle(new Func-
ton(Math.Cos),1.5,1.6,0.00000000001);

     Console.WriteLine(2*x);
     Console.WriteLine(Math.PI);
   }
}
```

Das Programm liefert folgendes Ergebnis:


```
3,14159265359631
3,14159265358979
Press any key to continue
```

Man sieht, dass in der Tat die ersten 10 Ziffern übereinstimmen.

Beispiel 20.7 (Polymorphie durch einen Delegaten):

Hier wird gezeigt, wie die Polymorphie durch einen Delegaten realisiert werden kann. Dadurch wird nicht nur das Verständnis der Delegaten vertieft, sondern Sie gewinnen auch einen neuen Blickwinkel auf die Polymorphie. Überlegen wir uns zunächst einmal, wie man sich die Konzeption vorstellen kann. Beim Aufruf einer virtuellen oder abstrakten Methode ist ja erst zur Laufzeit bekannt, welche Methode nun tatsächlich aufgerufen wird. Zur Kompilierzeit ist aber der Typ der Methode bekannt. Daher können wir auch eine entsprechende Delegatklasse definieren. Weiterhin benötigen wir eine geschützte Verweisvariable dieser Delegatklasse. Sie steht dann auch in den abgeleiteten Klassen zur Verfügung. Dort wird sie durch einen Konstruktor initialisiert. Wegen der Initialisierungsreihenfolge wird der Delegat dann auch richtig in der abgeleiteten Klasse initialisiert. Aufgerufen wird der öffentlich nicht zugängliche Delegat durch eine öffentliche Methode. Ihr können gegebenenfalls Parameter übergeben werden, die dann an den Delegaten weitergereicht werden. In unserem Beispiel beschränken wir uns aber auf Methoden vom Typ `void()`.

```
using System;

class Base
{
   protected delegate void polymorphMethod();
   protected polymorphMethod f;

   private void g()
   {
   Console.WriteLine("Base.f");
   }

   public void F()
   {
   f();
   }

   public Base()
   {
   f= new polymorphMethod(this.g);
   }
}

class Derived: Base
{
   private void g()
   {
      Console.WriteLine("Derived.f");
   }
```

```
  public Derived()
  {
    f= new polymorphMethod(this.g);
  }
}
```

Wenn wir das polymorphe Verhalten der Methode F testen wollen, können wir das durch folgende `Main`-Methode tun.

```
static void Main(string[] args)
  {
    Base b = new Derived();

    b.F();

    b = new Base();

    b.F();
  }
```

Auf der Konsole wird folgendes ausgegeben:

```
Derived.f
Base.f
Press any key to continue
```

In der Tat sehen wir uns bestätigt, die Methode F verhält sich in diesem Beispiel polymorph.

20.3 Ereignisse

Durch Ereignisse kann das Client-Server-Modell sehr komfortabel programmiert werden. Wir haben bereits gesehen, wie Callbackmethoden durch Delegaten aufgerufen werden können. Im Sinne der Kapselung der Daten zum Zweck ihrer Konsistenz wird der Delegat einer Callbackmethode als privates Mitglied des Servers definiert. Andernfalls könnte man etwa durch einen öffentlichen Zugriff den Delegaten auf null setzen und damit die Aufrufliste löschen. Durch öffentliche Methoden kann lediglich ein Client sich registrieren bzw. deregistrieren. Dieses Szenario ist aber dermaßen häufig, dass die Sprache C# eine eigene Syntax zur Verfügung stellt. Durch sie wird in eleganter und einfacher Weise ein privater Delegat erstellt, sowie zwei in der Regel öffentliche Operatoren, um Delegate der Aufrufliste hinzuzufügen und aus ihr zu entfernen. Damit letzteres möglich ist, wird die Delegatklasse – im Gegensatz zu der Verweisvariablen auf sie – i. A. öffentlich erklärt.

Für diese Syntax wird ein neues Schlüsselwort benötigt. Es heißt event (engl.: Ereignis). Um ein Ereignis zu definieren, wird zunächst eine Delegatklasse benötigt. Nehmen wir an, sie sei bereits gegeben, dann haben wir folgende Syntax:

```
[Zugriffsberechtigung] event Delegattype Bezeichner;
```

Ereignisse besitzen eine Analogie zu den Eigenschaften. Beide können i. A. wie öffentliche Felder verwendet werden. Hinter ihnen verbergen sich aber private Felder. Der Zugriff auf sie ist eingeschränkt und wird durch *Accessoren* kontrolliert. Bei den Eigenschaften sind das die Getter- und Settermethoden, bei den Ereignissen handelt es sich um die Methoden add und remove. Diese Accessoren müssen jedoch nicht notwendigerweise ausprogrammiert werden. Der Compiler erzeugt eine Standardimplementierung, die für die allermeisten Fälle völlig ausreichend ist. In diesem Fall wird ein privater Delegat erzeugt, auf den mit dem Ereignis-namen zugegriffen werden kann. Die Standardaccessorien bewirken ein Hinzufügen bzw. Entfernen aus der Aufrufliste. Sie können jedoch neu definiert werden, in diesem Fall wird kein privater Delegat erstellt. Eine eventuell benötigte private Datenstruktur muss dann selbst definiert werden. So wie die Getter- und Settermethoden durch den Zuweisungsoperator = aufgerufen werden, werden die Methoden add und remove durch die Zuweisungsoperatoren += und -= aufgerufen.

Nachdem wir nun gelernt haben, wie Ereignisse definiert werden und wie ihnen Delegate zugewiesen werden können, stellt sich die Frage, wie die Methoden, auf die die Delegate verweisen, aufgerufen werden können, also wie ein Ereignis ausgelöst werden kann. Während außerhalb der Klasse, in der ein Ereignis definiert ist, es sich wie eine Variable verhält, das nur auf der linken Seite der Zuweisungsoperatoren += und -= stehen kann, ist es innerhalb der Klasse i. A. ein Delegat. Die Aufrufliste kann also entsprechend aufgerufen werden. Dabei sollte man berücksichtigen, dass ein Delegat – wie jede andere Verweisvariable auch – den Wert null haben kann.

Beispiel 20.8 (Illustration der Verwendungsweise)

An Hand eines einfachen Beispiels wird gezeigt, wie ein Ereignis definiert und verwendet wird.

```
using System;

    public class Class2
    {

        public delegate void mydelegate();

        public event mydelegate myEvent;
```

```csharp
  public void fireEvent()
  {
  if(myEvent != null)
    myEvent();
  }
}
```

Diese Klasse enthält ein öffentliches Ereignis sowie eine öffentliche Methode `fireEvent`. Man kann sehr deutlich sehen, wie das Ereignis hier als (privater) Delegat behandelt wird. Im Gegensatz dazu wird nun in der folgenden Klasse, welche die `Main`-Methode enthält, das Ereignis wie eine öffentliche Variable mit den bereits erwähnten eingeschränkten Zugriffsmöglichkeiten verwendet.

```csharp
using System;

  class Class1
  {
    static void F()
    {
    Console.WriteLine("Hello world");
    }

    static void Main(string[] args)
    {

      Class2 c = new Class2();

      c.myEvent += new Class2.mydelegate(F);

      c.fireEvent();
    }
  }
```

Ein Ereignis besitzt also zwei Seiten, eine Innen- und eine Außenseite. Innerhalb der Klasse, in der ein Ereignis definiert ist, verhält es sich standardmäßig als privater Delegat. Dieser Umstand hat wichtige Konsequenzen für die Vererbung, da ja bekanntlich private Bestandteile einer Klasse in einer abgeleiteten Klasse nicht mehr sichtbar sind. In einer abgeleiteten Klasse ist daher nur die Außenseite eines Ereignisses der Basisklasse sichtbar. Insbesondere kann in einer abgeleiteten Klasse ein geerbtes Ereignis nicht mehr ausgelöst werden. Dieses sollte daher durch eine Methode in der Basisklasse geschehen, deren Zugriffsberechtigung mindestens geschützt, wenn nicht gar öffentlich ist.

Beispiel 20.9 (Vererbung von Ereignissen)

Dieses Beispiel zeigt, wie man es nicht machen sollte, was ja bekanntlich auch sehr lehrreich ist. In der Basisklasse wird ein Ereignis definiert, welches dann in der abgeleiteten Klasse ausgelöst werden soll. Diese Vorgehensweise führt zu einem Kompilierfehler.

```
using System;

class Base
{

  public delegate void mydelegate();

  public event mydelegate myEvent;

}

class Derived : Base
{
  public void fireEvent()
  {
    if(myEvent != null)
      myEvent();
  }
}
```

Richtig wird es, wenn die Methode fireEvent in der Basisklasse definiert wird, wie das im vorangegangenem Beispiel geschehen ist.

Die Analogie der Ereignisse zu den Eigenschaften geht sogar noch weiter. Genauso wie letztere können sie – im Gegensatz zu Feldern – in einer Schnittstelle definiert werden. Es werden – wie bei den Eigenschaften – Zugriffsmethoden definiert. Mit der bereits bekannten Syntax werden sie dann implementiert.

Beispiel 20.10 (Ereignisse in Schnittestellen)

Dieses Beispiel zeigt, wie ein Ereignis in einer Schnittstelle definiert und anschließend implementiert wird. Da Typen, wie etwa eine Delegatklasse, nicht in einer Schnittstelle definiert werden kann, muss der Delegattyp außerhalb der Schnittstelle definiert werden.

```
using System;

delegate void mydelegate();

interface IF
```

```
{
event mydelegate myEvent;
}

class class2 : IF
{
public event mydelegate myEvent;

  public void fireEvent()
  {
    if(myEvent != null)
      myEvent();
  }
}
```

Es ist nun eine Konvertierung in die Schnittstelle möglich. Dort kann auf das Ereignis mit den
Operatoren += und -= zugegriffen werden.

```
using System;

  class Class1
  {

    static void F()
    {
    Console.WriteLine("Hello world");
    }

    static void Main(string[] args)
    {

      class2 c = new class2();

      IF interf = c;

      interf.myEvent += new mydelegate(F);

      c.fireEvent();
    }
  }
```

Sinnvoll könnte es aus semantischen Gründen auch noch sein, die Methode fireEvent in
der Schnittstelle zu definieren. Dieses ist aber aus syntaktischer Sicht nicht unbedingt notwendig.

Die Analogie zu den Eigenschaften ist hiermit noch nicht erschöpft. Wie letztere können sie mit den Schlüsselwörtern `abstract`, `virtual`, `override`, `new`, `static` deklariert werden. Sie beziehen sich dann auf die Accessoren.

Da das wichtigste Anwendungsgebiet der Ereignisse Client-Server-Modelle sind, soll hier ein solches vorgestellt werden.

Beispiel 20.11 (Sender-Empfänger-Modell mit Ereignissen)

Das Beispiel 20.5 wird mit Ereignissen dargestellt.

```
using System;

public class Empfänger
{
   private string name;

   public Empfänger( string name)
   {
      this.name = name;
   }


   public void F(Sender s, string message)
   {
      Console.WriteLine("Der Sender {0} sendete die Nachricht:",
      s.Name);
      Console.WriteLine(message);
      Console.WriteLine(" an den Empfänger {0}. ", name);
   }
}

public class Sender
{

   public delegate void Sendung(Sender s, string message);
   private string name;

   public event Sendung sendung;

   public string Name
   {
      get
      {
         return name;
      }
   }
```

```csharp
   public Sender(string name)
   {
      this.name = name;
   }


   public void add_Empfänger(Empfänger e )
   {

       sendung += new Sendung(e.F);
   }

   public void remove_Empfänger(Empfänger e)
   {
       sendung -= new Sendung(e.F);
   }

   public void senden(string message)
   {
      if(sendung != null)
      sendung(this , message);

   }
}
```

In der nun folgenden Main-Methode sehen sie, wie die beiden Klassen verwendet werden
können.

```csharp
using System;

class Class1
{
   static void Main(string[] args)
   {
   Empfänger Empfänger1 = new Empfänger("Empfänger1");
      Empfänger Empfänger2 = new Empfänger("Empfänger2");
      Empfänger Empfänger3 = new Empfänger("Empfänger3");
      Empfänger Empfänger4 = new Empfänger("Empfänger4");
      Empfänger Empfänger5 = new Empfänger("Empfänger5");

      Sender sender= new Sender("Sender");

      sender.sendung += new  Sender.Sendung(Empfänger1.F);
      sender.sendung += new  Sender.Sendung(Empfänger2.F);
      sender.sendung += new  Sender.Sendung(Empfänger3.F);
      sender.sendung += new  Sender.Sendung(Empfänger4.F);
```

```
    sender.sendung += new   Sender.Sendung(Empfänger5.F);

    sender.senden("Hello World");
  }
}
```

Übung:
1. In gewissen Zusammenhängen mit mathematischen Funktionen spielen Wertetabellen eine Rolle. Unter einer mathematischen Funktion verstehen wir eine Methode vom Typ `double(double)`, wie sie etwa in der Klasse `Math` definiert sind. Eine Wertetabelle besteht aus eine Auflistung von entsprechenden Wertepaaren. Das Argument durchläuft von einem Anfangspunkt startend in gleichmäßigen Abständen ein Intervall. Jedem dieser Argumente wird dann der Funktionswert zugeordnet. Wertetabellen werden etwa für Funktionsplotter benötigt. Ein Funktionsplotter ist ein Programm, das den graphischen Verlauf einer mathematischen Funktion beschreibt. Schreiben Sie nun eine Methode, die zu einer mathematischen Funktion eine Wertetabelle erstellt. Als erster Parameter wird ein Delegat von Typ `double(double)` erwartet. Die nächsten zwei Parameter beschreiben den Start- und Endpunkt, der vierte die Schrittweite. Überlegen Sie sich einen geeigneten Rückgabetyp.
2. Schreiben Sie eine Klasse „Wecker". Verwenden Sie dabei die Struktur `DateTime`. Durch ein geeignetes Ereignis sollen sich Clients registrieren können, um über ein Zeitereignis informiert zu werden.
3. Betrachten Sie folgende zwei Klassen, in denen ein virtuelles und ein überschriebenes Ereignis definiert sind:

```
using System;

class Base
{
  public delegate void myDelegate();
  virtual public event myDelegate myEvent;

  public void fireEvent()
  {
    if(myEvent != null)
    myEvent();
  }
}

class Derived : Base
{
  override public event myDelegate myEvent;
}
```

Warum liefert das nun folgende Programm keine Ausgabe auf der Konsole?

```csharp
using System;

class Class1
{
  static void f1()
  {
  Console.WriteLine("f1");
  }

  static void f2()
  {
    Console.WriteLine("f2");
  }

  static void Main(string[] args)
  {

    Base d = new Derived();
    d.myEvent += new Base.myDelegate(f2);
    d.fireEvent();
  }
}
```

Wie könnte man die zwei Klassen verändern, damit das Programm die erwartete
Ausgabe liefert?

21 Grundzüge der Windowsprogrammierung

21.1 Einführung in graphische Benutzeroberflächen und Windowsanwendungen

Einem Programm wird von dem Betriebssystem ein Bereich des Arbeitsspeichers reserviert und Prozessorzeit zugewiesen. Damit der Benutzer mit dem Programm kommunizieren kann, müssen noch weitere Systemressourcen beansprucht werden. Schnittstellen zwischen dem Programm und dem Betriebsystem werden im NET-Framework durch Klassenbibliotheken zur Verfügung gestellt. Ein Beispiel ist die Klasse `System.Console` der Standardbibliothek. Durch die Methoden dieser Klasse kann Text auf der Konsole aufgegeben werden und Text, der vom Benutzer eingegeben wurde, an das Programm geschickt werden. Programme, die auf dieser Art mit dem Benutzer kommunizieren, heißen Konsoleprogramme. Heutzutage benutzt ein Anwender i. A. jedoch keine Konsoleprogramme, sondern eher Windowsprogramme.

Windowsprogramme verwenden graphische Benutzeroberflächen, die mit GUI abgekürzt (engl.: Graphical User Interface). GUI-Programme verhalten sich anders als Konsoleanwendungen. Eine Konsoleanwendung läuft im Wesentlichen in einer fest vorgegebenen Reihenfolge ab. Es wird so abgearbeitet, wie eine Papyrusrolle gelesen wird, nämlich von oben nach unten. Es sind lediglich Schleifen und Verzweigungen möglich, die durch Benutzereingaben gesteuert werden können. Eine GUI-Anwendung kann dagegen auf die unterschiedlichsten Benutzeranforderungen in einer sehr vielfältigen und differenzierten Weise reagieren. Sie sind – abgesehen von ihrer möglichen Komplexität – auch einfacher zu bedienen. Wie der Name schon sagt, besitzen sie eine graphische Oberfläche, die auf dem Bildschirm angezeigt wird. Auf ihr können nicht nur Daten, Graphiken etc. angezeigt werden, sondern auch beispielsweise Text eingegeben oder durch Mausklicks gewisse Aktionen ausgeführt werden.

Ein GUI-Anwendung interagiert durch Ereignisse, wie Mausklicks oder Tastatureingaben, mit dem Betriebssystem. Das Betriebssystem sendet daraufhin eine Nachricht an das entsprechende Programm, welches darauf reagieren kann. Die dafür notwendigen Schnittstellen zu dem Betriebssystem werden als Klassen von der Standardbibliothek des NET-Frameworks zur Verfügung gestellt. Diese Klassen liegen in dem Namensraum `System.Windows.Forms`, der daher in eine Windowsanwendung stets einzubinden ist.

GUI-Programme besitzen oft eine Dreistufenarchitektur. Sie besteht aus einer Datenebene, einer Applikationsebene und der Darstellungsebene. Die Datenebene enthält Daten, die z.B. aus einer Datei gelesen werden oder von einer Datenbank stammen. Außerdem kann sie zusätzliche Informationen zur Verfügung stellen, wie Formatierungen, Bedeutungen der Daten oder Beziehungen zwischen den Daten. In der Applikationsebene werden Daten von der Datenebene angefordert und verarbeitet. Diese können dann in der Darstellungsebene angezeigt werden. Weiterhin können in der Darstellungsebene zusätzliche Daten eingegeben oder Ereignisse ausgelöst werden, auf welche die Applikationsebene reagiert. Sehen wir uns z. B. ein Tabellenkalkulationsprogramm an! Die Daten werden i. A. aus einer Datei gelesen bzw. selektiert. In der Applikationsebene können etwa statistische Auswertungen vorgenommen werden. In der Darstellungsebene werden die aufbereiteten Daten beispielsweise in Tabellenform oder als Diagramm angezeigt.

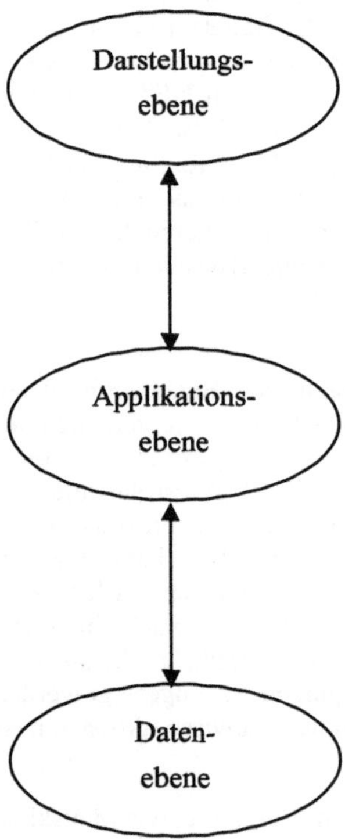

Die drei Ebenen könne sich im Extremfall auf drei verschiedene Server verteilen. Häufig sind sie aber auch in einem Programm integriert. Bei kleineren Programmen werden oft zwei oder alle drei Ebenen zusammengefasst. Die Dreistufenarchitektur dient auf jeden Fall einer strukturierten Sichtweise sowie der Planung und Konzipierung eines Programms. Die Ebenen können auch unabhängig voneinander entwickelt und gewartet werden, wenn sie etwa in unterschiedlichen Klassen untergebracht werden.

Die Darstellungsebene wird durch ein Fenster, also einer graphischen Benutzeroberfläche realisiert. Ein Fenster besitzt diverse Eigenschaften und Funktionalitäten. Es ist daher nahe liegend, ein Fenster durch eine Klasse zu beschreiben. In der Tat stellt das NET-Framework die Klasse `System.Windows.Forms.Form` zur Verfügung, von der sämtliche Fensterklassen abgeleitet sind. Eine Instanz heißt auch *Formular*.

Eine Instanz einer Fensterklasse entspricht einem sichtbaren Fenster. Jedoch sind beide nicht identisch. Ein Fensterobjekt lebt auf dem Heap der Anwendung, während das sichtbare Fenster von dem Betriebsystem auf den Bildschirm gezeichnet werden kann. Damit eine Fensterinstanz mit dem Betriebsystem interagieren kann, es z. B anweisen kann, ein Fenster auf den Bildschirm zu zeichnen, muss es auf Methoden zurückgreifen, die es von der Klasse `Form` geerbt hat. Zum Zeichnen eines Fensters steht etwa die Methode `Show` zur Verfügung. Ein Fenster kann auch verborgen werden. Zu diesem Zweck ist die Methode `Hide` aufzurufen. Die Instanz der Fensterklasse existiert jedoch unabhängig davon, ob das Fenster auf dem Bildschirm gezeichnet ist oder nicht. Solange die Anwendung noch eine Referenz auf die Fensterinstanz hält, wird sie vom Garbage Collector nicht weggeräumt und kann auch erneut wieder auf den Bildschirm gezeichnet werden.

Von dem eben Gesagten gibt es jedoch eine Ausnahme. Wenn die Methode `Close` aufgerufen wird, dann wird das Fenster geschlossen und gleichzeitig alle Systemressourcen freigegeben. Das Fenster kann dann nicht erneut angezeigt werden. Es werden auch alle Fenster geschlossen, die aus diesem Fenster heraus geöffnet wurden. Wenn etwa in einer Anwendung mehrere Fenster geöffnet sind, und eines davon endgültig geschlossen werden soll, sollte die Methode `Close` aufgerufen werden, um nicht unnötig Systemressourcen zu verbrauchen. Wenn das Startfenster einer Windowsanwendung mit `Close` geschlossen wird, dann wird die gesamte Anwendung beendet.

Die Anwendungen, die wir bisher geschrieben haben, liefen alle in einem Konsolefenster. Dieses wurde gegebenenfalls beim Programmstart geöffnet. Was geschieht nun mit dem Konsolefenster bei einer Windowsanwendung? Das Verhalten der Windowsanwendung hängt von einer Kompileroption ab. Ist der Kompilerschalter `/t:winexe` gesetzt, dann wird das Konsolefenster ausgeblendet. Die Methoden der Klasse `Console` stehen zwar noch zur Verfügung, sie greifen aber ins Leere. Ist er nicht gesetzt, dann werden neben den Fenstern der Windowsanwendung auch ein Konsolefenster angezeigt. Dieses kann z. B für Testzwecke durchaus nützlich sein, da dann auf der Konsole Informationen zur Ablaufverfolgung angezeigt oder auch Werte neu gesetzt werden können[1].

---

[1] Wenn Sie mit einer Entwicklungsumgebung arbeiten, brauchen Sie den Compilerschalter nicht manuell zu setzen. Durch die Wahl des Projekttyps wird der Schalter bereits gesetzt. Nachträglich kann man auch durch die Projektoptionen den Schalter setzen oder seine Setzung aufheben. Gegebenenfalls müssen sie noch einen Verweis zur `System.Windows.Forms.dll` hinzufügen. Im Visual Studio ist dazu der Projektmappenexplorer zu öffnen. Klicken sie mit der rechten Maustaste auf das Feld „Ver-

Beispiel 21.1 (Anzeigen eines Fensters)

In diesem Beispiel wird eine Fensterklasse abgeleitet. Es wird lediglich ein Konstruktor definiert. Durch ihn können der Titel und die Größe des Fensters initialisiert werden. In der `Main`-Methode wird ein Fensterobjekt erzeugt. Um es auch anzuzeigen, wird die Methode `Show` aufgerufen. Anschließend ist noch eine Endlosschleife programmiert. Diese soll verhindern, dass die `Main`-Methode und damit das Programm beendet wird. In diesem Fall würde auch das Fenster geschlossen werden. Ohne die Endlosschleife würde das Fenster nur für den Bruchteils eines Augenblicks zu sehen sein.

```csharp
using System;
using System.Windows.Forms;

class myForm:Form
{

   public myForm(String Title, int Height, int Width)
   {
   this.Text = Title;
   this.Height = Height;
   this.Width = Width;
   }
}

   class App
   {
      public static void Main()
      {
      myForm window = new myForm("first Window",300,500);

      window.Show();

         while(true)
            {}
      }
   }
```

Kompilieren Sie das Programm mit und ohne Kompilerschalter `/t:winexe`! Wenn Sie es ausführen, sehen Sie den Unterschied. Es fällt aber noch eine andere Besonderheit auf. Beim Versuch, das Fenster in der gewohnten Art zu schließen, meldet Windows, dass das Programm nicht reagiert. Eventuell müssen Sie dazu den Taskmanager zur Hilfe nehmen, mit dem Sie das Programm auch beenden können. Es kann nämlich noch keine Benutzaktionen

---

weis" und wählen sie „Verweis hinzufügen". Im C#Builder ist das Vorgehen fast das Gleiche, nur heißt hier der „Projektmappenexplorer" „Projektverwaltung" und das Feld „Verweise" „References".

wie etwa einen Mausklick empfangen. Dieses ist aber möglich, wenn die Main-Methode wie folgt geändert wird:

```csharp
public static void Main()
    {
    myForm window = new myForm("first Window",300,500);

    window.Show();

    Application.Run();
    }
```

Die while-Schleife wird hier durch die statische Methode Application.Run ersetzt. Das Fenster wird nicht sofort geschlossen, sondern nur nach einer entsprechenden Benutzeraufforderung. Das Programm verharrt auch hier in einer Schleife, die nur nach der entsprechenden Benutzeraufforderung verlassen wird.

Die Klasse System.Windows.Forms.Application stellt statische Methoden zur Verwaltung einer Windowsanwendung bereit. Die wichtigsten sind die überladenen Methoden Run. Sie starten die so genannte Nachrichtenschleife. In ihr informiert das Betriebssystem die Anwendung über das Eintreten gewisser Ereignisse wie Mausklicks oder Tastatureingaben des Benutzers. Nun kann das Programm auch darüber informiert werden, ob der Benutzer die Schaltfläche zum Schließen des Fensters gedrückt hat.

21.2 Ereignissteuerung

Windowsanwendungen sind ereignisgesteuert. Daher ist es nicht verwunderlich, dass hier Events und Delegaten, die in der Windowsprogrammierung auch *Ereignishandler* heißen, zum Zuge kommen. Hier werden aber Ereignisse vom Betriebssystem ausgelöst. Wie können wir uns das vorstellen? Zur Erinnerung: Ein Ereignis ist ein Member eines Objekts, das sich nach außen wie eine Variable oder eine Eigenschaft und nach innen i. A. wie ein privater Delegat verhält. Ein Ereignis kann daher nur durch eine öffentliche Methode aus dem Programm heraus ausgelöst werden. Soll das Ereignis in einer abgeleiteten Klasse ausgelöst werden, dann kann das Ereignis auch durch eine geschützte Methode ausgelöst werden. Letzteres ist auch in der Windowsprogrammierung der Fall.

Ereignisse können also nur durch einen Methodenaufruf ausgelöst werden. Auch das Betriebs-system löst Ereignisse auf diese Art aus. Die Methode Application.Run startet eine Nachrichtenschleife. Diese Nachrichten werden von dem auf dem Bildschirm sichtbaren Fenster und ihren graphischen Komponenten versendet. Wenn Sie beispielsweise mit der Maus in ein Fenster klicken, dann wird eine Nachricht an das Programm geschickt. Die Nachricht enthält Informationen darüber, welche Maustaste gedrückt wurde sowie die Mauskoordinaten. Das NET-Framework ruft beim Eintreffen einer Nachricht eine passende Methode auf. Ihr wird ein Objekt übergeben, welches die Nachricht kapselt.

Alle graphischen Komponenten einschließlich der Klasse `Form` stammen von der Klasse `Control` ab. Sie bildet also die Schnittstelle zur Verarbeitung von Windowsnachrichten. In ihr sind alle Ereignisse definiert, die durch eine graphische Komponente ausgelöst werden können. Es gibt z. B. ein Ereignis `Click`, das ausgelöst wird, wenn mit der Maus in die Komponente geklickt wird. Ein Ereignishandler für das Clickereignis ist wie folgt definiert.

```
public delegate void EventHandler(object sender,
    EventArgs e);
```

Alle Ereignishandler haben den Rückgabetyp `void` und erwarten zwei Übergabeparameter. Der erste Parameter ist vom Typ `object` und gibt die auslösende Komponente an. Der zweite Parameter kapselt die Windowsnachricht. Sein Typ stammt von der Klasse `EventArgs` ab.

Zu jedem Ereignis gibt es eine geschützte Methode, die das Ereignis auslöst. Diese wird beim Eintreffen einer passenden Nachricht von der NET-Laufzeitumgebung aufgerufen. Von ihr wird auch ein Objekt der Klasse `EventArgs` oder einer ihrer abgeleiteten Klassen erzeugt und der Methode übergeben.

Diese Ereignis auslösenden Methoden gehorchen einer Namenskonvention. Sie beginnen mit dem Präfix On. Diesem folgt die Bezeichnung des Ereignisses. So ist die Methode zum Auslösen des Clickereignisses wie folgt definiert.

```
protected virtual void OnClick( EventArgs e)
{
if(Click != null)
        Click(this,e);
}
```

Diese Methoden sind als virtuell deklariert. Sie können also in einer abgeleiteten Klasse überschrieben werden. Dadurch kann eine Ereignisbehandlungsmethode in der abgeleiteten Klasse definiert werden. Dieses Vorgehen ist sogar ökonomischer als die Verwendung von Ereignishandlern. Jedoch werden Ereignisbehandlungsmethoden i. A. in einer anderen Klasse definiert. Dieses ist nicht nur ein Gebot der Trennung von Darstellungs- und Applikationsebene, sondern es gibt bereits viele vordefinierte Komponenten, die Sie verwenden können. Ihre Ereignisse können dann nicht innerhalb der Komponente verarbeitet werden. Es müssen Ereignishandler bei der Komponente registriert werden. Wenn Sie eine solche Methode überschreiben, sollten Sie die entsprechende Methode der Basisklasse ebenfalls aufrufen, da eventuell zusätzliche Ereignishandler registriert sein könnten.

Beispiel 21.2 (Überschreiben der Methode OnClick)

Das Beispiel 21.2 wird so ergänzt, dass die Methode `OnClick` überschrieben wird. Bei einem Clickereignis soll eine Ausgabe auf der Konsole erfolgen. Damit das möglich ist, muss das Programm *ohne* den Kompilerschalter `/t:winexe` kompiliert werden. Weiterhin wird in dem Konstruktor ein Ereignishandler registriert. Ihm wird eine statische Methode zugewiesen.

```csharp
using System;
using System.Windows.Forms;

class myForm:Form
{

  public myForm(string Title, int Height, int Width)
  {
    this.Text = Title;
    this.Height = Height;
    this.Width = Width;
    this.Click +=new EventHandler(App.F);
  }

  protected override void OnClick(EventArgs e)
  {
    base.OnClick (e);
    Console.WriteLine(
  "Die überschriebene Methode OnClick ist aufgerufen");
  }
}

class App
{
  public static void F(Object sender,EventArgs e)
  {
  Console.WriteLine(
  "Die statische Methode App.F ist aufgerufen");
  }

  public static void Main()
  {
  myForm window = new myForm("first Window",300,500);

  window.Show();
```

```
Application.Run();

    }
}
```

21.3 Graphische Steuerelemente

Die Fenster, die wir bisher erzeugt haben, waren doch sehr karg. Sogar zur Ausgabe von Meldungen hatten wir zusätzlich ein Konsolefenster verwendet. Dabei ist es doch der Sinn und Zweck einer graphischen Benutzeroberfläche, in einer differenzierteren Weise mit dem Benutzer zu kommunizieren, als es mit der Konsole möglich ist. Wir müssen unsere Fenster also noch vervollständigen. Dieses geschieht durch graphische Steuerelemente. Sie können einer Form-Klasse hinzugefügt werden.

Die Basisklasse aller graphischen Steuerelemente sowie der Klasse Form ist die Klasse `System.Windows.Forms.Control`. Wir haben sie bereits als die Schnittstelle zu dem Betriebssystem gekennzeichnet, über die ein Programm mit einem Fenster kommunizieren kann. Über sie können nicht nur Nachrichten von den visuellen Steuerelementen empfangen und dadurch Ereignisse ausgelöst werden, sondern die Controls können auch von dem Programm aus gezeichnet werden. Die Klasse `Control` stellt viele Eigenschaften zur Verfügung, welche die visuelle Gestaltung charakterisieren. Dazu gehören z. B. die Größe und die Lage eines Controls. Weiterhin kann ihm eine Beschriftung zugewiesen werden.

Die Klasse `Control` besitzt die schreibgeschützte Eigenschaft `Controls`. Sie liefert eine indizierte Auflistung von Controls[1], die in das Control eingefügt sind. Ein Control ist somit ein Container, der andere Controls aufnehmen kann. Durch die Methode `Add` der Auflistung können Controls hinzugefügt, mit der Methode `Remove` wieder entfernt werden.

Beispiel 21.3 (Fenster mit zwei Steuerelementen und einer Ereignisbehandlung)

Das Fenster dieses Beispielprogramms besitzt eine Schaltfläche und ein Textanzeigefeld. In ihm wird angezeigt, wie oft der Benutzer auf die Schaltfläche gedrückt hat.

Die zwei Controls sind in den Klassen `System.Windows.Forms.Button` und `System.Windows.Forms.TextBox` implementiert. Verweisvariablen auf Instanzen dieser Klassen werden als private Variablen der Fensterklasse definiert. Weiterhin wird eine private Zählvariable benötigt, welche die Anzahl der Clicks zählt.

---

[1] Instanzen einer von `Control` abgeleiten Klasse nennen wir hier auch einfach ein Control. Aus dem Zusammenhang und dem Schriftbild ist klar, ob die Klasse oder eine Instanz gemeint ist.

Die zwei Controls werden in dem Konstruktor der Fensterklasse initialisiert. Ihnen werden die Position innerhalb des Container, in diesem Fall des Fensters, die Größe und ein Text zugewiesen.

Um die Position zu bestimmen, wird ein Koordinatensystem zugrunde gelegt. Sein Ursprung ist die linke obere Ecke des *Clientbereichs*. In diesen Bereich können visuelle Steuerelemente untergebracht werden. Zu dem Clientbereich zählen beispielsweise nicht die Titelleiste eines Formulars, Ränder oder Bildlaufleisten. Die Koordinaten entsprechen den Werten der Eigenschaften `Top` und `Left` der Klasse `Control` in Pixel. Die Anzahl der Pixel wird in Form eines Integer angegeben. Das Koordinatensystem ist so orientiert, wie man schreibt, nämlich von links nach rechts und von oben nach unten. Die Position bezieht sich dabei auf die obere linke Ecke des Controls. Es wird also die Anzahl der Pixel zwischen dem oberen Rand des Containers und dem oberen Rand des Controls sowie die Anzahl der Pixel zwischen dem linken Rand des Containers und dem Control als Koordianten angegeben. Die Eigenschaften `Height` und `Width` der Klasse `Control` geben die Höhe und Breite des Controls in Pixel an. Der Sachverhalt ist in Abbildung 21.1 dargestellt.

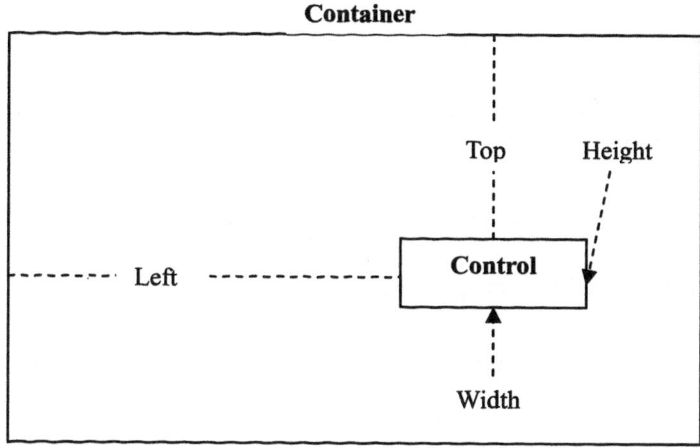

Abbildung 21.1 Position und Größer visueller Steuerelemente

Jedem Control kann ein Text zugewiesen werden. Wie er in Erscheinung tritt, ist von Control zu Control unterschiedlich. Er hat aber i. A. eine nahe liegende Bedeutung. In der Klasse `Form` ist er der Titel auf der Titelleiste, in der Klasse `Button` die Beschriftung der Schaltfläche, in der Klasse `TextBox` der angezeigte Text.

Die Schaltfläche und das Textfeld sind wie folgt initialisiert:

```
this.button.Height =40;
this.button.Width = 100;
this.button.Top = 150;
this.button.Left = 250;
this.button.Text = "Click";


this.texbox.Height =40;
this.texbox.Width = 100;
this.texbox.Top = 50;
this.texbox.Left = 250;
this.texbox.Text = "0";
```

Damit die zwei Steuerelemente auch angezeigt werden, müssen sie der Auflistung `Controls` hinzugefügt werden:

```
this.Controls.Add(button);
this.Controls.Add(texbox);
```

Damit das Clickereignis der Schaltfläche behandelt werden kann, muss ihm ein Ereignishandler zugewiesen werden:

```
this.button.Click += new EventHandler(this.countClicks);
```

Der Ereignishandler verweist auf die private Methode

```
private void countClicks(object sender,EventArgs e)
{
count++;
texbox.Text = count.ToString();
}
```

Die `Main`-Methode ist in der Fensterklasse untergebracht. In ihr wird also eine Instanz der Fensterklasse erzeugt. Vielleicht irritiert es Sie, dass die `Main`-Methode nicht in einer separaten Klasse untergebracht ist. Diese Vorgehensweise entspricht aber einem gewissen modernen Standard, auch wenn man sich im ersten Augenblick innerlich dagegen auflehnen möchte. Beim zweiten Augenblick erscheint diese Vorgehensweise aber gar nicht mehr ungewöhnlich. Schließlich ist die `Main`-Methode eine statische Methode, die eine Fensterinstanz erzeugt. Wenn wir uns vor Augen führen, wie statische Methoden definiert und angewendet werden, könnten wir fast zu der Überzeugung gelangen, der einzige Daseinszweck einer statischen Methode bestehe darin, eine Instanz der Klasse zu erzeugen, in der sie definiert ist.

Weiterhin wird eine überladene Version der Methode `Application.Run` verwendet. Ihr wird eine Fensterinstanz übergeben. In diesem Fall wird nicht nur die Nachrichtenschleife gestartet, sonder auch das Fenster angezeigt.

```csharp
using System;
using System.Windows.Forms;

class myForm : Form
{
private Button button = new Button();
private TextBox texbox = new TextBox();
private int count = 0;

    private void countClicks(object sender,EventArgs e)
    {
    count++;
    texbox.Text = count.ToString();
    }

    public myForm()
    {

    this.Height = 300;
    this.Width = 600;
    this.Text = "Count Clicks";

    this.button.Height =40;
    this.button.Width = 100;
    this.button.Top = 150;
    this.button.Left = 250;
    this.button.Text = "Click";


    this.texbox.Height =40;
    this.texbox.Width = 100;
    this.texbox.Top = 50;
    this.texbox.Left = 250;
    this.texbox.Text = "0";

    this.Controls.Add(button);
    this.Controls.Add(texbox);
```

```
this.button.Click += new EventHandler(this.countClicks);

}


public static void Main()
{
myForm form = new myForm();
Application.Run(form);

}
}
```

Dieses Beispiel zeigt bereits im Wesentlichen, wie Controls verwendet werden. Um sie auf einem Fenster zu platzieren, müssen ihre Koordinaten und ihre Größe festgelegt werden. Weiterhin kann einem Control ein Text zugewiesen werden. Dieser erscheint häufig als Beschriftung.

Ein Control soll i. A. aber nicht nur auf einem Fenster angezeigt werden, um dort nett auszusehen. Der Benutzer erhält vielmehr die Möglichkeit, Ereignisse eines Controls auszulösen. Ein Control auf einem Fenster besitzt also nicht nur ein gewisses Aussehen, sondern weist auch Verhaltensweisen auf. Dies wird durch Ereignisbehandlungsmethoden realisiert. Gewissen Ereignissen werden daher auch Ereignishandler zugewiesen.

Damit ein Control auch tatsächlich auf dem Fenster angezeigt wird, muss es mit der Methode Controls.Add dem Container hinzugefügt werden.

Das visuelle Erscheinungsbild eines Controls wird durch Eigenschaften bestimmt, sein Verhalten durch Ereignisse. Nur dann wird ein Control auf dem Fenster angezeigt und steht mit seinen Verhaltensweisen auch nur dann dem Benutzer zur Verfügung, wenn es dem Container hinzugefügt wurde.

Die Position und die Größe eines Controls können auch mit den Eigenschaften

```
public Point Location {get; set;}
```

und

```
public Size ClientSize {get; set;}
```

gesetzt oder gelesen werden. Hier sind Point und Size Strukturen des Namensraumes System.Drawing. Sie kapseln zwei Integer. Diese können einem Konstruktor zur Initialisierung übergeben werden. Es werden also die Koordinaten und die Seitenlängen gekapselt. Viele visuelle Entwicklungsumgebungen, die automatisch Code zur Initialisierung von Controls erzeugen, verwenden diese Strukturen. Die zweite Eigenschaft bezieht sich nicht direkt auf das Control, sondern auf seinen Clientbereich.

Da ein Control eine Standardgröße besitzt, muss die Göße nicht gesetzt werden.

Schon sehr einfache Fenster mit geringer Funktionalität erfordern einen relativ hohen Programmieraufwand. Moderne Entwicklungsumgebungen wie das Visual Studio von Microsoft oder der C#Builder von Borland erleichtern dem Entwickler jedoch das Leben erheblich. In ihnen kann ein Entwurfsfenster geöffnet werden. Mit Drag and Drop können Controls auf das zu erstellende Fenster gezogen werden. Mit der Maus können ihre horizontale und vertikale Größe verändert werden. In einem zusätzlichen Fenster können weitere Eigenschaften wie z. B. der Text einfach gesetzt werden. Weiterhin können Ereignisse ausgewählt werden und ihnen durch Mausklicks Ereignisbehandlungsmethoden zugewiesen werden. Im Hintergrund wird dabei der passende Code erzeugt. Es werden auch Ereignishandler zugewiesen und für die Ereignisbehandlungsmethoden ein Codegerüst erstellt. Es ist dann mit Leben zu füllen, also aus zu programmieren.

Auch wenn Sie mit einer visuellen Entwicklungsumgebung arbeiten, sollten Sie doch den Code verstehen, den sie im Hintergrund erzeugt. Gegebenfalls wollen Sie ihn ja noch verändern. Hier soll ein grundsätzliches Verständnis vermittelt werden und weniger eine ausführliche Darstellung der Windowsprogrammierung. Es sei hier auf weiterführende Literatur verwiesen, die i. A. fundierte Kenntnisse in C# voraussetzen. Es wird hier auch verzichtet, alle Controls darzustellen. Die Onlinehilfe bietet reichhaltige Informationen, so dass Sie mit dem hier Gelernten die anderen Controls verwenden können.

21.4 Modale Dialogfenster

Die Anzahl der Fenster einer Anwendung ist nicht begrenzt. Der Benutzer kann willkürlich zwischen ihnen wechseln. Insbesondere kann der Benutzer sie in einer weitgehend beliebigen Reihenfolge schließen. Dieses ist aber nicht immer erwünscht. Ein *modales Dialogfenster* blockiert alle anderen Fenster einer Anwendung. Dieses muss zuerst geschlossen werden, bevor der Benutzer zu einem anderen Fenster wechseln kann. Häufig kann der Benutzer – ja, er soll es sogar – eine Auswahl zwischen mehreren Alternativen treffen. Er wird etwa gefragt, ob ein geändertes Dokument gespeichert werden soll, ob er einen Vorgang abbrechen will oder eine Nachricht ignorieren will.

Jede Instanz einer Fensterklasse kann als modales Dialogfenster angezeigt werden. Statt `Show` ist dazu nur die Methode `showDialog` aufzurufen. Diese Methode startet ebenfalls die Nachrichtenschleife für dieses Fenster. Daher funktionieren modale Dialogfenster auch dann, wenn die Methode `Application.Run` nicht aufgerufen oder bereits beendet ist.

Ein modales Dialogfenster kann auch – wie jedes andere Fenster – aus einer Konsoleanwendung heraus aufgerufen werden. Anders als die anderen Fenster kann das Konsolefenster aktiviert werden, d. h. der Benutzer kann zu ihm wechseln. Er kann es aber nicht bearbeiten. Die Anwendung hängt nämlich in der Methode `showDialog` des modalen Dialogfensters. Dieses muss zuerst geschlossen werden, bevor die Anwendung weiterarbeiten kann.

Aussehen und Funktionsweise modaler Dialogfenster sind in vielen Zusammenhängen standardisiert. Häufig soll der Benutzer durch ein modales Dialogfenster über ein außergewöhnliches Vorkommnis informiert werden, etwa darüber, dass eine Datei nicht geöffnet werden kann, oder dass der Drucker nicht betriebsbereit ist. Zusätzlich zu der Information können dem Benutzer noch mehrere Alternativen, auf die Situation zu reagieren, angeboten werden. Er wählt sie dadurch aus, dass er auf eine von mehreren Schaltflächen drückt. Dadurch wird das modale Dialogfenster auch geschlossen. Aber wie erfährt nun das Programm, auf welche Schaltfläche der Benutzer gedrückt hat?

Es wäre denkbar, dass das modale Dialogfenster von einer Methode angezeigt worden ist, die beim Schließen des Fensters einen entsprechenden Rückgabewert liefert. In der Tat gibt die Methode `showDialog` einen Wert der Enumeration `DialogResult` zurück[1]. Die Enumeration besitzt folgende Konstanten, deren Namen wohl selbstredend sind:

```
DialogResult.Abort,  DialogResult.Cancel,  DialogResult.Ignore,
DialogResult.No, DialogResult.None, DialogResult.Ok,
DialogResult.Retry, DialogResult.Yes.
```

Die Klasse `Form` besitzt die Eigenschaft

```
public DialogResult DialogResult {get; set;} .
```

Standardmäßig besitzt sie den Wert `DialogResult.None`. Wird ihr ein anderer Wert zugewiesen, dann ist er der Rückgabewert der Methode `showDialog`. Falls das Fenster zuvor mit dieser Methode angezeigt wurde, dann wird das Fenster geschlossen und die Kontrolle an den Aufrufer der Methode zurückgegeben. Wenn Sie etwa das Fenster durch Klicken des Schließen-Buttons (das X-Button oben links auf der Titelleiste) schließen, dann erhält die Eigenschaft den Wert `DialogResult.Cancel`.

Beispiel 21.4 (Windowsanwendung mit einem einfachen Dialogfenster)

Durch Drücken auf eine Schaltfläche kann ein modales Dialogfenster angezeigt werden. Es besitzt lediglich ein Textfeld. Auf ihm wird der Wert der Eigenschaft `DialogResult` angezeigt. Dazu wird das Ereignis `Load` behandelt. Dieses tritt unmittelbar vor dem ersten Zeichnen des Fensters auf dem Bildschirm ein. Zuvor wurde die Fensterinstanz mit dem Konstruktor initialisiert. Damit ist gewährleistet, dass auch die Eigenschaft `DialogResult` initialisiert ist, deren Wert ja angezeigt werden soll. Um zum ursprünglichen Fenster zurückzukehren, muss der Schließen-Button des Dialogfensters gedrückt werden. Auf einem Textfeld des ursprünglichen Fensters wird dann der Rückgabewert der Methode `showDialog` angezeigt.

```
using System;
using System.Drawing;
using System.ComponentModel;
using System.Windows.Forms;
```

---

[1] Die Methode `Show` hat den Rückgabetyp `void`.

```csharp
public class Form1 : System.Windows.Forms.Form
{
  private System.Windows.Forms.TextBox textBox1;
  private System.Windows.Forms.Button button1;
  private Dialog dialog;

  public Form1()
  {
    this.button1 = new System.Windows.Forms.Button();
    this.textBox1 = new System.Windows.Forms.TextBox();
    //
    // button1
    //
    this.button1.Location = new System.Drawing.Point(80, 120);
    this.button1.Size = new System.Drawing.Size(120, 23);
    this.button1.Text = "show Dialog";
    this.button1.Click += new
    System.EventHandler(this.button1_Click);
    //
    // textBox1
    //
    this.textBox1.Location = new System.Drawing.Point(80, 48);
    this.textBox1.Size = new System.Drawing.Size(120, 22);
    this.textBox1.Text = "";
    //
    // Form1
    //
    this.ClientSize = new System.Drawing.Size(292, 260);
    this.Controls.Add(this.textBox1);
    this.Controls.Add(this.button1);
    this.Text = "Form1";

    dialog = new Dialog();


  }


  static void Main()
  {
    Application.Run(new Form1());
  }

  private void button1_Click(object sender,
  System.EventArgs e)
  {
```

```csharp
      DialogResult dialogresult = dialog.ShowDialog();
      textBox1.Text = dialogresult.ToString();
   }
}


public class Dialog : System.Windows.Forms.Form
{
   private System.Windows.Forms.TextBox textBox1;

   public Dialog()
   {
      this.textBox1 = new System.Windows.Forms.TextBox();
      //
      // textBox1
      //
      this.textBox1.Location = new System.Drawing.Point(56, 80);
      this.textBox1.Text = "";
      //
      // Dialog
      //
      this.ClientSize = new System.Drawing.Size(292, 260);
      this.Controls.Add(this.textBox1);
      this.Text = "Dialog";
      this.Load += new System.EventHandler(this.Dialog_Load);
   }


   private void Dialog_Load(object sender, System.EventArgs e)
   {
      textBox1.Text = this.DialogResult.ToString();
   }
}
```

Im Allgemeinen wird ein modales Dialogfenster nicht nur dazu eingesetzt, um es – wie im Beispiel 21.4 – wieder zu schließen. Zumindest wird der Benutzer aufgefordert, die Kenntnisnahme einer Nachricht zu bestätigen. Allzu oft soll er aber eine von mehreren Schaltflächen drücken, um den Dialog zu beenden. Dabei wählt er auch den Rückgabewert der Methode, die das modale Dialogfenster angezeigt hat.

Nicht nur die Klasse Form, sondern auch die Klasse Button besitzt die Eigenschaft DialogResult. Diese kann passend initialisiert werden. Wird die Schaltfläche gedrückt, dann erhält auch das übergeordnete Fenster diesen neuen Wert. Es muss also noch nicht einmal eine Ereignisbehandlung stattfinden. Anschließend wird das modale Dialogfenster geschlossen und der Wert zurückgegeben.

Beispiel 21.5 (Erweiterung des Beispiel 21.4 um Schaltflächen)

Dem modalen Dialogfenster aus Beispiel 21.4 werden drei Schaltflächen hinzugefügt. Die Eigenschaft `DialogResult` wird in dem Konstruktor jeweils auf die Werte `DialogResult.Yes`, `DialogResult.No` und `DialogResult.Ignore` gesetzt.

```csharp
using System;
using System.Drawing;
using System.ComponentModel;
using System.Windows.Forms;


public class Dialog : System.Windows.Forms.Form
{
    private System.Windows.Forms.Button button1;
    private System.Windows.Forms.Button button2;
    private System.Windows.Forms.Button button3;
    private System.Windows.Forms.TextBox textBox1;

    public Dialog()
    {
      this.textBox1 = new System.Windows.Forms.TextBox();
      //
      // textBox1
      //
      this.textBox1.Location = new System.Drawing.Point(56, 80);
      this.textBox1.Text = "";
      //
      // Dialog
      //
      this.ClientSize = new System.Drawing.Size(292, 260);
      this.Controls.Add(this.textBox1);
      this.Text = "Dialog";
      this.Load += new System.EventHandler(this.Dialog_Load);

      this.button1 = new System.Windows.Forms.Button();
      this.button2 = new System.Windows.Forms.Button();
      this.button3 = new System.Windows.Forms.Button();
      //
      // button1
      //
      this.button1.DialogResult =
      System.Windows.Forms.DialogResult.Yes;
      this.button1.Location = new System.Drawing.Point(56, 192);
```

```csharp
    this.button1.Text = "Yes";
    //
    // button2
    //
    this.button2.DialogResult =
    System.Windows.Forms.DialogResult.No;
    this.button2.Location = new System.Drawing.Point(160,
    192);
    this.button2.Text = "No";
    //
    // button3
    //
    this.button3.DialogResult =
    System.Windows.Forms.DialogResult.Ignore;
    this.button3.Location = new System.Drawing.Point(264,
    192);
    this.button3.Text = "Ignore";
    //
    // Dialog
    //
    this.ClientSize = new System.Drawing.Size(424, 260);
    this.Controls.Add(this.button3);
    this.Controls.Add(this.button2);
    this.Controls.Add(this.button1);

}

private void InitializeComponent()
{
    this.button1 = new System.Windows.Forms.Button();
    this.button2 = new System.Windows.Forms.Button();
    this.button3 = new System.Windows.Forms.Button();
    //
    // button1
    //
    this.button1.DialogResult =
    System.Windows.Forms.DialogResult.Yes;
    this.button1.Location = new System.Drawing.Point(56, 192);
    this.button1.Text = "Yes";
    //
    // button2
    //
    this.button2.DialogResult =
    System.Windows.Forms.DialogResult.No;
    this.button2.Location = new System.Drawing.Point(160,
    192);
    this.button2.Text = "No";
    //
```

```csharp
            // button3
            //
            this.button3.DialogResult =
            System.Windows.Forms.DialogResult.Ignore;
            this.button3.Location = new System.Drawing.Point(264,
            192);
            this.button3.Text = "Ignore";
            //
            // Dialog
            //
            this.ClientSize = new System.Drawing.Size(424, 260);
            this.Controls.Add(this.button3);
            this.Controls.Add(this.button2);
            this.Controls.Add(this.button1);
        }


        private void Dialog_Load(object sender, System.EventArgs e)
        {
            textBox1.Text = this.DialogResult.ToString();
        }
}
```

Aussehen und Funktionsweise eines modalen Dialogfensters kann i. A. durch einige wenige Parameter festgelegt werden. Ein modales Dialogfenster kann bereits durch die Anzahl und die Art der Schaltflächen sowie eine Beschriftung hinreichend charakterisiert werden. Weiterhin kann noch ein Icon sowie ein Titel zugewiesen werden. Es ist daher nicht sehr fern liegend, eine Methode zu definieren, der diese Parameter übergeben werden können und die dann eine Instanz eines modalen Dialogfensters liefert. Dieses erscheint ökonomischer, als immer wieder erneut Kontruktorlogiken zu schreiben, die sich nur in Details voneinander unterscheiden.

Die Klasse `System.Windows.Forms.MessageBox` dient einzig und allein dem Zweck, modale Dialogfenster zu erzeugen und anzuzeigen. Sie besitzt 12 überladene statische Methoden `Show`. Es wird hier nur exemplarisch eine Auswahl vorgestellt. Um einen vollständigen Überblick zu gewinnen, sei auf die Onlinehilfe verwiesen.

Ein modales Meldungsfenster, welches nur eine Nachricht anzeigt, deren Kenntnisnahme der Benutzer durch das Drücken eine OK-Schaltfläche bestätigen muss, bevor das Programm weiterarbeiten kann, wird durch

```csharp
public static DialogResult Show(string text);
```

angezeigt. Die Nachricht wird in Form einer Zeichenkette übergeben. Solche Meldungsfenster werden hin und wieder auch zu Testzwecken eingesetzt. Als Nachricht wird dann der Wert einer Variablen angezeigt.

Neben einer Nachricht kann auch der Titeltext sowie die Schaltflächen übergeben werden:

```
public static DialogResult Show(string text, string caption,
    MessageBoxButtons buttons );
```

Die anzuzeigenden Schaltflächen werden durch eine Konstante einer Enumeration übergeben.
In der folgenden Tabelle sind jeder Konstanten Schaltflächen zugeordnet:

Konstante	Schaltflächen
AbortRetryIgnore	Abbrechen, Wiederholen und Ignorieren.
OK	OK
OKCancel	OK und Abbrechen.
RetryCancel	Wiederholen und Abbrechen.
YesNo	Ja und Nein.
YesNoCancel	Ja, Nein und Abbrechen.

Neben den modalen Dialogfenstern, die alle von der Klasse Form abstammen, stellt Windows auch eigene modale Dialogfenster zur Verfügung, die so genannten Standarddialoge[1]. Zu ihnen gehören etwa die Dialogfenster zum Öffnen oder Speichern von Dateien oder Dialoge zum Drucken. Ihnen ist sicher schon aufgefallen, dass sie in allen Windowsanwendungen gleiches Aussehen und Funktionalität haben. Die damit verbundene Vereinheitlichung der Benutzerschnittstellen ist durchaus gewollt. Der Benutzer findet sich dann in den unterschiedlichsten Windowsanwendungen besser zurecht. Er kann sich auch schneller in neue, ihm bisher nicht vertraute Anwendungen einarbeiten, da er die Benutzerschnittstellen bereits aus anderen Windowsanwendungen kennt.

Auch die Standardbibliothek des NET-Frameworks stellt Ihnen diese Standarddialoge zur Verfügung. Sie müssen also nicht eine WIN32-API-Funktion aufrufen, obwohl Sie auch die Möglichkeit dazu haben. Es ist jedoch komfortabler, die entsprechenden Klassen zu verwenden. Die Klasse für die Standarddialoge stammen nicht von Form ab, sondern von der abstrakten Klasse System.Windows.Forms.CommonDialog. Diese hat noch nicht einmal die Klasse Control als Urahn. Jedoch besitzen beide ein gemeinsames Erbe von der Klasse System.ComponentModel.Component. Die Eigenschaften und Ereignisse der Klasse Control stehen den Standarddialogen also nicht zur Verfügung. So kann die Größe, die

---

[1] Für diejenigen, die es genau wissen wollen: die Funktionen zum Anzeigen der Standarddialoge befinden sich in der Laufzeitbibliothek commdlg32.dll des Windowssystemverzeichnisses.

Hintergrundfarbe oder das Verhalten bei einem Mausklick nicht vom Programmierer bestimmt werden. Die Eigenschaften und auch weitgehend die Funktionalität sind vom Betriebssystem bereits vorgegeben. Es gibt lediglich ein paar wenige öffentliche Ereignisse, die stets damit zusammenhängen, dass auf Ressourcen zugegriffen wird, die außerhalb des Dialogfensters liegen.

Die Standardbibliothek stellt folgende Klassenhierarchie zur Verfügung[1]:

```
System.Object
   System.MarshalByRefObject
      System.ComponentModel.Component
         System.Windows.Forms.CommonDialog (abstrakt)
            System.Windows.Forms.ColorDialog
            System.Windows.Forms.FileDialog (abstrakt)
               System.Windows.Forms.OpenFileDialog
               System.Windows.Forms.SaveFileDialog
            System.Windows.Forms.FolderBrowserDialog
            System.Windows.Forms.FontDialog
            System.Windows.Forms.PageSetupDialog
            System.Windows.Forms.PrintDialog
```

Die Klasse `CommonDialog` besitzt die öffentliche Methode (und noch eine zusätzliche überladene):

```
public DialogResult ShowDialog();
```

Sie ist genau so deklariert, wie die entsprechende Methode der Klasse `Form`. Durch ihren Aufruf wird ein Standarddialog als modales Fenster angezeigt. Dem Rückgabewert kann entnommen werden, welche Schaltfläche der Benutzer gedrückt hat. Durch einen Standarddialog wird der Benutzer aber aufgefordert, eine weiterreichende Auswahl zu treffen. Er soll etwa eine Datei zum Öffnen oder Speichern, eine Schriftart oder gewisse Druckeroptionen wählen. Über diese zusätzliche Auswahl gibt der Rückgabewert keine Auskunft. Sie ist stattdessen gewissen Eigenschaften der Standarddialogklassen zu entnehmen. Nähere Informationen entnehmen Sie bitte der Onlinedokumentation!

Beispiel 21.6 (Auswahl eines Verzeichnisses)

Durch Drücken einer Schaltfläche wird ein Standarddialogfenster zur Auswahl eines Verzeichnisses angezeigt. Es wird also die Klasse `FolderBrowserDialog` verwendet. In einem Textfeld wird das Rückgabeergebnis, in einem anderen das ausgewählte Verzeichnis angezeigt. Dieses liefert die Eigenschaft `SelectedPath` als Zeichenkette.

```
using System;
using System.Windows.Forms;
```

---

[1] Abstammungsverhältnisse sind durch Einrückungen dargestellt. Klassen, die von einer anderen abgeleitet sind, werden unmittelbar unter ihr eingerückt geschrieben.

```csharp
public class Form1 : System.Windows.Forms.Form
{
   private System.Windows.Forms.FolderBrowserDialog folder-
BrowserDialog1;
   private System.Windows.Forms.Button button1;
   private System.Windows.Forms.TextBox textBox1;
   private System.Windows.Forms.TextBox textBox2;

   public Form1()
   {
      this.folderBrowserDialog1 = new
      System.Windows.Forms.FolderBrowserDialog();
      this.button1 = new System.Windows.Forms.Button();
      this.textBox1 = new System.Windows.Forms.TextBox();
      this.textBox2 = new System.Windows.Forms.TextBox();
      //
      // button1
      //
      this.button1.Location = new System.Drawing.Point(80, 168);
      this.button1.Size = new System.Drawing.Size(128, 23);
      this.button1.Text = "Verzeichnisse";
      this.button1.Click += new
      System.EventHandler(this.button1_Click);
      //
      // textBox1
      //
      this.textBox1.Location = new System.Drawing.Point(32, 24);
      this.textBox1.Size = new System.Drawing.Size(224, 22);
      this.textBox1.Text = "";
      //
      // textBox2
      //
      this.textBox2.Location = new System.Drawing.Point(32, 96);
      this.textBox2.Size = new System.Drawing.Size(224, 22);
      this.textBox2.Text = "";
      //
      // Form1
      //
      this.ClientSize = new System.Drawing.Size(292, 260);
      this.Controls.Add(this.textBox2);
      this.Controls.Add(this.textBox1);
      this.Controls.Add(this.button1);
      this.Text = "Verzeichnisauswahl";
      this.Load += new System.EventHandler(this.Form1_Load);
   }


   static void Main()
```

```
    {
      Application.Run(new Form1());
    }

  private void button1_Click(object sender,
System.EventArgs e)
    {
    DialogResult dr = folderBrowserDialog1.ShowDialog();
    textBox1.Text = dr.ToString();
    textBox2.Text = folderBrowserDialog1.SelectedPath;
    }

  private void Form1_Load(object sender, System.EventArgs e)
    {
      textBox2.Text = folderBrowserDialog1.SelectedPath;
    }
}
```

Beispiel 21.7 (Wahl der Hintergrundfarbe)

Hier kann ein Dialogfenster zur Farbauswahl angezeigt werden. Das Hauptfenster erhält die
gewählte Farbe als Hintergrundfarbe. Ausgelöst wird dieses durch eine Schaltfläche. Ihr ist
also ein entsprechender Ereignishandler zugeordnet.

```
using System;
using System.Windows.Forms;

  public class Form1 : System.Windows.Forms.Form
  {
      private System.Windows.Forms.ColorDialog colorDialog1;
      private System.Windows.Forms.Button button1;

      public Form1()
      {
        this.colorDialog1 = new
        System.Windows.Forms.ColorDialog();
        this.button1 = new System.Windows.Forms.Button();
        //
        // button1
        //
        this.button1.Location = new System.Drawing.Point(112,
        128);
        this.button1.Name = "button1";
        this.button1.Text = "wählen";
        this.button1.Click += new
        System.EventHandler(this.button1_Click);
```

```csharp
//
// Form1
//
this.AutoScaleBaseSize = new System.Drawing.Size(6,
15);
this.ClientSize = new System.Drawing.Size(292, 260);
this.Controls.Add(this.button1);
this.MaximizeBox = false;
this.Name = "Form1";
this.Text = "Hintergrundfarbe";
}


static void Main()
{
    Application.Run(new Form1());
}

private void button1_Click(object sender,
System.EventArgs e)
{
    colorDialog1.ShowDialog();
    this.BackColor = colorDialog1.Color;
}
}
```

Die zwei wichtigen Standarddialoge OpenFileDialog und SaveFileDialog werden
im Beispiel 21.8 vorgeführt.

21.5 Menüs

Kaum ein Windowsprogramm kommt ohne ein Menü aus. Menüs sind vielleicht sogar die
wichtigste Benutzerschnittstellen, über die der Anwender mit dem Programm kommunizieren
kann. Daher ist ihr Design auch weitgehend einheitlich. Dieses ist zwar nicht fest vorgegeben,
sondern Sie können ein Menü frei gestalten. Sie sollten aber dem Benutzer gegenüber so
freundlich gesonnen sein, dass er sich mit ihrem Menü leicht zurecht findet. Daher sollten Sie
nicht allzu sehr von einem gewissen Standard abweichen. Diesen können Sie an den meisten
Windowsanwendungen gut studieren.

Ein Menü besteht aus mehreren Menüeinträgen. Sie tragen eine Beschriftung und können sich
so wie eine Schaltfläche verhalten. Sie besitzen ein öffentliches Click-Ereignis, das Sie so
wie das einer Schaltfläche behandeln können. Ein Menüeintrag kann aber auch aus einem
Untermenü bestehen.

Es gibt zwei Arten von Menüs, nämlich das Hauptmenü und das Kontextmenü. Das Hauptmenü ist einem Formular zugeordnet. Es befindet sich unmittelbar unter der Titelleiste. Das
Kontextmenü ist einem Control zugeordnet und öffnet sich beim Klick der rechten Maustaste.

Die Standardbibliothek stellt für das Hauptmenü, das Kontextmenü und den Menüeintrag drei Klassen zur Verfügung, nämlich `MainMenu`, `ContextMenu` und `MenuItem`. Sie stammen nicht von der Klasse `Control` ab. Ihre Eigenschaften und Ereignisse stehen daher nicht zur Verfügung. Sie sind i. A. für ein Menü auch nicht sehr sinnvoll. Stattdessen sind sie von der abstrakten Klasse `Menu` abgeleitet.

Es liegt die folgende Klassenhierarchie vor:

```
System.Object
    System.MarshalByRefObject
        System.ComponentModel.Component
            System.Windows.Forms.Menu (abstrakt)
                System.Windows.Forms.ContextMenu
                System.Windows.Forms.MainMenu
                System.Windows.Forms.MenuItem
```

Vielleicht fragen Sie sich, warum auch die Klasse `MenuItem` von `Menu` abgeleitet ist. Sie beschreibt ja einen Menüeintrag. Dieser kann aber auch ein Untermenü sein. Somit ist ein Menüeintrag auch ein Menü. Ein Menüeintrag besitzt aber als ein wesentliches Unterscheidungsmerkmal das Ereignis `Click`.

Die Klasse `Menu` besitzt die innere Klasse `Menu.MenuItemCollection`. Sie stellt eine Auflistung von `MenuItem`–Objekten dar. Wir haben hier die bemerkenswerte und seltsame Situation vor uns, dass bei der Definition der abstrakten Klasse `Menu` von einer konkreten abgeleiteten Klasse Gebrauch gemacht worden ist.

Wie bei Auflistungen üblich, kann durch die Methoden `Add` und `Remove` `MenuItem`–Objekte hinzugefügt und wieder entfernt werden. Mit der Methode `AddRange` kann ein Array vom Typ `MenuItem` hinzugefügt werden. Diese Auflistung wird von der Klasse `Menu` durch die Eigenschaft

```
public Menu.MenuItemCollection MenuItems {get;}
```

öffentlich zugänglich gemacht.

Alle drei Klassen können mit dem Standardkonstruktor instanziert werden. Es gibt aber auch noch überladene Versionen. So kann einem Konstruktor der Klasse `MenuItem` auch die Beschriftung übergeben werden. Diese kann aber nachträglich noch der Eigenschaft `Text` zugewiesen werden. Weiterhin kann auch ein Ereignishandler übergeben werden, der auch nachträglich dem `Click`-Ereignis hinzugefügt werden kann. Alle drei Klassen besitzen Konstruktoren, denen ein Array vom Typ `MenuItem` übergeben werden kann. Nähere Informationen entnehmen Sie bitte der Onlinedokumentation.

Nachdem ein Menü erzeugt worden ist, muss es noch dem Formular oder einem Control zugewiesen werden. Ein Formular besitzt die Eigenschaft

```
public MainMenu Menu {get; set;};
```

der das Hauptmenü zugewiesen werden kann. Einem Control kann ein Kontextmenü durch die Eigenschaft

```
public virtual ContextMenu ContextMenu {get; set;}
```

zugewiesen werden.

Beispiel 21.8 (Ein einfaches Hauptmenü)

Hier wird ein Formular mit einem einfachen Hauptmenü erzeugt. Dieses besitzt nur den Eintrag Datei. Diesem Eintrag werden zwei weitere Einträge, nämlich öffnen und speichern zugewiesen. Es werden ihre Clickereignisse behandelt. In den Ereignisbehandlungsmethoden werden die Standarddialoge OpenFileDialog und SaveFileDialog geöffnet[1].

```
using System;
using System.Windows.Forms;

public class Form1 : System.Windows.Forms.Form
{
    private System.Windows.Forms.MainMenu mainMenu1;
    private System.Windows.Forms.MenuItem menuItem1;
    private System.Windows.Forms.MenuItem menuItem2;
    private System.Windows.Forms.MenuItem menuItem3;
    private System.Windows.Forms.OpenFileDialog openFileDialog1;
    private System.Windows.Forms.SaveFileDialog saveFileDialog1;

    public Form1()
    {
        this.mainMenu1 = new System.Windows.Forms.MainMenu();
        this.menuItem1 = new System.Windows.Forms.MenuItem();
        this.menuItem2 = new System.Windows.Forms.MenuItem();
        this.menuItem3 = new System.Windows.Forms.MenuItem();
        this.openFileDialog1 = new
        System.Windows.Forms.OpenFileDialog();
        this.saveFileDialog1 = new
        System.Windows.Forms.SaveFileDialog();
        //
        // mainMenu1
        //
        this.mainMenu1.MenuItems.AddRange(new
        System.Windows.Forms.MenuItem[] {
```

---

[1] Dieses Beispiel illustriert daher auch die Verwendung von zwei wichtigen Standarddialogen (siehe Abschnitt 21.4).

```csharp
this.menuItem1});
   //
   // menuItem1
   //
   this.menuItem1.MenuItems.AddRange(new
   System.Windows.Forms.MenuItem[] {

this.menuItem2,

this.menuItem3});
   this.menuItem1.Text = "Datei";
   //
   // menuItem2
   //
   this.menuItem2.Text = "öffnen";
   this.menuItem2.Click += new
   System.EventHandler(this.menuItem2_Click);
   //
   // menuItem3
   //
   this.menuItem3.Text = "speichern";
   this.menuItem3.Click += new
   System.EventHandler(this.menuItem3_Click);
   //
   // Form1
   //
   this.ClientSize = new System.Drawing.Size(292, 260);
   this.Menu = this.mainMenu1;
   this.Text = "Form1";
}


static void Main()
{
   Application.Run(new Form1());
}

private void menuItem2_Click(object sender,
System.EventArgs e)
{
   openFileDialog1.ShowDialog();
}

private void menuItem3_Click(object sender,
System.EventArgs e)
{
   saveFileDialog1.ShowDialog();
```

```
    }
}
```

21.6 Maus- und Tastaturereignisse

Benutzereingaben erfolgen bei einer Windowsanwendung mit der Maus oder der Tastatur. Durch sie löst der Benutzer Ereignisse aus. Er kann durch diese Ereignisse dem Programm Informationen zuschicken, dem sie dann zur Weiterverarbeitung zur Verfügung stehen. Die Datenverarbeitung eines Windowsprogramms sieht aus der Sicht des Anwenders genauso aus.

Wir haben bereits gesehen, dass die statische Methode `Application.Run` eine Nachrichtenschleife startet. In ihr werden dem Programm die Ereignisse und die damit zusammenhängenden Informationen zugänglich gemacht. Diese liegen nun nicht so vor, wie das Betriebssystem sie an die Anwendung sendet. Es wird stattdessen beim Eintreffen einer Nachricht eine passende Methode aufgerufen, welche das entsprechende Ereignis auslöst. Die Nachricht selbst wird in einem Objekt gekapselt. Dieses wird der Methode übergeben, die es dann zusammen mit einem Verweis auf das auslösende Objekt einem Ereignishandler übergibt.

So wie ein Fenster in zweifacher Gestalt vorliegt, nämlich als Instanz einer von `Form` abgeleiteten Klasse und als sichtbares Rechteck auf dem Bildschirm, das in einem gewissen Sinn das Ebenbild der Instanz darstellt, so wird auch der Begriff Ereignis in der Windowsprogrammierung in zweifacher Weise verwendet. Zum einen wird mit diesem Begriff ein i. A. wahrnehmbarer Vorgang auf dem Bildschirm belegt. Dieser Vorgang kann durch eine Benutzereingabe, etwa einem Mausklick oder einer Tastatureingabe oder einer Systemanforderung, etwa das Fenster oder einen Teil desselben neu zu zeichnen, ausgelöst worden sein. Diesen Vorgängen entsprechen Ereignissen der Instanz in dem Sinne, wie in dem Abschnitt 20.3 ein Ereignis definiert ist. Auch hier ist es das Betriebssystem, das zwischen beiden Ereignissen vermittelt. Das Betriebssystem erhält von der Anwendung die Anweisung, ein Fenster zu zeichnen, es sendet aber auch Nachrichten von dem sichtbaren Fenster an die Anwendung und löst dort entsprechende Ereignisse aus, indem die Aufrufliste eines Delegaten aufgerufen wird..

Da alle visuellen Steuerelemente einschließlich eines Formulars von der Klasse `Control` abstammt, vermuten Sie richtig, dass auch hier die Ereignisse ausgelöst werden. Genauer: diese Klasse stellt geschützte Methoden zur Verfügung, welche die Ereignisse auslösen. Empfängt das Programm eine Nachricht, dann wird sie an dasjenige Control weitergeleitet, dessen visuelles „Ebenbild" auf dem Bildschirm die Benutzereingabe empfangen hat.

Auf einem Formular ist stets nur ein Control für Benutzereingaben aktiviert. Dieses kann das Formular selbst sein, oder ein ihm zugefügtes visuelles Steuerelement. Man sagt auch, das eingabebereite Control besitzt den *Focus*. Ein Control, das auf dem Bildschirm angezeigt wird, belegt dort einen rechteckigen Bereich. Wird beispielsweise mit der Maus in diesen Bereich geklickt, dann erhält das Control den Focus. Anhand der Position und der Ausdehnung kann einem visuellen Steuerelement eindeutig eine entsprechende Instanz des Programms zugeordnet werden. Diese ist ja durch die entsprechenden Eigenschaften charakterisiert.

Was sind nun die wichtigsten Aktionen, die ein Benutzer mit der Maus ausführen kann? Er kann den Mauszeiger bewegen, eine Maustaste drücken oder sie wieder loslassen. Diese Benutzeraktionen entsprechen den Ereignissen `MouseMove`, `MouseDown` und `MouseUp`[1]. Dem Ereignishandler wird eine Instanz der Klasse `MouseEventArgs` des Namensraumes `System.Windows.Forms` übergeben. Sie liefert beispielsweise Informationen über die Koordinaten des Mauszeigers und darüber, welche Maustaste gedrückt wurde.

Es stehen u. A. noch die Mausereignisse `MouseEnter` und `MousLeave` zur Verfügung. Sie treten ein, wenn der Mauszeiger ein Steuerelement betritt oder es wieder verlässt, also wenn etwa das Steuerelement den Focus erhält oder ihn wieder verliert.

Beispiel 21.9 (Anzeige einiger Mausereignisse)

Auf einem Formular wird über das Eintreten der Ereignisse `MouseDown` und `MouseUp` informiert. Es werden auch die Koordinaten des Mauszeigers angezeigt. Dieses geschieht in Textboxen. Ihnen vorangestellt sind Beschriftungsfelder, Controls vom Typ `Label`, die angeben, was auf den Textfeldern angezeigt wird. Damit bei Mausbewegungen auch die Koordinaten angezeigt werden, wird auch das Ereignis `MouseMove` behandelt. Weiterhin wird das Eintreten der Ereignisse `MouseEnter` und `MousLeave` angezeigt. Dieses geschieht durch Ereignishandler. Da es sich um Ereignisse des Formulars handelt, könnten auch die Methoden `OnMousDown` etc. überschrieben werden. Dieses sei dem Leser zur Übung überlassen. Hier soll jedoch die Verwendung von Ereignishandlern in der Windowsprogrammierung illustriert werden. Dieses Vorgehen hat noch einen weiteren Vorteil. Die Ereignisbehandlungsmethoden können auch zur Behandlung entsprechender Ereignisse eines anderen Controls verwendet werden. Wie das funktioniert, wird am Ende des Beispiels vorgeführt.

```
using System;
using System.Drawing;
using System.Windows.Forms;

public class Form1 : System.Windows.Forms.Form
{
    private System.Windows.Forms.Label label1;
    private System.Windows.Forms.TextBox textBox1;
    private System.Windows.Forms.Label label2;
    private System.Windows.Forms.TextBox textBox2;
    private System.Windows.Forms.Label label3;
    private System.Windows.Forms.TextBox textBox3;
```

---

[1] Von dem `Click`-Ereignis sehen wir hier einmal ab. Ihm liegen ja auch die anderen Mausereignisse zugrunde.

```csharp
public Form1()
{

    this.label1 = new System.Windows.Forms.Label();
    this.textBox1 = new System.Windows.Forms.TextBox();
    this.label2 = new System.Windows.Forms.Label();
    this.textBox2 = new System.Windows.Forms.TextBox();
    this.label3 = new System.Windows.Forms.Label();
    this.textBox3 = new System.Windows.Forms.TextBox();
    //
    // label1
    //
    this.label1.Location = new System.Drawing.Point(144, 88);
    this.label1.Text = "Mausereignis";
    //
    // textBox1
    //
    this.textBox1.Location = new System.Drawing.Point(240,
    88);
    this.textBox1.Size = new System.Drawing.Size(360, 22);
    this.textBox1.Text = "";
    //
    // label2
    //
    this.label2.Location = new System.Drawing.Point(144, 152);
    this.label2.Text = "X-Koordinate";
    //
    // textBox2
    //
    this.textBox2.Location = new System.Drawing.Point(248,
    153);
    this.textBox2.Text = "";
    //
    // label3
    //
    this.label3.Location = new System.Drawing.Point(144, 208);
    this.label3.Text = "Y-Koordinate";
    //
    // textBox3
    //
    this.textBox3.Location = new System.Drawing.Point(248,
    208);
    this.textBox3.Text = "";
    //
    // Form1
    //
    this.ClientSize = new System.Drawing.Size(768, 528);
    this.Controls.Add(this.textBox3);
```

```csharp
    this.Controls.Add(this.label3);
    this.Controls.Add(this.textBox2);
    this.Controls.Add(this.label2);
    this.Controls.Add(this.textBox1);
    this.Controls.Add(this.label1);
    this.Text = "Mausereignisse";
    this.MouseDown += new
System.Windows.Forms.MouseEventHandler(this.Form1_MouseDown);
    this.MouseUp += new
System.Windows.Forms.MouseEventHandler(this.Form1_MouseUp);
    this.MouseMove += new
System.Windows.Forms.MouseEventHandler(this.Form1_MouseMove);
    this.MouseEnter += new
System.EventHandler(this.Form1_MouseEnter);
    this.MouseLeave += new
System.EventHandler(this.Form1_MouseLeave);
  }

  static void Main()
  {
    Application.Run(new Form1());
  }

  private void Form1_MouseDown(object sender,
  System.Windows.Forms.MouseEventArgs e)
  {

  string s = string.Empty;

    switch(e.Button)
    {
      case MouseButtons.Left:
        s="Die linke Maustaste wurde gedrückt";break;

      case MouseButtons.Right:
        s="Die rechte Maustaste wurde gedrückt";break;

      case MouseButtons.Middle:
        s="Die mittlere Maustaste wurde gedrückt";break;
    }

    textBox1.Text = s;
    textBox2.Text = e.X.ToString();
    textBox3.Text = e.Y.ToString();
  }

  private void Form1_MouseUp(object sender,
  System.Windows.Forms.MouseEventArgs e)
```

```csharp
  {
    string s = string.Empty;

    switch(e.Button)
    {
      case MouseButtons.Left:
        s="Die linke Maustaste wurde losgelassen";break;

      case MouseButtons.Right:
        s="Die rechte Maustaste wurde losgelassen";break;

      case MouseButtons.Middle:
        s="Die mittlere Maustaste wurde losgelassen";break;
    }

    textBox1.Text = s;
    textBox2.Text = e.X.ToString();
    textBox3.Text = e.Y.ToString();
  }

  private void Form1_MouseMove(object sender,
  System.Windows.Forms.MouseEventArgs e)
  {
    textBox2.Text = e.X.ToString();
    textBox3.Text = e.Y.ToString();
  }

  private void Form1_MouseEnter(object sender,
  System.EventArgs e)
  {
      textBox1.Text = "Der Mauszeiger betritt das Formular";
  }

  private void Form1_MouseLeave(object sender,
  System.EventArgs e)
  {
      textBox1.Text = "Der Mauszeiger verlässt das Formular";
  }
}
```

Exemplarisch soll hier nun die Ereignisbehandlungsmethode `Form1_MouseDown` vorgestellt werden:

```csharp
private void Form1_MouseDown(object sender,
System.Windows.Forms.MouseEventArgs e)
  {
    string s = string.Empty;
```

```csharp
switch(e.Button)
{
   case MouseButtons.Left:
     s="Die linke Maustaste wurde gedrückt";break;

   case MouseButtons.Right:
     s="Die rechte Maustaste wurde gedrückt";break;

   case MouseButtons.Middle:
     s="Die mittlere Maustaste wurde gedrückt";break;

}

   textBox1.Text = s;
   textBox2.Text = e.X.ToString();
   textBox3.Text = e.Y.ToString();
}
```

Das zweite Argument ist vom Typ `MouseEventArgs`. Dieses stellt Informationen über das Mausereignis in Form von schreibgeschützten Eigenschaften zur Verfügung. Hier wird die Eigenschaft `Button` verwendet. Sie gibt an, welche Maustaste gedrückt wurde. Diese Information wird in Form der Enumeration `MouseButtons` geliefert. In der `switch`-Anweisung werden einige Werte dieser Enumeration abgefragt. In Abhängigkeit von ihrem Wert wird dann in der Textbox ausgegeben, welche Maustaste gedrückt wurde.

Die Eigenschaften X und Y vom Typ `int` der Klasse `MouseEventArgs` geben die X- und Y-Koordinaten des Mauszeigers an. Diese werden als Zeichenketten in den anderen zwei Textboxen ausgegeben.

Wenn Sie das Programm ausprobieren und mit dem Mauszeiger über einen der Controls, also über einen der Textboxen oder Labels fahren, sehen Sie, dass das Ereignis `MouseLeave` ausgelöst wird. Der Mauszeiger liegt dann nicht mehr innerhalb des Bereichs desjenigen Controls, dessen Mausereignisse behandelt worden sind. Dieses korrespondiert mit dem zuvor Gesagten. Eine Nachricht wird immer an dasjenige Control weitergeleitet, dessen visuelles Ebenbild das Ereignis verursacht hat. Dieses löst dann das entsprechende Ereignis aus, indem eine passende geschützte Methode aufgerufen wird.

Vielleicht wünschen Sie, dass die Mausereignisse auch dann angezeigt werden, wenn einer der Controls den Focus erhält. Dann müssen Sie nur dem entsprechenden Ereignis einen Ereignishandler zuweisen. Dieser kann auf die bereits existierende Ereignisbehandlungsmethode verweisen.

Nehmen wir an, das `MouseDown`-Ereignis soll auch dann angezeigt werden, wenn das erste Beschriftungsfeld den Focus erhält, dann weisen Sie dem Ereignis `label1.MouseDown` einen Ereignishandler zu:

```
label1.MouseDown +=new
System.Windows.Forms.MouseEventHandler(this.Form1_MouseDown);
```

Hier erweist es sich als Vorteil, dass in dem Formular nicht die Methode `OnMouseDown` überschrieben, sondern die Ereignisbehandlungsmethode `Form1_MouseDown` geschrieben wurde. Diese kann nun nochmals verwendet werden.

Es gibt hier aber noch eine Besonderheit zu beachten. Die Mauskoordinaten werden relativ zur oberen linken Ecke des Controls, das den Focus besitzt, angegeben. Falls Sie in dem ersten Beschriftungsfeld eine Maustaste drücken. Dann werden X- und Y-Koordinaten des Mauszeigers relativ zur linken oberen Ecke des Beschriftungsfeldes und nicht des Formulars angezeigt. Wenn die Koordinaten stets relativ zu dem Koordinatenursprung des Formulars angezeigt werden sollen, dann müssen die Koordinaten eines Controls auf die Koordinaten bezüglich der oberen linken Ecke des Formulars umgerechnet werden. Die Ereignisbehandlungsmethode ist dann wie folgt umzuändern:

```
private void Form1_MouseDown(object sender,
System.Windows.Forms.MouseEventArgs e)
  {
  string s = string.Empty;
  int x = 0, y = 0;
  Control ctr = sender as Control;

    switch(e.Button)
    {
      case MouseButtons.Left:
        s="Die linke Maustaste wurde gedrückt";break;

      case MouseButtons.Right:
        s="Die rechte Maustaste wurde gedrückt";break;

      case MouseButtons.Middle:
        s="Die mittlere Maustaste wurde gedrückt";break;
    }

    textBox1.Text = s;

    if(ctr == null) return;

    if(ctr == this)
    {
      textBox2.Text = e.X.ToString();
      textBox3.Text = e.Y.ToString();
    }
    else
    {
    x= ctr.Left + e.X;
```

```
   y= ctr.Top + e.Y;

   textBox2.Text = x.ToString();
   textBox3.Text = y.ToString();
   }
 }
```

Hier kommt nun der erste Parameter `sender` ins Spiel. Es ist auch an den Fall gedacht, dass eine Ereignisbehandlungsmethode Ereignisse mehrer Controls behandelt. Andernfalls gäbe es nur einen Sender. Wenn dieser dann auch noch eindeutig bestimmt ist, dann benötigt man das erste Argument nicht.

Der Sender kann in zweifacher Hinsicht verwendet werden. Zum einen kann eine Fallunterscheidung vorgenommen werden, und das Ereignis differenziert nach dem Verursacher behandelt werden. Zum anderen kann in die Ereignisbehandlung auch eine Eigenschaft oder eine Methode des Senders eingehen. Hier wird beides vorgeführt. Wenn der Sender das Formular selbst ist, dann werden die Mauskoordinaten wie zuvor ausgegeben. Andernfalls müssen die Koordinaten der Position dazu addiert werden, also zur X-Koordinate des Mauszeigers in einem Control muss noch die X-Koordinate der Position des Controls hinzu addiert werden, und entsprechend ist mit der Y-Koordinate zu verfahren.

Es wird also zuerst abgefragt, ob das Control das Formular selbst ist. Da die Methode eine Instanzmethode des Formulars ist, geschieht das durch „`ctr == this`". Falls das Control ein ihm untergeordnetes virtuelles Steuerelement ist, gehen die Eigenschaften `Top` und `Left` in die Ereignisbehandlung ein.

```
  if(ctr == this)
    {
      textBox2.Text = e.X.ToString();
      textBox3.Text = e.Y.ToString();
    }
    else
    {
    x= ctr.Left + e.X;
    y= ctr.Top + e.Y;

    textBox2.Text = x.ToString();
    textBox3.Text = y.ToString();
    }
```

Hier ist stets vorausgesetzt, dass der Sender ein Control ist[1]. Als Übergabeparameter wird aber eine Instanz der Klasse `object` erwartet. Er kann also alles Mögliche sein. Durch die Initialisierung

---

[1] Wenn die Ereignisbehandlungsmethode sinnvoll verwendet wird, wird der Sender auch immer ein Control sein. Gehen Sie aber nie davon aus, dass die Methoden, die Sie schreiben, von einem anderen

```
Control ctr = sender as Control;
```

wird der Sender in den Typ `Control` konvertiert, falls dieses möglich ist, andernfalls erhält die Variable den Wert `null`. Im letzteren Fall ist der Sender kein visuelles Steuerelement. Es ist dann auch nicht sinnvoll, ihm Maus- oder Positionskoordinaten, die ja in die Berechnung eingehen, zuzuordnen. Daher wird durch die Anweisung

```
    if(ctr == null) return;
```

gegebenenfalls aus der Methode herausgesprungen.

Beispiel 21.10 (Verschieben eines Controls mit der Maus)

Auf dem Formular dieses Beispielsprogramms befindet sich ein Beschriftungsfeld. Dieses kann an eine beliebige Stelle des Formulars gezogen werden. Dazu muss mit der linken Maustaste in das Beschriftungsfeld geklickt werden. Solange die linke Maustaste gedrückt bleibt, folgt das Beschriftungsfeld den Mausbewegungen. Die Position des Mauszeigers relativ zur linken oberen Ecke des Beschriftungsfeldes bleibt während der Mausbewegungen unverändert.

Es wird das `MouseMove` Ereignis behandelt, um dem Beschriftungsfeld eine neue Position zuzuweisen. Falls sich der Mauszeiger beim Drücken der linken Maustaste genau in der linken oberen Ecke des Beschriftungsfeldes befindet, ihre X- und Y-Koordinaten jeweils 0 sind, dann genügt es, der Position während der Mausbewegungen die Koordinaten des Mauszeigers zuzuweisen. Falls aber – was ja auch der wahrscheinlichere Fall ist – der Mauszeiger sich beim Drücken der linken Taste irgendwo anders befindet, seine Koordinaten also von 0 verschieden sind, dann müssen diese Koordinaten berücksichtigt werden. Daher wird auch das Ereignis `MouseDown` behandelt. Während dieses Ereignisses werden lediglich die Mauskoordinaten den globalen Variablen `dx` und `dy` zugewiesen, damit sie während des `MouseMove`-Ereignisses zur Verfügung stehen.

Während des Ereignisses MouseMove liefern die Eigenschaften X und Y des `MouseEventArgs`-Objektes die neuen X- und Y-Koordinaten. Wenn von ihnen `dx` und `dy` abgezogen werden, dann erhält man die Anzahl der Pixel, um welche sich der Mauszeiger in X- bzw. in Y-Richtung bewegt hat. Diese Anzahl ist der Eigenschaft `Left` bzw. `Top` des Beschriftungsfeldes dazuzuaddieren:

```
label1.Left = label1.Left + e.X - dx;
label1.Top = label1.Top + e.Y - dy;
```

Hier nun der vollständige Quellcode:

```
using System;
```

Anwender sinnvoll verwendet werden. Darüber, was sinnvoll ist oder nicht, wird man sich auch nicht immer handelseinig.

```csharp
using System.Windows.Forms;
public class Form1 : System.Windows.Forms.Form
{
   private System.Windows.Forms.Label label1;

   private int dx,dy;

   public Form1()
   {
       this.label1 = new System.Windows.Forms.Label();
      //
      // label1
      //
      this.label1.BackColor =
      System.Drawing.SystemColors.ActiveCaptionText;
      this.label1.Location = new System.Drawing.Point(88, 80);
      this.label1.Size = new System.Drawing.Size(136, 23);
      this.label1.Text = "bewegliches Label";
      this.label1.MouseMove += new
System.Windows.Forms.MouseEventHandler(this.label1_MouseMove);
      this.label1.MouseDown += new
System.Windows.Forms.MouseEventHandler(this.label1_MouseDown);
      //
      // Form1
      //
      this.ClientSize = new System.Drawing.Size(688, 680);
      this.Controls.Add(this.label1);
      this.Text = "Form1";
   }

   static void Main()
   {
      Application.Run(new Form1());
   }

   private void label1_MouseDown(object sender,
   System.Windows.Forms.MouseEventArgs e)
   {
      dx = e.X;
      dy = e.Y;
   }


   private void label1_MouseMove(object sender,
   System.Windows.Forms.MouseEventArgs e)
   {
      if(e.Button == MouseButtons.Left)
      {
```

```
        label1.Left = label1.Left + e.X - dx;
        label1.Top = label1.Top + e.Y - dy;
      }
    }
}
```

Wenden wir uns nun den Tastaturereignissen zu. Die folgenden drei Ereignisse bilden die Tatstaturereignisse:

```
public event KeyEventHandler KeyDown;
```

```
public event KeyPressEventHandler KeyPress;
```

```
public event KeyEventHandler KeyUp;
```

Sie werden ausgelöst, wenn der Benutzer eine Taste drückt, eine Taste gedrückt ist oder wenn sie wieder losgelassen wird. Die dazugehörigen Ereignishandler sind vom folgenden Typ:

```
public delegate void KeyEventHandler(
   object sender, KeyEventArgs e);
```

oder

```
public delegate void KeyPressEventHandler(
   object sender, KeyPressEventArgs e);
```

Die interessanteste Information eines Tatstaturereignisses ist zweifelsohne die Taste oder auch die Tastenkombination, welche vom Benutzer verwendet worden sind. Diese Information kann durch die Enumeration System.Windows.Forms.Keys ausgedrückt werden. Für jede Taste existiert eine Konstante. Die Enumeration kann auch als Bitfeld benutzt werden, es ist das Flags-Attribut gesetzt (siehe Beispiel 19.3). Somit können Tastenkombinationen wie etwa UMSCHALT+A dargestellt werden.

Werte der Enumeration Keys liefern zwei Eigenschaften der Klasse KeyEventArgs, nämlich:

```
public Keys KeyCode {get;}
```

und

```
public Keys KeyData {get;}
```

Die erste Eigenschaft liefert den Code der gedrückten oder auch losgelassenen Taste, während die zweite Eigenschaft auch Tastenkombinationen berücksichtigt. Die zweite Eigenschaft gibt nicht nur einzelne Werte der Enumeration Key zurück, sondern kann auch bitweise Kombinationen dieser Werte liefern. Somit kann berücksichtigt werden, ob gleichzeitig UMSCHALT, STRG oder ALT gedrückt oder losgelassen wurde. Insbesondere kann beispielsweise zwischen Groß- und Kleinschreibung unterschieden werden.

Durch die Werte der Eigenschaft KeyData können also Zeichen dargestellt werden, die der Benutzer eingegeben hat, insofern er keine Sondertasten, wie Funktions- oder Cursortasten, gedrückt hat. Diese Zeichen können aber besser verarbeitet werden, wenn sie im Unicode vorliegen. Genau dieses erledigt die folgende Eigenschaft:

```
public int KeyValue {get;}
```

Beispiel 21.11 (Eingabeüberprüfung einer Textbox)

Hier wird ein Formular vorgestellt, das eine Textbox enthält. In ihr soll nur eine Zahl eingeben werden dürfen. Es sind nur Zeichenketten erlaubt, die eine Folge von Ziffern darstellen. Die Eingabe anderer Zeichen wird unterdrückt. Zunächst wird die Eigenschaft ReadOnly der Textbox auf true gesetzt. Der Benutzer kann dann erst einmal gar keine Zeichen eingeben. Ein Text kann nun nicht unmittelbar durch Benutzereingaben, sondern nur durch das Programm ausgegeben werden. Um Text auszugeben, muss der Eigenschaft Text der Textbox einen Wert zugewiesen werden. Hier soll das nur geschehen, wenn der Benutzer eine Ziffer eingibt. Um die Benutzereingabe zu überprüfen, wird das Ereignis KeyDown behandelt.

```csharp
using System;
using System.Windows.Forms;


public class Form1 : System.Windows.Forms.Form
{
    private System.Windows.Forms.TextBox textBox1;

    public Form1()
    {
        this.textBox1 = new System.Windows.Forms.TextBox();
        //
        // textBox1
        //
        this.textBox1.BackColor =
        System.Drawing.SystemColors.Info;
```

```csharp
    this.textBox1.Location = new System.Drawing.Point(56, 48);
    this.textBox1.ReadOnly = true;
    this.textBox1.Size = new System.Drawing.Size(160, 22);
    this.textBox1.Text = "";
    this.textBox1.TextAlign =
    System.Windows.Forms.HorizontalAlignment.Right;
    this.textBox1.KeyDown += new
System.Windows.Forms.KeyEventHandler(this.textBox1_KeyDown);
    //
    // Form1
    //
    this.ClientSize = new System.Drawing.Size(292, 260);
    this.Controls.Add(this.textBox1);
    this.Text = "Eingabe einer Zahl";
  }


  static void Main()
  {
    Application.Run(new Form1());
  }

  private void textBox1_KeyDown(object sender,
  System.Windows.Forms.KeyEventArgs e)
  {
    if(e.KeyValue >= '0' && e.KeyValue <= '9')
      textBox1.Text +=(char)e.KeyValue;
  }
}
```

Werfen wir noch einen Blick auf die Ereignisbehandlungsmethode:

```csharp
  private void textBox1_KeyDown(object sender, Sys-
tem.Windows.Forms.KeyEventArgs e)
  {
    if(e.KeyValue >= '0' && e.KeyValue <= '9')
      textBox1.Text +=(char)e.KeyValue;
  }
```

Die Eigenschaft KeyValue liefert den Unicode des eingegebenen Zeichens. In der if-Anweisung wird geprüft, ob der Unicodewert zwischen dem des Zeichens '0' und des Zeichens '9' liegt. Nur in diesem Fall handelt es sich um eine Ziffer, die dann dem Text der Textbox hinzugefügt wird.

21.7 Die Ereignisse Load und Paint und die Klasse Graphics

Das Ereignis Load ist das zentrale Ereignis der Klasse Form. Es tritt unmittelbar vor dem ersten Anzeigen des Formulars ein. Während jedoch ein Control gezeichnet wird, tritt das Ereignis Paint ein. Wenn z. B. ein Formular durch ein anderes Fenster verdeckt war und es wieder zum Vorschein gebracht wird, dann muss es neu gezeichnet werden. In diesem Fall tritt das Ereignis Paint, aber nicht das Ereignis Laod ein.

Wie spiegelt sich dieser Unterschied in der Verwendungsweise der zwei Ereignisse wider? In der Behandlung des Ereignisses Load können noch letzte Initialisierungen vorgenommen werden. Aber warum werden sie dann nicht bereits im Konstruktor vorgenommen? Angenommen, es gäbe triftige Gründe, diese Initialisierungen nicht im Konstruktor vorzunehmen, warum werden sie dann nicht während des Paint-Ereignisses vorgenommen?

Auf diese zwei Fragen gibt es auch zwei Antworten. In der Tat ist es die originäre Aufgabe eines Konstruktors, Initialisierungen vorzunehmen. Jedoch wird durch den Konstruktor erst ein Fensterobjekt erzeugt, aber noch nicht angezeigt. Wenn nun eine Initialisierung Systemressourcen verbraucht, kann es sinnvoll sein, sie erst später vorzunehmen. Ein sehr typisches Beispiel sind Datenbankverbindungen. Diese werden i. A. nicht in dem Konstruktor geöffnet, sondern während des Ereignisses Load. Auch das Öffnen von Dateien, die z. B. eine Graphik beinhaltet, die angezeigt werden soll, könnte erst während dieses Ereignisses geöffnet werden. Machen wir nun ein Gedankenexperiment! Nehmen wir einmal an, Datenbankverbindung oder eine Datei wird während des Ereignisses Paint geöffnet. Dann wird aber die Datenbankverbindung oder die Datei immer wieder geöffnet, wenn das Formular neu gezeichnet wird. Und das kann verdammt häufig vorkommen! Z. B. wird ein Formular immer dann neu gezeichnet, wenn es zuvor auch nur teilweise von einem anderen verdeckt war. Das Ereignis Load wird dagegen nur einmal, und zwar unmittelbar vor dem ersten Anzeigen des Formulars, ausgelöst.

Beispiel 21.12 (Ereignisprotokolldatei)

Es werden einige wichtige Ereignisse eines Formulars sowie seine Konstruktion protokolliert und in eine Datei geschrieben. Die Datei wird während des Ereignisses Load geöffnet. Man könnte sie auch im Konstruktor öffnen, aber solange das Formular noch nicht angezeigt wird, sollen die damit verbundenen Systemressourcen nicht beansprucht werden. Bei dem Ereignis Closed wird die Datei wieder geschlossen.

Es wird der Aufruf des Konstruktors sowie das Eintreten der Ereignisse Load, Paint, Closing und Closed mit dem Zeitpunkt protokolliert. Die zeitliche Reihenfolge des Eintretens der Ereignisse kann somit sehr schön studiert werden. Da beim Aufruf des Konstruktors die Protokolldatei noch nicht existiert, wird die Information als Zeichenkette gespeichert, und später in die Protokolldatei geschrieben. Es wird auch eine Schaltfläche in das Formular integriert. Seine Klickereignisse werden ebenfalls protokolliert.

Dem Klickereignis der Schaltfläche wird also ein Ereignishandler zugewiesen. Bei der Ereignisbehandlung wird – neben einem Protokolleintrag – das Fenster geschlossen und nach einer

Sekunde wieder geöffnet. Daran kann man sehen, dass die Formularinstanz davon unberührt bleibt. Bevor das Formular erneut angezeigt wird, wird weder der Konstruktor noch die Methode `OnLoad` aufgerufen. Das Ereignis `Load` tritt ja nur unmittelbar vor dem ersten Anzeigen des Formulars ein. Es wird aber die Methode `OnPaint` aufgerufen.

Betrachten wir nun einzelne Codeabschnitte! Hier zuerst die Initialisierung der Schaltfläche:

```
this.button1.Location = new System.Drawing.Point(104, 104);
this.button1.Text = "Schließen";
this.button1.Click += new
System.EventHandler(this.button1_Click);
```

Es wird ein Ereignishandler zugewiesen. Die Methode `OnClick` des Objekts `button1` kann nicht verwendet werden, da sie bereits definiert und vorgegeben ist. Sie löst lediglich das Ereignis `Click` aus. In der Klasse `Form1` wird das Ereignis durch die Methode `button1_Click` behandelt.

Das Formular wird folgendermaßen initialisiert:

```
this.ClientSize = new System.Drawing.Size(292, 260);
this.Controls.Add(this.button1);
this.Text = "Ereignisprotokoll";
```

Hier wird die Größe durch die Struktur `System.Drawing.Size` bestimmt. Die Schaltfläche wird dem Container hinzugefügt.

In dem Formularkonstruktor wird außerdem der Protokolleintrag

```
DateTime.Now.ToString() +
 ": Der Konstruktor wird aufgerufen \n."
```

einer Stringvariablen zugewiesen.

Werfen wir nun einen Blick auf die Methode `OnLoad`:

```
protected override void OnLoad(EventArgs e)
{
base.OnLoad(e);
sw = new StreamWriter(new
FileStream("Events.log",FileMode.Append,FileAccess.Write));
sw.AutoFlush = true;
sw.WriteLine(Ereignisprotokoll);
sw.WriteLine(DateTime.Now.ToString() +
": OnLoad wird aufgerufen ");
}
```

Es wird die Protokolldatei geöffnet und um den Filestream ein Streamwriter gelegt. Da kein Verzeichnispfad übergeben wird, befindet sich die Datei in dem gleichen Verzeichnis wie die ausführbare Textdatei. Die Datei wird nur zum Schreiben geöffnet. Falls sie bereits existiert, werden neue Protokolleinträge angefügt. Der Wert der Eigenschaft AutoFlush gibt an, dass nach jedem Aufruf von WriteLine der Puffer geleert wird, und sein Inhalt in die Datei geschrieben wird. Die Einträge werden dann zeilenweise in die Protokolldatei geschrieben. Es wird aber zuerst durch base.OnLoad das Ereignis ausgelöst. Ihm ist hier zwar kein Ereignishandler zugewiesen, es besteht aber die Möglichkeit, das Programm zu erweitern, und das Ereignis zu behandeln.

Die anderen Methoden sind analog aufgebaut, so dass sie hier nicht weiter erörtert zu werden brauchen. Es wird nur in der Methode OnClosed der Streamwriter und damit der unterliegende Filestream geschlossen. Es sei noch bemerkt dass die Klasse CancelEventArgs in dem Namensraum System.ComponentModel liegt, der deswegen eingebunden wird.

Erwähnenswert ist noch die Methode button1_Click:

```csharp
private void button1_Click(object sender, System.EventArgs e)
{
sw.WriteLine(DateTime.Now.ToString() +
"Clickereignis des Buttons");
this.Hide();
Thread.Sleep(1000);
this.Show();
    }
}
```

Durch die Methode Hide wird das Formular geschlossen, jedoch nicht die Anwendung. Es kann also durch Show wieder angezeigt werden. Zwischendurch wird die Anwendung 1000 Millisekunden angehalten. Dieses besorgt die statische Methode Sleep der Klasse Thread[1]. Diese befindet sich in dem Namensraum System.Threading.

Hier nun der vollständige Quellcode:

```csharp
using System;
using System.ComponentModel;
using System.Windows.Forms;
using System.IO;
using System.Threading;

public class Form1 : System.Windows.Forms.Form
```

---

[1] Die Klasse Thread kapselt einen Ausführungsfaden. Ein Prozess kann in mehrere Ausführungsfäden zergliedert werden. Sie sind selbstständige Ausführungseinheiten, die unabhängig und (quasi) parallel ausgeführt werden können. Durch die Methode Sleep wird eine solche Ausführungseinheit angehalten. In den Beispielen des Buches besitzt jeder Prozess nur einen Thread.

```csharp
{
  private System.Windows.Forms.Button button1;
  private string Ereignisprotokoll;
  private StreamWriter sw;

  public Form1()
  {
    this.button1 = new System.Windows.Forms.Button();
    //
    // button1
    //
    this.button1.Location = new System.Drawing.Point(104,
    104);
    this.button1.Text = "Schließen";
    this.button1.Click += new Sys-
    tem.EventHandler(this.button1_Click);
    //
    // Form1
    //
    this.ClientSize = new System.Drawing.Size(292, 260);
    this.Controls.Add(this.button1);
    this.Text = "Ereignisprotokoll";

    Ereignisprotokoll = DateTime.Now.ToString() +
    ": Der Konstruktor wird aufgerufen \n.";
  }

  static void Main()
  {
    Application.Run(new Form1());
  }

  protected override void OnLoad(EventArgs e)
  {
    base.OnLoad(e);
      sw = new StreamWriter(new
  FileStream("Events.log",FileMode.Append,FileAccess.Write));
    sw.WriteLine(Ereignisprotkoll);
    sw.AutoFlush = true;
    sw.WriteLine(DateTime.Now.ToString() +
      ": OnLoad wird aufgerufen ");
  }

  protected override void OnPaint(PaintEventArgs e)
  {
    base.OnPaint(e);
    sw.WriteLine(DateTime.Now.ToString() +
      ": OnPaint wird aufgerufen ");
```

```
  }

  protected override void OnClosing(CancelEventArgs e)
  {
    base.OnClosing(e);
      sw.WriteLine(DateTime.Now.ToString() +
      ": OnClosing wird aufgerufen ");
  }

  protected override void OnClosed(EventArgs e)
  {
    base.OnClosed(e);
    sw.WriteLine(DateTime.Now.ToString() +
      ": OnClosed wird aufgerufen ");

    if(sw != null)
      sw.Close();
  }

  private void button1_Click(object sender,
  System.EventArgs e)
  {
    sw.WriteLine(DateTime.Now.ToString() +
    "Clickereignis des Buttons");
    this.Hide();
    Thread.Sleep(1000);
    this.Show();
  }
}
```

> Sie sollten aufwändige Zugriffe aus Systemressourcen nicht in den Konstruktor hineinschreiben, sondern während des Ereignisses Load vornehmen. Ebenso sollten Sie sich davor hüten, sie während des Ereignisses Paint vorzunehmen. Die Zugriffe auf die Systemressourcen können dann unerwünscht oft eintreten und das Programm gar blockieren.

Beispiel 21.13 (ungünstige Behandlung des Paintereignisses)
Es werden zwei Formulare erzeugt. Das erste wird wie gewohnt angezeigt. WÄhrend des Paint-Ereignisses wird jedoch auch das zweite angezeigt. Dieses bedeckt das erste. Wenn Sie es schließen, dann wird das Paint-Ereignis des ersten Formulars ausgelöst, es muss ja neu gezeichnet werden. Dabei wird das zweite Formular erneut angezeigt.

Wenn Sie allerdings das erste Formular schließen, dann wird auch das zweite geschlossen und die Anwendung beendet. Dieses illustriert auch, dass beim Schließen eines Formulars ebenfalls alle Ressourcen geschlossen werden, die es verbraucht. Wenn das Startformular geschlossen wird, dann wird auch die Nachrichtenschleife und damit das Programm beendet.

Die erste Formularklasse ist wie folgt definiert:

```csharp
using System;
using System.Windows.Forms;

public class Form1 : System.Windows.Forms.Form
{
  public Form1()
  {
    this.ClientSize = new System.Drawing.Size(568, 472);
    this.Text = "Form1";

    this.Paint += new
    System.Windows.Forms.PaintEventHandler(this.Form1_Paint);
  }

  static void Main()
  {
    Application.Run(new Form1());
  }

  private void Form1_Paint(object sender,
  System.Windows.Forms.PaintEventArgs e)
  {
  new Form2().Show();
  }
}
```

Und hier nun die zweite Formularklasse:

```csharp
using System;
using System.Windows.Forms;

public class Form2 : System.Windows.Forms.Form
{
  public Form2()
  {
    this.Size = new System.Drawing.Size(300,300);
    this.Text = "Form2";
  }
}
```

Zur Übung sei ihnen empfohlen, das zweite Fenster nicht während des Paint- sondern des Load-Ereignisses anzuzeigen. Sie werden sehen, dass sich das Programm dann „vernünftig" verhält.

Nachdem wir gesehen haben, wozu das Ereignis `Paint` nicht verwendet werden sollte, wollen wir uns sinnvollen Einsatzmöglichkeiten dieses Ereignisses zuwenden. Wie der Name ja selbstredend ausdrückt, wird dieses i. A. zum Zeichnen auf einem Control verwendet.

Um auf dem Bildschirm zu zeichnen oder auch nur Text auszugeben, benötigen wir eine Schnittstelle. Es werden schließlich Systemressourcen beansprucht, da nur über das Betriebssystem auf periphere Ausgabegeräte zugegriffen werden kann. Diese Schnittstellen liegen in der Standardbibliothek – wie sollte es auch anders sein – als Klassen vor. Um etwa Text auf der Konsole auszugeben, wird die Klasse `Console` benötigt. Da wir hier aber keine Konsolenanwendungen erörtern, sondern auf einem Control zeichnen oder Text ausgeben wollen, haben wir nach einer Klasse in der Standardbibliothek zu fahnden, deren Methoden dieses ermöglicht.

Wenn Sie eine Klasse suchen wollen, die irgend etwas mit Graphiken zu tun hat, dann sollten Sie in dem Namensraum `System.Drawing` nachsehen. Dort befindet sich u. A. die Klasse `Graphics`. Sie stellt Methoden zu Verfügung, mit denen auf einem Ausgabegerät gezeichnet werden kann. Dieses Ausgabegerät kann der Bildschirm sein, es ist aber auch möglich, Graphiken an den Drucker zu senden oder in einer Graphikdatei abzuspeichern. Im Gegensatz zur Klasse `Console`, die ja ebenfalls eine Schnittstelle zu einem peripheren Ausgabegerät darstellt, sind die Methoden zum Zeichnen der Klasse Graphics nicht statisch, sondern Instanzmethoden. Andererseits existiert kein öffentlicher Konstruktor. Wie Sie sicher schon richtig vermuten, gibt es statische Methoden, die eine Instanz zurückgeben. Da ein `Graphics`-Objekt eine Schnittstelle zu einem peripheren Ausgabegerät darstellt, sind diesen statischen Methoden die Ausgabegeräte in einer wie auch immer gearteten Form zu übergeben. Es ist beispielsweise möglich, ein Formular[1] zu übergeben, auf das dann gezeichnet werden soll. Ein `Graphics`-Objekt steht also immer in einem so genannten *Gerätekontext*. Daher gibt es auch keine öffentlichen Konstruktoren. Ein `Graphics`-Objekt kann nur von der Laufzeitumgebung erzeugt werden. Dieses geschieht auch, wenn das Ereignis `Paint` auftritt.

Der Ereignisbehandlungsmethode ist ein Objekt vom Typ `PaintEventArgs` des Namensraumes `System.Windows.Forms` zu übergeben. Dieses besitzt zwei schreibgeschützte Eigenschaften: Die eine liefert das Rechteck, in das gezeichnet werden soll, die andere ein `Graphics`-Objekt:

```
public Rectangle ClipRectangle {get;}

public Graphics Graphics {get;}
```

Mit den Methoden des `Graphics`-Objektes kann in dem Rechteck gezeichnet werden. `Rectangle` ist eine Struktur des Namensraumes `System.Drawing`. Ein Rechteck ist

---

[1] Es wird keine übliche Referenzvariable auf das Formular übergeben, sondern einen plattformunabhängiger Zeiger oder Verweis, der auch Handle genannt wird. Wir wollen hier nicht näher darauf eingehen, sondern der Leser sei an die Onlinedokumentation verwiesen.

durch die Koordinaten seiner linken oberen Ecke sowie durch seine Breite und Länge bestimmt. In einer Instanz dieser Struktur sind vier Integers untergebracht.

Die Methoden zum Zeichnen des `Graphics`-Objektes besitzen alle das Präfix `Draw`. Daran können Sie die Methode in der Onlinehilfe identifizieren. Es wird hier darauf verzichtet, alle diese Methoden detailliert vorzustellen. Es sollen lediglich einige Methoden beispielhaft vorgestellt werden.

Beispiel 21.14 (Ausgabe eines Textes auf einem Formular)

Zur Ausgabe von Text eignet sich die Methode `DrawString` der Klasse `Graphics`. Es gibt mehrere überladene Versionen. Hier wird nur eine Version benötigt:

```
public void DrawString(string s, Font font,
    Brush brush, PointF point);
```

Als erstes Argument wird der auszugebende Text übergeben. Durch die nächsten zwei Argumente wird die Schriftart und die Farbe festgelegt. Das vierte Argument bestimmt die Position des Texts. Die Koordinaten der linken oberen Ecke sind hier aber nicht vom Typ `int` sondern vom Typ `float`. Es wird gegebenenfalls gerundet, um die Anzahl der Pixel zu bestimmen. Sie sind sicherlich nicht überrascht, die letzten drei Typen in dem Namensraum `System.Drawing` vorzufinden. Es ist daher eingebunden.

Eine Instanz der Klasse `Font` wird hier durch die Schriftart und ihre Größe initialisiert:

```
Font font = new Font("Arial",16);
```

Die Klasse `Brush` ist abstrakt, so dass nur Instanzen einer abgeleiteten Klasse übergeben werden können. Sie definiert einen „Pinsel", mit dem graphische Figuren eingefärbt werden können. In unserem Beispiel wird die Schriftfarbe festgelegt. Es wird dafür der einfarbige Pinsel `SolidBrush` verwendet:

```
SolidBrush brush = new SolidBrush(Color.Black);
```

Die Position des Textes auf dem Formular wird durch folgende Struktur bestimmt:

```
PointF point = new PointF(100.0f,100.0f);
```

Schließlich wird der Text wie folgt ausgegeben:

```
e.Graphics.DrawString("Hello World",font,brush,point);
```

Dieses geschieht in einer Methode, die das Paintereignis behandelt. In ihr steht das `Graphics`-Objekt für das Formular zur Verfügung. Auch hieran sieht man, dass das `Load`-Ereignis völlig ungeeignet zum Zeichnen ist.

```csharp
using System;
using System.Drawing;
using System.Windows.Forms;

public class Form1 : System.Windows.Forms.Form
{

   public Form1()
   {
      this.ClientSize = new System.Drawing.Size(360, 300);
      this.Name = "Form1";
      this.Text = "Form1";
      this.Paint += new
System.Windows.Forms.PaintEventHandler(this.Form1_Paint);
   }

   static void Main()
   {
      Application.Run(new Form1());
   }

   private void Form1_Paint(object sender,
System.Windows.Forms.PaintEventArgs e)
   {
      Font font = new Font("Arial",16);
      SolidBrush brush = new SolidBrush(Color.Black);
      PointF point = new PointF(100.0f,100.0f);
      e.Graphics.DrawString("Hello World",font,brush,point);
   }
}
```

Beispiel 21.15 (Zeichnen von Figuren)

Hier werden ein Quadrat und zwei Kreise gezeichnet. Es handelt sich dabei um In- und Umkreis des Quadrates. Betrachten wir zunächst die Ereignisbehandlungsmethode des Paint-Ereignisses:

```csharp
private void Form1_Paint(object sender,
System.Windows.Forms.PaintEventArgs e)
   {
      e.Graphics.DrawRectangle(new Pen(new
SolidBrush(Color.Black),1),200,200,100,100);
      e.Graphics.DrawEllipse(new Pen(new
SolidBrush(Color.Black),1),200,200,100,100);
      e.Graphics.DrawEllipse(new Pen(new
SolidBrush(Color.Black),1),180,180,141,141);
   }
```

Mit den beiden Methoden DrawRectangle und DrawEllipse können Rechtecke und Ellipsen gezeichnet werden. Ein Quadrat und einen Kreis fassen wir hier jeweils als einen Spezialfall eines Rechtecks und einer Ellipse auf. Es gibt nämlich keine gesonderten Methoden zum Zeichnen dieser Spezialfälle. Als erstes Argument wird beiden Methoden ein „Stift" übergeben. Dem Konstruktor ist eine Farbe sowie die Breite in Pixeln zu übergeben. Die Farbe wird hier durch ein geeignetes Brush-Objekt übergeben[1]. Als Breite wählen wir ein Pixel.

Für den zeichenbaren Bereich ist die Größe 500 × 500 Pixel gewählt. Das innere Quadrat hat die Seitenlänge 100. Damit es zentriert positioniert ist, sind für die linke obere Ecke jeweils für die X- und Y-Koordinate 200 Pixel festzulegen. Genau diese Werte werden der Methode DrawRectangle übergeben.

Eine Ellipse wird durch das tangierende Rechteck bestimmt (siehe Abbildung 21.2). Die Seitenlängen des Rechtecks stimmen mit den Längen der Ellipsenachsen überein.

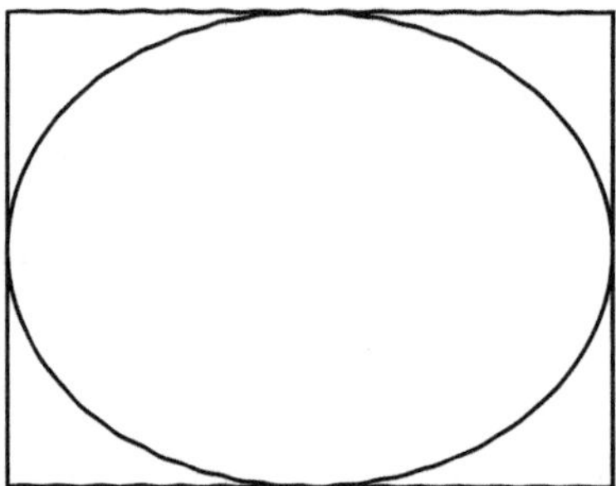

Abbildung 21.2 Beschreibung einer Ellipse durch das tangierende Rechteck

Der Methode DrawEllipse sind also die gleichen Parameter wie der zuerst aufgerufenen Methode DrawRectangle zu übergeben, um den Inkreis des Quadrates zu zeichnen.

Für den Umkreis errechnet man nach Pythagoras leicht einen Durchmesser von 141 Pixel. Dieser ist damit auch die Seitenlänge des umschließenden Quadrates. Sie ist ungefähr 40 Pixel länger als die des ersten Quadrates. Um zwei konzentrische Kreise zu erhalten, muss die

---

[1] Es gibt mehrere überladene Konstruktoren und somit auch noch andere Möglichkeiten, die Farbe und auch die Breite festzulegen. (siehe dazu die Inlinedokumentation!)

Position um die Hälfte der Pixel nach links und nach oben verschoben werden. So erhalten wir für die X- und Y-Koordinate der linken oberen Ecke jeweils 180 Pixel.

Hier nun der gesamte Quellcode:

```
using System;
using System.Drawing;
using System.Windows.Forms;

public class Form1 : System.Windows.Forms.Form
{
   public Form1()
   {
      this.ClientSize = new System.Drawing.Size(500, 500);
      this.Name = "Form1";
      this.Text = "Form1";
      this.Paint += new
System.Windows.Forms.PaintEventHandler(this.Form1_Paint);
   }

   static void Main()
   {
      Application.Run(new Form1());
   }

   private void Form1_Paint(object sender,
System.Windows.Forms.PaintEventArgs e)
   {
      e.Graphics.DrawRectangle(new Pen(new
SolidBrush(Color.Black),1),200,200,100,100);
      e.Graphics.DrawEllipse(new Pen(new
SolidBrush(Color.Black),1),200,200,100,100);
      e.Graphics.DrawEllipse(new Pen(new
SolidBrush(Color.Black),1),180,180,141,141);
   }
}
```

Beispiel 21.16 (Einfaches Graphikprogramm)

Hier wird ein einfaches Graphikprogramm vorgestellt. Mit dem Mauszeiger können auf einer Zeichenfläche Kurven gezeichnet werden. Wenn die linke Maustaste gedrückt wird, dann wird bildlich gesprochen der Zeichenstift aufgesetzt. Gezeichnet wird, solange die linke Maustaste gedrückt bleibt. Wenn sie wieder losgelassen wird, dann wird aufgehört zu zeichnen. Die linke Maustaste kann anschließend wieder an einer anderen oder auch an der gleichen Stelle erneut gedrückt werden, um eine neue Kurve zu zeichnen.

Um eine Kurve zu zeichnen, wird die folgende Methode verwendet:

```
public void DrawCurve(Pen pen, Point[] points );
```

Sie verbindet die Punkte des Arrays in der Reihenfolge ihrer Auflistung durch eine Kurve. Diese ist kein Polygonzug, sondern die Kurve ist geglättet, indem die Ecken des Polygonzuges abgerundet sind. Wie das geschieht, soll hier nicht weiter erörtert werden. In unserem Zusammenhang ist das unwesentlich. Es werden nämlich ausnahmslos alle Punkte berücksichtigt, die vom Mauszeiger überstrichen werden. Dadurch wird genau dort eine Kurve gezeichnet. Der Mauszeiger hinterlässt eine Spur in Gestalt einer Kurve.

Wie können nun alle Punkte berücksichtigt werden, die der Mauszeiger überstreicht? Zu diesem Zweck ist das Ereignis MouseMove zu behandeln. Das Ereignisobjekt liefert für jeden einzelnen Punkt die Koordinaten. Da bei Beginn des Zeichenvorgangs noch nicht bekannt ist, wie viele Punkte berücksichtigt werden müssen, werden sie in einer dynamischen Liste vom Typ ArrayList gespeichert. Erst wenn die Kurve gezeichnet wird, werden die Punkte in einem Array abgelegt, um dieses der Methode DrawCurve zu übergeben. Da auch alle eventuell bereits vorhandenen Kurven dann neu gezeichnet werden müssen, wird auch das Array in einer dynamischen Liste vom Typ ArrayList untergebracht.

Als Zeichenfläche wird eine Instanz der Klasse Panel verwendet. Ihr wird eine weiße Hintergrundfarbe zugewiesen. Es sind ihre Ereignisse MouseDown, MouseMove, MouseUp und Paint zu behandeln.

Betrachten wir zuerst die Ereignisbehandlungsmethode für des Ereignis MouseDown:

```
private void panel1_MouseDown(object sender,
System.Windows.Forms.MouseEventArgs e)
{
if(e.Button == MouseButtons.Left)
draw = true;
pointlist.Add(new Point(e.X,e.Y));
}
```

Falls die linke Maustaste gedrückte wurde, wird eine boolesche Variable auf den Wert true gesetzt, schließlich soll nur dann gezeichnet werden. Weiterhin wird der Startpunkt der Liste hinzugefügt.

Da zu jedem Zeitpunkt der Mausbewegung die zu zeichnende Kurve aktualisiert werden soll, sehen wir uns nun einmal an, wie das realisiert ist:

```
private void panel1_MouseMove(object sender,
System.Windows.Forms.MouseEventArgs e)
{
if(!draw) return;
int i = 0;
pointlist.Add(new Point(e.X,e.Y));
points = new Point[pointlist.Count];
```

```
foreach(object o in pointlist)
{
points[i++]=(Point)o;
}

panel1.Refresh();
}
```

Falls die linke Maustaste nicht gedrückt wurde, wird die Methode wieder verlassen. Andernfalls wird der Punkt mit den aktuellen Koordinaten der Liste hinzugefügt. Um nun die Kurve zu zeichnen, müssen die Punkte aber als ein Array vorliegen. Also werden sie einem Array zugewiesen. Die Methode Refresh veranlasst die Paneele, sich neu zu zeichnen. Es wird also das Paint-Ereignis ausgelöst. Bevor wir uns diesem zuwenden, werfen wir noch einen Blick auf das MouseUp-Ereignis:

```
private void panel1_MouseUp(object sender,
System.Windows.Forms.MouseEventArgs e)
{
draw = false;

if(points != null)
curvelist.Add(points);

points = null;
pointlist.Clear();
}
```

Die boolsche Variable wird wieder auf false gesetzt, damit nicht mehr weiter gezeichnet wird. Das Array der Punkte wird einer Liste zugewiesen, falls es nicht leer ist. In dieser Liste sind alle Informationen gespeichert, die benötigt werden, sämtliche bisher gezeichneten Kurven neu zu zeichnen. Die Liste der Punkte wird mit der Methode Clear geleert. Wenn dieses nicht geschieht, werden die neuen Punkte zu den alten hinzugefügt. Man erhält dann nicht mehrere Kurven, sondern eine durchgehende.

Sehen wir uns nun an, wie die Kurven gezeichnet werden! Der Methode DrawCurve wird als erster Parameter ein Zeichenstift übergeben Er ist etwas anders initialisiert, als in Beispiel 21.15. Dem Zeichenstift wird nur eine Farbe zugewiesen. Seine Breite beträgt ein Pixel. In der foreach-Schleife wird aus der Liste der Punktarrays jedes einzelne Array der Methode DrawCurve übergeben. Alle bisher gezeichneten Kurven werden jetzt neu gezeichnet. Wenn gerade eine neue Kurve gezeichnet wird, wenn also das MousUp-Ereignis noch nicht stattgefunden hat, dann ist das Array points nicht leer und auch der Liste curvelist noch nicht hinzugefügt. Auch diese Kurve wird nun gezeichnet.

```
private void panel1_Paint(object sender,
System.Windows.Forms.PaintEventArgs e)
{
```

```csharp
foreach(Point [] p in curvelist)
e.Graphics.DrawCurve(new Pen(Color.Black),p);


if(points != null)
e.Graphics.DrawCurve(new Pen(Color.Black),points);
}
```

Hier sehen Sie nun den vollständigen Quellcode:

```csharp
using System;
using System.Drawing;
using System.Collections;
using System.Windows.Forms;

public class Form1 : System.Windows.Forms.Form
{
    private System.Windows.Forms.Panel panel1;
    private Point [] points;
    privateArrayList pointlist = new ArrayList();
    private ArrayList curvelist = new ArrayList();
    private bool draw = false;

    public Form1()
    {
        this.panel1 = new System.Windows.Forms.Panel();
        //
        // panel1
        //
        this.panel1.BackColor =
        System.Drawing.SystemColors.Window;
        this.panel1.BorderStyle =
        System.Windows.Forms.BorderStyle.FixedSingle;
        this.panel1.Location = new System.Drawing.Point(120, 80);
        this.panel1.Size = new System.Drawing.Size(496, 384);
        this.panel1.MouseUp += new
System.Windows.Forms.MouseEventHandler(this.panel1_MouseUp);
        this.panel1.Paint += new
System.Windows.Forms.PaintEventHandler(this.panel1_Paint);
        this.panel1.MouseMove += new
System.Windows.Forms.MouseEventHandler(this.panel1_MouseMove);
        this.panel1.MouseDown += new
System.Windows.Forms.MouseEventHandler(this.panel1_MouseDown);
        //
        // Form1
        //
```

```csharp
    this.ClientSize = new System.Drawing.Size(792, 640);
    this.Controls.Add(this.panel1);
    this.Text = "einfaches Graphikprogramm";
}


static void Main()
{
   Application.Run(new Form1());
}

private void panel1_Paint(object sender,
System.Windows.Forms.PaintEventArgs e)
{

   foreach(Point [] p in curvelist)
   e.Graphics.DrawCurve(new Pen(Color.Black),p);


   if(points != null)
   e.Graphics.DrawCurve(new Pen(Color.Black),points);

}

private void panel1_MouseDown(object sender,
System.Windows.Forms.MouseEventArgs e)
{
if(e.Button == MouseButtons.Left)
draw = true;
pointlist.Add(new Point(e.X,e.Y));
}

private void panel1_MouseMove(object sender,
System.Windows.Forms.MouseEventArgs e)
{
if(!draw) return;
int i = 0;
pointlist.Add(new Point(e.X,e.Y));
points = new Point[pointlist.Count];

   foreach(object o in pointlist)
   {
   points[i++]=(Point)o;
   }
panel1.Refresh();
}

private void panel1_MouseUp(object sender,
```

```
       System.Windows.Forms.MouseEventArgs e)
       {
          draw = false;

          if(points != null)
          curvelist.Add(points);

          points = null;
          pointlist.Clear();
       }
}
```

Die Klasse Graphics wird nicht nur für das Zeichnen auf Controls benutzt, sondern findet auch in anderen Zusammenhängen Verwendung. Es können auch Graphiken auf anderen Ausgabegeräten erstellt werden. Zu ihnen zählen beispielsweise der Drucker oder auch eine Datei. Da ein Graphics-Objekt stets mit einem solchen Ausgabegerät verknüpft ist, stellt sich nun die Frage, wie zu einem solchen Gerät ein Graphics-Objekt erhalten werden kann. Dieses kann durch ein Ereignis geschehen, das beim Zeichnen einer Graphik ausgelöst wird. Z. B. löst ein Control das Ereignis Paint aus, wenn es auf dem Bildschirm gezeichnet wird. Das Ereignisobjekt liefert dann ein Graphics-Objekt. Beim Drucken verhält es sich ähnlich. Die Ausgabe an einen Drucker wird in der Klasse PrintDocument des Namensraumes System.Drawing.Printing gekapselt. Es besitzt die Methode

```
public void Print();
```

welche den Druckvorgang startet. Das Ereignis

```
public event PrintPageEventHandler PrintPage;
```

wird ausgelöst, wenn das Dokument gedruckt wird. Dabei wird auch ein Ereignisobjekt der Klasse System.Drawing.Printing.PrintPageEventArgs erzeugt. Die schreibgeschützte Eigenschaft Graphics liefert ein Graphics-Objekt. Hier ist eine Analogie zu dem Paint-Ereignis eines Controls zu erkennen.

Die Klasse Graphics stellt auch statische Methoden zur Verfügung, die ein Graphics-Objekt zurückgeben. So z. B die Methode:

```
public static Graphics FromImage(Image image);
```

Die Klasse Image ist eine abstrakte Klasse. Sie stellt Methoden zum Bearbeiten von Bildern bereit. Es gibt auch die überladene Methode Save. Ein Bild kann mit ihr in einen Stream oder in eine Datei gespeichert werden. Um ein Bild in einer Datei abzulegen, wird folgende Version von Save verwendet:

```
public void Save(string filename);
```

Der Dateiname wird als Zeichenkette übergeben.

Von der Klasse Image sind zwei konkrete Klassen abgeleitet, die je ein Bitmap und ein Metafile darstellen. Es liegt folgende Ableitungshierarchie vor:

```
System.Object
   System.MarshalByRefObject
      System.Drawing.Image
         System.Drawing.Bitmap
         System.Drawing.Imaging.Metafile
```

Die Verwendung der beiden Klassen wird in dem folgenden Beispiel illustriert.

Beispiel 21.17 (Erweiterung von Beispiel 21.16 um Druck- und Speicherungsfunktionalität)

Hier wird das Beispiel 21.16 erweitert. Es ist sicherlich wünschenswert, die Graphik auszudrucken oder in einer Datei abzuspeichern. In unserem Beispiel wird sie als Bitmap abgespeichert. Die beiden Funktionalitäten werden dem Benutzer durch ein Hauptmenü zur Verfügung gestellt.

Zunächst wird der Zeichenvorgang in eine eigene Methode ausgelagert. Es ist sicherlich kein guter Programmierstil, den Zeichenvorgang jedes Mal neu zu programmieren, wenn er benötigt wird. Sinnvoller ist es, in solchen Situationen die Zeichenmethode aufzurufen. Der Methode wird ein Graphics-Objekt übergeben. Sie sieht wie folgt aus:

```
private void paint(Graphics g)
   {
      foreach(Point [] p in curvelist)
         g.DrawCurve(new Pen(Color.Black),p);

      if(points != null)
         g.DrawCurve(new Pen(Color.Black),points);
   }
```

Die Ereignisbehandlungsmethode des Paint-Ereignisses wird wie folgt abgeändert:

```
private void panel1_Paint(object sender,
System.Windows.Forms.PaintEventArgs e)
   {
      paint(e.Graphics);
   }
```

Um die Zeichnung als Bitmap zu speichern, wird das Clickereignis eines Menüeintrages behandelt. In ihr wird dem Konstruktor der Klasse Bitmap die Größe in Pixeln übergeben. Die statische Graphics.FromImage liefert ein Graphics-Objekt. Auf dieses wird dann die Methode `paint` angewendet. Der Einfachheit halber wird das Bild in dem aktuellen Verzeichnis unter dem Namen „Bild.bmp" gespeichert. Es sei Ihnen empfohlen, mit einem Standarddialog den Benutzer aufzufordern, Verzeichnis und Dateiname frei zu wählen.

```csharp
private void menuItem1_Click(object sender,
System.EventArgs e)
   {

      Bitmap b = new Bitmap(496, 384);
      Graphics g =Graphics.FromImage(b);
      paint(g);
      b.Save("Bild.bmp");
   }
```

Der Druckvorgang wird durch das `Click`-Ereignis des zweiten Menüeintrags ausgelöst. Die Ereignisbehandlungsmethode sieht wie folgt aus:

```csharp
private void menuItem2_Click(object sender,
System.EventArgs e)
   {
      printDocument1.Print();
   }
```

Hier ist `printDocument1` ein Objekt der Klasse `PrintDocument`. Durch den Aufruf der Methode `Print` wird das `PrintPage`-Ereignis ausgelöst. Dieses Ereignis wird mit der folgenden Methode behandelt:

```csharp
private void printDocument1_PrintPage(object sender,
System.Drawing.Printing.PrintPageEventArgs e)
   {
      Graphics g = e.Graphics;
      paint(g);
   }
```

Dem Programm aus Beispiel 21.16 sind noch folgende private Variablen hinzuzufügen:

```csharp
private System.Windows.Forms.MainMenu mainMenu1;
private System.Windows.Forms.MenuItem Datei;
private System.Windows.Forms.MenuItem menuItem1;
private System.Windows.Forms.MenuItem menuItem2;
private System.Drawing.Printing.PrintDocument
printDocument1;
```

In dem Konstruktor werden sie wie folgt initialisiert:

```csharp
this.mainMenu1 = new System.Windows.Forms.MainMenu();
```

```
    this.Datei = new System.Windows.Forms.MenuItem();
    this.menuItem1 = new System.Windows.Forms.MenuItem();
      this.printDocument1 = new
    System.Drawing.Printing.PrintDocument();
      this.menuItem2 = new System.Windows.Forms.MenuItem();
    //
    // mainMenu1
    //
    this.mainMenu1.MenuItems.AddRange(new
    System.Windows.Forms.MenuItem[]
{this.Datei});
    //
    // Datei
    //
    this.Datei.Index = 0;
    this.Datei.MenuItems.AddRange(new
System.Windows.Forms.MenuItem[]
  {this.menuItem1, this.menuItem2});
    this.Datei.Text = "Datei";
    //
    // menuItem1
    //
    this.menuItem1.Text = "speichern";
    this.menuItem1.Click += new
    System.EventHandler(this.menuItem1_Click);
      this.Menu = this.mainMenu1;

    this.printDocument1.PrintPage += new
System.Drawing.Printing.PrintPageEventHandler(
this.printDocument1_PrintPage);
    //
    // menuItem2
    //
    this.menuItem2.Text = "drucken";
    this.menuItem2.Click+=new
  System.EventHandler(this.menuItem2_Click);
```

21.8 Benutzerdefinierte Steuerelemente

In diesem Abschnitt lernen Sie nicht nur, wie Sie eigene Controls entwickeln können. Sie gewinnen auch ein vertieftes Verständnis der Funktions- und Verwendungsweise bestehender Steuerelemente. Schließlich versteht man nichts so gut, wie dasjenige, was man selbst entworfen und hergestellt hat.

Ein Steuerelement muss in zweifacher Hinsicht mit dem Betriebssystem kommunizieren können. Zum einen muss es das Betriebssystem anweisen können, seine graphische Darstellung auf einem Formular zu zeichnen. Zum anderen muss das Betriebssystem Ereignisse auslösen können, etwa bei einem Mausklick durch den Benutzer. Ein Control stellt somit auch eine Schnittstelle mit dem Betriebssystem dar. Diese ist bereits in der Klasse Control implementiert, von der ein Steuerelement erbt.

Durch die Methode Show der Klasse Control wird das Steuerelement angezeigt. Diese muss nicht für jedes Steuerelement extra aufgerufen werden, sondern sie wird von dem Formular aufgerufen, insofern das Steuerelement dem Container hinzugefügt wurde. Durch den Aufruf der Methode Show wird das Ereignis Paint ausgelöst. Das Betriebssystem informiert die Laufzeitumgebung, welche die Methode OnPaint aufruft. Diese virtuelle Methode der Klasse Control löst nur das Ereignis Paint aus. Eine Instanz der Klasse Control kann daher nicht gezeichnet werden. Sie könnten natürlich das Ereignis Paint behandeln und eine Ereignisbehandlungsmethode schreiben. Eleganter ist es jedoch, die geschützte Methode OnPaint in einer abgeleiteten Klasse zu überschreiben. Dieser wird eine Instanz der Klasse EventArgs übergeben. Sie besitzt die Eigenschaft Graphics, die ein Graphics-Objekt liefert. Mit ihm kann – wie im Abschnitt 21.7 beschrieben – das Steuerelement gezeichnet werden. Die Klasse System.Windows.Forms.ControlPaint besitzt einige nützliche statische Methoden, mit denen graphische Steuerelemente gezeichnet werden können. So kann beispielsweise ein dreidimensionaler Rand gezeichnet werden. Mit diesen Methoden kann ein Steuerelement mit den üblichen und gewohnten graphischen Stilmitteln dargestellt werden.

Die Klasse Control stellt alle Ereignisse zur Verfügung, die durch das Betriebssystem ausgelöst werden können. Sie können aber auch zusätzliche eigene Ereignisse definieren. Ein solches Ereignis beschreibt i. A. eine Zustandsänderung. Diese können durch eine Settermethode einer Eigenschaft ausgelöst werden. Dabei ist auch ein Ereignisobjekt zu erzeugen. Gegebenenfall muss auch noch eine passende Ereignisklasse und ein Ereignishandler definiert werden.

Beispiel 21.18 (Ein benutzerdefiniertes visuelles Steuerelement)

Hier wird ein Zahlenfeld definiert. Es dient dem Anzeigen und Editieren von natürlichen Zahlen, genauer: von Werten des Typs ulong. Das Steuerelement verhält sich so ähnlich wie eine Textbox. Es werden bei der Tastatureingabe aber nur Ziffern berücksichtigt. Um nicht noch Vorzeichen oder einen Dezimalpunkt zu behandeln, wird der Einfachheit wegen der Typ ulong zugrunde gelegt. In dem Beispiel 21.11 wird bereits eine Eingabeüberprüfung einer Textbox vorgenommen, so dass nur Ziffern berücksichtigt werden. Dabei wurde das Ereignis KeyDown in dem Formular behandelt. Es entspricht jedoch eher dem objektorientierten Softwaredesign, diese Eingabeüberprüfung in das Steuerelement zu integrieren. Dieses kann dann in den unterschiedlichsten Zusammenhängen als – vielleicht sogar gut getestetes und funktionierendes – Zahlenfeld verwendet werden. Nun könnte man natürlich die Klasse TexBox ableiten und die Methode OnKeyDown überschreiben. Dieses Vorgehen bietet sich an, da die bereits vorhandenen Eigenschaften und Methode der Klasse Textbox bereits zur Verfügung stehen und „das Rad nicht neu erfunden werden muss". Aus didaktischen Gründen wird hier aber das Zahlenfeld von „der Pieke auf" neu definiert, d. h. von der Klasse `Control` abgeleitet. Sie gewinnen dadurch einen Eindruck, wie visuelle Steuerelemente grundsätzlich aufgebaut sind. Das versetzt Sie nicht nur in die Lage, eigene Steuerelemente zu entwickeln oder vorhandene abzuleiten, sondern Sie gewinnen auch ein vertieftes Verständnis von ihrem Aufbau und ihrer Verwendung.

Zunächst erweitern wir die von der Basisklasse geerbten Fähigkeiten um die Möglichkeit, das Steuerelement graphisch darzustellen. Die Klasse `Control` liefert die Eigenschaften `Back-Color` und `ForeColor`. Sie beschreiben die Hintergrund- und Schriftfarbe. Hier sind die Farben Weiß und Schwarz als Standardfarben zugewiesen. Da die Eigenschaften öffentlich sind, können ihnen nachträglich – und sogar dynamisch zur Laufzeit – auch noch andere Farben zugewiesen werden. Nachdem die Hintergrundfarbe gewählt worden ist, kann das Steuerelement bereits in dieser Farbe angezeigt werden Probieren Sie es einmal aus! Sie müssen dazu bei der Initialisierung des Steuerelementes lediglich die Position und Größe festlegen. Sie können einem selbst definierten Steuerelement auch eine Standardgröße festlegen. Von der Klasse `Control` erbt es die geschützte Eigenschaft

```
protected virtual Size DefaultSize {get;}
```

Da sie schreibgeschützt ist, kann ihr in dem Konstruktor auch kein neuer Wert zugewiesen werden. Als virtuelle Eigenschaft kann sie jedoch überschrieben werden. Dieses wird hier nicht vorgeführt, um das Beispiel nicht allzu sehr zu überfrachten. Es sei Ihnen aber als Übung empfohlen, dieses zu tun.

Wenn die Hintergrundfarbe, die Größe und die Position festgelegt sind, dann kann das Steuerelement bereits als Rechteck mit entsprechender Größe, Position und Farbe angezeigt werden. Das Aussehen unterscheidet sich aber in auffälliger Weise von dem der üblichen visuellen Steuerelemente. Auch ein ungewohntes Aussehen kann den Umgang eines Benutzers erschweren. Mit einen dreidimensionalen Rand, der von der statischen Methode `DrawBor-der3D` der Klasse `ControlPaint` gezeichnet wird, sieht unser Steuerelement so wie ein Textfeld aus. Weiterhin wollen wir einen Text anzeigen, der eine Zahl repräsentiert, also nur aus Ziffern besteht. Nehmen wir einmal an, dass die Eigenschaft `Text` nur die textuelle Darstellung einer Zahl liefert und sonst keine anderen Zeichenketten, dann kann durch die Methode `DrawString` der Klasse Graphics die Zahl als Text angezeigt werden. Die Methode `OnPaint` wird daher wie folgt überschrieben:

```
protected override void OnPaint(PaintEventArgs e)
{
base.OnPaint(e);

StringFormat sf = new StringFormat();
sf.FormatFlags = StringFormatFlags.DirectionRightToLeft;

    Control-
Paint.DrawBorder3D(e.Graphics,0,0,this.Width,this.Height);
    e.Graphics.DrawString(this.Text,new Font("Arial",12),new
SolidBrush(this.ForeColor),this.Width,0,sf);
```

```
}
```

Zunächst wird durch den Aufruf von `base.OnPaint` die geerbte Methode der Klasse `Control` aufgerufen. Diese löst schließlich das Ereignis `OnPaint` aus. Die Klasse `StringFormat` wird nur zu dem Zweck instanziert, die Zahl linksbündig anzuzeigen. Diese Instanz wird einer überladenen Version der Methode `Graphics.DrawString` übergeben. Die Positionskoordinaten beziehen sich dann nicht auf die linke obere, sondern die rechte obere Ecke des Textes.

Die Eigenschaft `Text` der Klasse `Control` ist als virtuell deklariert. Sie wird hier überschrieben, so dass sie eine Zahl in ihrer textuellen Darstellung liefert. Ihr kann aber kein Text zugewiesen werden, der ja i. A. keine Zahl darstellt. Sie ist damit im strengen Sinn nicht schreibgeschützt, die Settermethode wird ja geerbt, aber dieser Accessor wird hier mit einem leeren Methodenrumpf überschrieben. Der Compiler meldet bei einer Zuweisung keinen Fehler; die Zuweisung wird aber während der Laufzeit auch nicht vorgenommen. Dass die Eigenschaft nicht richtig schreibgeschützt ist, erkennt man auch daran, dass durch `base.Text` innerhalb der Klassendefinition durchaus ein Wert zugewiesen werden kann.

Damit dem Steuerelement überhaupt eine Zahl zugewiesen werden kann, wird eine öffentliche Eigenschaft `Number` vom Typ `ulong` definiert, die Lese- und Schreibmöglichkeiten besitzt. In der Settermethode wird das Ereignis `OnNumberChanged` ausgelöst. Es wird also auch ein entsprechendes Ereignis und ein Ereignishandler definiert. Es wird weiterhin ein Ereignis `Overflow` definiert. Dieses wird ausgelöst, wenn der Wert der Eigenschaft `Text` eine Zahl darstellt, die für den Typ `ulong` zu groß ist. Daher kann das Ereignis `OnNumberChanged` nicht durch das Ereignis `TextChanged` ausgedrückt werden.

Nachdem erörtert worden ist, wie das Steuerelement mit einem passenden Text angezeigt werden kann, soll nun erläutert werden, wie es Benutzereingaben entgegennehmen kann. Dazu wird die Methode `OnKeyDown` überschrieben. Wie in solchen Situationen üblich, wird die namensgleiche Methode der Basisklasse aufgerufen. Schließlich kann nur sie das Ereignis auslösen. Die gedrückte Taste wird durch einen Wert der Enumeration `Keys` ausgedrückt. Die Konstanten `D0`, `D1`, ..., `D9` stehen für die Ziffern 0,1,...,9. Wenn der Benutzer einer dieser Schriftzeichen über die Tatstatur eingegeben hat, wird dieses Zeichen der Eigenschaft `Text` angehängt. Eine führende Null wird abgeschnitten. Das ist deswegen von Belang, da die Eigenschaft `Text` mit der Ziffer Null initialisiert ist. Die Konstanten `Keys.Back` bzw. `Keys.Delete` werden geliefert, wenn der Benutzer die Backspace- oder Entfernentaste gedrückt hat. In diesem Fall wird die Eigenschaft Text auf `"0"` gesetzt oder die letzte Ziffer gelöscht.

```
protected override void OnKeyDown(KeyEventArgs e)
  {
    base.OnKeyDown(e);

    Keys k = e.KeyCode;
```

```csharp
if((k>= Keys.D0) && (k<=Keys.D9))
{
   if(base.Text[0] == '0' )
      base.Text=string.Empty;
   base.Text+=(char)k;
}

if(k == Keys.Back)
{
   if(Text.Length == 1)
      base.Text = "0";
        else
       base.Text=Text.Substring(0,Text.Length-1);
      }

   if(k==Keys.Delete)
   {
      base.Text = "0";
   }

   try
   {
   Number=ulong.Parse(Text);
   }
   catch(OverflowException exc)
   {
   base.Text = Number.ToString();
   OnOverflow(new EventArgs());
   }

   this.Refresh();
   }
```

Hier sehen Sie nun den gesamten Quellcode des Steuerelementes. Er ist in einem Namensraum eingeschlossen. I. A. werden selbst definierte Steuerelemente – wie übrigens auch die
vordefinierten – in einer DLL untergebracht. Wenn dieses Steuerelement verwendet wird, ist
auf diese DLL zu verweisen. Falls nicht voll qualifizierte Namen verwendet werden, ist auch
der Namensraum mit der using-Klausel einzubinden.

```csharp
using System;
using System.ComponentModel;
using System.Drawing;
using System.Windows.Forms;

namespace MyControlLibrary
```

```csharp
{

  public class NumberBox : Control
  {
    private ulong l;

    public ulong Number
    {
      set
      {l = value;
      OnNumberChanged(new EventArgs());
      }
      get
      {return l;}
    }

    public NumberBox()
    {
      this.BackColor = Color.White;
      this.ForeColor = Color.Black;
      base.Text = "0";
    }


    protected override void OnPaint(PaintEventArgs e)
    {
    base.OnPaint(e);

    StringFormat sf = new StringFormat();
    sf.FormatFlags = StringFormatFlags.DirectionRightToLeft;

    ControlPaint.DrawBorder3D(e.Graphics,0,0,
    this.Width,this.Height);
    e.Graphics.DrawString(this.Text,new Font("Arial",12),new
    SolidBrush(this.ForeColor),this.Width,0,sf);
    }

    public override string Text
    {
      set
      {}
    }

    protected override void OnKeyDown(KeyEventArgs e)
    {
    base.OnKeyDown(e);

    Keys k = e.KeyCode;
```

```csharp
  if((k>= Keys.D0) && (k<=Keys.D9))
  {
    if(base.Text[0] == '0' )
      base.Text=string.Empty;

     base.Text+=(char)k;
  }

  if(k == Keys.Back)
  {
    if(Text.Length == 1)
      base.Text = "0";
    else
      base.Text=Text.Substring(0,Text.Length-1);
  }

  if(k==Keys.Delete)
  {
  base.Text = "0";
  }

  try
  {
  Number=ulong.Parse(Text);
  }
  catch(OverflowException exc)
  {
  base.Text = Number.ToString();
  OnOverflow(new EventArgs());
  }

this.Refresh();
}

public event OverflowEventHandler Overflow;

protected virtual void OnOverflow(EventArgs e)
{
if(Overflow != null)
   Overflow(this, e);
}

public event NumberChangedEventHandler NumberChanged;

protected virtual void OnNumberChanged(EventArgs e)
{
  if(NumberChanged!= null)
```

```
        NumberChanged(this, e);
    }
}
```

```
public delegate void OverflowEventHandler(object
sender,EventArgs e);
```

```
public delegate void NumberChangedEventHandler(object
sender,EventArgs e);
}
```

Übung:

1. Schreiben Sie ein Windowsprogramm, mit dem ein Verzeichnis in ein anderes Verzeichnis kopiert werden kann. Verwenden Sie dazu ein Menü und Standarddialoge. Der Vorgang des Kopierens soll auch rekursiv auf die Unterverzeichnisse angewendet werden.
2. Entwickeln Sie ein einfaches Textverarbeitungsprogramm. Es soll ein Hauptmenü mit den Untermenüs „Datei" und „Bearbeiten" besitzen. Das Menü „Datei" soll die Menüpunkte „Speichern" und „Öffnen" sowie das Menü „Bearbeiten" die Menüpunkte „Rückgängig", „Wiederherstellen", „Ausschneiden", „Kopieren" und „Einfügen" besitzen. Verwenden Sie die Klasse `RichTextBox` und ihre Methoden zur Ereignisbehandlung.
3. Leiten Sie von der Klasse `TextBox` ein Steuerelement ab, mit dem Gleitkommazahlen editiert werden können. Dieses Steuerelement soll in einer Klassenbibliothek untergebracht werden. Eine Klassenbibliothek kann mit der Compileroption `/t library` erstellt werden. Es wird eine dynamische Laufzeitbibliothek mit der Endung DLL erstellt. Wenn Sie eine Entwicklungsumgebung benutzen, kann der Ausgabetyp auch durch den Projekttyp oder eine Projekteigenschaft festgelegt werden. Die Bibliothek kann mit der Compileroption `/r Dateiname` in ein anderes Programm eingebunden werden. In einer Entwicklungsumgebung können Sie stattdessen auch einen Verweis hinzufügen. Da bei der Verwendung mehrerer Klassenbibiotheken Namenskonflikte entstehen können, sollten Sie unbedingt einen geeigneten Namensraum definieren.

22 Vergleich mit den Sprachen C++ und Java

Da alle drei Sprachen die gleiche Wurzel besitzen, sind sie auch sehr ähnlich. So besitzen sie nahezu die gleiche Syntax. Wenn Sie sich nach der Lektüre in C# sicher fühlen, fällt es Ihnen auch nicht schwer, eine der beiden anderen zu lernen.

Da sowohl C# als auch Java von C++ abstammen, sollen zunächst die gemeinsamen Unterschiede vorgestellt werden. Ein C++-Programm kann direkt in Maschinencode kompiliert werden. Dagegen wird ein C#- oder Java-Programm in eine Zwischensprache übersetzt. Diese ist die Intermediate Language bzw. der Java-Bytecode. Während der Java-Bytecode interpretiert wird, wird die Intermediate Language zur Laufzeit endgültig in den Maschinencode übersetzt. Hierfür sind mehrer Verfahren möglich. Meistens wird eine Methode bei ihrem ersten Aufruf übersetzt. Beim zweiten Aufruf muss sie dann nicht mehr kompiliert werden. Diese Vorgehensweise ist daher effektiver, als das Interpretieren des Java-Bytecode.

Programme, die in C# oder Java geschrieben sind, werden im Gegensatz zu C++-Programmen in einer Laufzeitumgebung ausgeführt. Diese ist nicht nur für das Interpretieren des Java-Bytecode oder das Übersetzen der Intermediate Language verantwortlich, sondern beispielsweise auch für die Speicherverwaltung. Speicherplatz auf dem Heap, der nicht mehr benötigt wird, wird vom Garbage Collector freigegeben. In C++ muss einmal reservierter Speicherplatz explizit freigegeben werden. Die Laufzeitumgebung liefert auch Schnittstellen zu dem Betriebssystem. Dagegen ist der Aufruf von systemeigenen Code aufwendiger als in C++.

Dadurch dass C#- und Java-Programme in eine Zwischensprache übersetzt werden, können sie auch plattformunabhängig ausgeführt werden. Es muss lediglich eine passende Laufzeitumgebung installiert sein. Ein C++-Programm ist dagegen nur portabel, d. h. es muß für jede Plattform extra kompiliert werden.

C bzw. C++ gelten als Betriebssystemsprachen. Sowohl Windows als auch Unix und Linux sind in C bzw. C++ geschrieben. C wurde ursprünglich sogar dazu entwickelt, das Betriebssystem Unix zu schreiben. In C++ kann auch systemnäher programmiert werden, während in den anderen beiden Sprachen sich zwischen dem Betriebsystem und dem Programm die Laufzeitumgebung als Zwischenschicht schiebt. In diesen Sprachen können daher nur Anwendungsprogramme und keine Betriebssysteme geschrieben werden.

Mit dem eben Gesagten hängt die Existenz von Zeigern in C++ samt ihrer Arithmetik zusammen. Damit kann auf jede beliebige Adresse im Arbeitsspeicher zugegriffen werden. Das ist aber auch mit Gefahren verbunden. In Java existieren dagegen keine Zeiger. In C# gibt es normalerweise ebenfalls keine Zeiger, jedoch können sie in so genannten unsicheren Code[1] verwendet werden. Unsicherer Code wird von der Laufzeitumgebung nicht verwaltet. Insbe-

---

[1] Unsicherer Code haben wir hier nicht behandelt, da er für den Einstieg in C# zu speziell ist. Er wird auch sehr selten benötigt.

sondere muss Speicherplatz auf dem Heap explizit freigegeben werden, wenn er nicht mehr benötigt wird.

In C++ kann ein Zeiger auf einen Datentyp in einen Zeiger auf einen anderen Typ umgewandelt werden. Damit kann jeder beliebige Datentyp in einen anderen konvertiert werden. Wenn Sie beispielsweise einen Integer als einen Array von 4 Bytes darstellen wollen – etwa um ihn in ein Stream zu schreiben –, dann brauchen Sie nur einen Zeiger auf ein Integer zu definieren. Dieser ist dann in einen Zeiger auf ein Bytearray umzuwandeln. C++ ist daher auch eine sehr freie und liberale Sprache, in der vieles erlaubt ist, was in C# gar nicht oder nur im unsicheren Code gestattet ist. Da in C# solche willkürliche Typenumwandlung nur im unsicheren Code möglich ist, sagt man auch, dass C# typsicher sei.

In C++ gibt es nicht nur Zeiger auf Daten, sondern auch auf Funktionen, nämlich so genannte Funktionszeiger. Durch diese werden beispielsweise Ereignisse und Callbackmethoden ausgedrückt. In Java werden dagegen Callbackmethoden durch Schnittstellen realisiert. C# bietet dagegen für Funktionszeiger einen eleganteren Ersatz, nämlich Delegaten. Sie werden auch häufig als typensichere Funktionszeiger betrachtet. Ereignisse werden in C# durch Delegaten dargestellt.

Sowohl C# als auch Java sind durchgängig objektorientiert. Dagegen kann in C++ objektorientiert programmiert werden, man muss es jedoch nicht. In C++ gibt es im Gegensatz zu den anderen beiden Sprachen auch die Mehrfachvererbung. C# wie auch Java kennt nur die Einfachvererbung. Alle Klassen stammen letztlich von einer Basisklasse ab. Ein Objekt muss in C++ nicht notwendigerweise auf dem Heap abgelegt werden, es kann auch auf dem Stack gespeichert werden. In C# muss dafür eine Struktur verwendet werden. Java besitzt wie C# einige primitive Datentypen, und es wird zwischen Wert- und Verweistypen unterschieden. In C# kann im Gegensatz zu Java ein Werttyp in einen Verweistypen umgewandelt werden. Somit stammen in C# alle Typen von einer Basisklasse ab. Man sagt dazu auch, C# besitzt ein einheitliches Typensystem. Wenn beispielsweise ein Parameter eines beliebigen Typs an eine Methode übergeben werden soll, ist der Übergabeparameter mit diesem Basistyp zu typisieren.

C# besitzt gegenüber Java noch eine Reihe weiterer vorteilhafter Sprachelemente. Zu ihnen zählen Eigenschaften, Indexer und Ereignisse. Man kommt sicherlich auch ohne sie aus, wie das Beispiel Java ja auch zeigt, das Programmieren ist mit ihnen aber sehr viel eleganter und komfortabler. Durch diese drei Merkmale kann der kontrollierte öffentliche Zugriff auf private Felder sehr einfach und wenig fehleranfällig programmiert und gehandhabt werden. Eine zentrale Aufgabe der objektorientierten Programmierung kann dadurch sehr rational bewältigt werden.

Ein weiterer wichtiger Unterschied zwischen C# und Java besteht in der Möglichkeit, Operatoren zu überladen. Diese Möglichkeit ist zwar nicht ganz so freizügig wie in C++, aber die einschränkenden Bedingungen erleichtern eher den Umgang mit den Operatoren. Sie sollten schließlich auch so überladen werden, dass ein unbedarfter Benutzer sie sofort intuitiv richtig verwenden kann. Durch gewisse Regeln wird der Programmierer sogar dazu angehalten. So kann der Operator == nur gleichzeitig mit dem Operator != überladen werden. Der Zugriffsoperator [] kann in C++ überschrieben werden, in C# jedoch nicht. Dafür existiert mit der

Möglichkeit, Indexer zu programmieren, ein sehr viel eleganterer Ersatz. Überladene Operatoren können den Umgang mit Objekten erheblich erleichtern.

23 Stichwortverzeichnis